german

Paul Coggle

and

Heiner Schenke

D0774208

TEACH YOURSELF BOOKS

For UK order queries: please contact Bookpoint Ltd, 39 Milton Park, Abingdon, Oxon OX14 4TD. Telephone: (44) 01235 400414, Fax: (44) 01235 400454. Lines are open from 9.00–6.00, Monday to Saturday, with a 24 hour message answering service. Email address: orders@bookpoint.co.uk

For U.S.A. & Canada order queries: please contact NTC/Contemporary Publishing, 4255 West Touhy Avenue, Lincolnwood, Illinois 60646–1975, U.S.A. Telephone: (847) 679 5500, Fax: (847) 679 2494.

Long renowned as the authoritative source for self-guided learning – with more than 30 million copies sold worldwide – the *Teach Yourself* series includes over 200 titles in the fields of languages, crafts, hobbies, sports, and other leisure activities.

Teach Yourself German is also available in the form of a pack containing this book and a cassette. If you have been unable to obtain the pack, the cassette can be ordered separately through your bookseller.

British Library Cataloguing in Publication Data
A catalogue entry for this title is available from The British Library.

Library of Congress Catalog Card Number: 98-65809

First published in UK 1998 by Hodder Headline Plc, 338 Euston Road, London, NW1 3BH.

First published in US 1998 by NTC/Contemporary Publishing, 4255 West Touhy Avenue, Lincolnwood (Chicago), Illinois 60646 – 1975 U.S.A.

Typeset by Transet Limited, Coventry, England.
Printed in Great Britain for Hodder & Stoughton Educational, a division of Hodder Headline Plc, 338 Euston Road, London NW1 3BH by Cox & Wyman Ltd, Reading, Berkshire.

Impression number   10 9 8 7 6 5 4 3
Year   2002 2001 2000 1999 1998

CONTENTS

INTRODUCTION

Welcome to *Teach Yourself German!*

Is this the right course for you?

If you are an adult learner with no previous knowledge of German and studying on your own, then this is the course for you. Perhaps you are taking up German again after a break from it, or you are intending to learn with the support of a class? Again, you will find this course very well suited to your purposes.

Developing your skills

The language introduced in this course is centred around realistic everyday situations. The emphasis is first and foremost on **using** German, but we also aim to give you an idea of how the language works, so that you can create sentences of your own.

The course covers all four of the basic skills – listening and speaking, reading and writing. If you are working on your own, the audio recordings will be all the more important, as they will provide you with the essential opportunity to listen to German and to speak it within a controlled framework. You should therefore try to obtain a copy of the audio recordings if you haven't already got one.

The structure of this course

The course book contains **24 course units** plus a **reference section** at the back of the book. There is also a 90-minute **audio recording** which you really do need to have if you are going to get maximum benefit from the course. To help you in the process of developing the four skills mentioned above, icons are used indicating which skills are being attended to in any given exercise.

The course units

The course units can be divided roughly in to the following categories, although of course there is a certain amount of overlap from one category to another.

Statement of aims

At the beginning of each unit you will be told what you can expect to learn, in terms of a) what you will be able to **do** in German by the end of the unit and b) the language points that are being introduced.

Presentation of new language

This is usually in the form of text material, often supported by illustrations, or of a dialogue 🔲. Most of the dialogues are recorded on the audio 📷, 🔲 and also printed in the book. Some assistance with vocabulary is also given 🔲. The language is presented in manageable chunks, building carefully on what you have learned in earlier units.

Practice of the new language

Practice 🔲 is graded, so that activities which require mainly **recognition** come first. As you grow in confidence in manipulating the language forms, you will be encouraged to **produce** both in writing and in speech.

Description of language forms and Grammar

Information on the **forms** of the language is presented in two ways: i) in digestible 'bites' within the body of the unit and ii) in the grammar section 🔲 at the end of the unit.

Learning the forms of the language will enable you to construct your own sentences correctly. For those who are daunted by grammar, assistance is given in various ways.

Pronunciation and intonation

The best way to acquire good pronunciation and intonation is to listen to native speakers and to try to imitate them. But most people do not actually notice that certain sounds in German are pronounced differently from their English counterparts, until this is pointed out to them. For this reason we include specific advice within the course units.

Information on German-speaking countries

Here you will find information on various aspects of life – from the level of formality that is appropriate when you talk to strangers to how the health service works if you should fall ill.

Vocabulary

To help you monitor your own learning of vocabulary, much of the new vocabulary is presented as it occurs. At the end of the book there is also a German–English reference glossary.

Monitoring your progress

You will of course want to monitor your own progress. We provide additional exercises at the end of each unit for you to check whether you have mastered the main points. There is also a self-assessment test in Unit 12.

The reference section

This contains:

- a list of German strong and mixed verbs
- a key to the activities
- transcripts of the audio recordings
- a German–English glossary

German headings

Here is a list of the German headings used in the course, together with their English equivalents:

Lektion	*lesson*
Vokabeln	*vocabulary*
Sprachinfo	*information about the language*
Deutschland-Info	*information about Germany*
Grammatik	*grammar*
Mehr Übungen	*more exercises – these come after the grammar explanations and give you an additonal chance to practise.*

How to use this course

Make sure at the beginning of each course unit that you are clear about what you can expect to learn.

Read any background information that is provided. Then either read the text material or listen to the dialogues on the audio recording. With audio recordings try to get the gist of what is being said before you look at the printed text in the book. Then refer to the printed text and the *Key words and phrases* in order to study the dialogues in more detail.

Don't fall into the trap of thinking you have 'done that' when you have listened to the audio a couple of times and worked through the dialogues in the book. You may **recognise** what you hear and read, but you almost certainly still have some way to go before you can **produce** the language of the dialogues correctly and fluently. This is why we recommend that you keep listening to the audio at every opportunity – sitting on the tube or bus, waiting at the dentist's or stuck in a traffic jam in the car, using what would otherwise be 'dead' time. Of course, you must also be internalising what you hear and making sense of it – just playing it in the background without really paying attention is not enough!.

Some of the recordings are listen-only exercises. The temptation may be to go straight to the transcriptions in the back of the book, but try not to do this. The whole point of listening exercises is to improve your listening skills. You will not do this by reading first. The transcriptions are there to help you if you get stuck.

As you work your way through the exercises, check your answers carefully in the back of the book. It is easy to overlook your own mistakes. If you have a *study buddy* it's a good idea to check each other's answers. Most of the exercises have fixed answers, but some are a bit more open-ended, especially when we are asking you to talk about yourself. We then, in most cases, give you a model answer which you can adapt for your own purposes.

We have tried to make the grammar explanations as user-friendly as possible, since we recognise that many people find grammar daunting. But in the end, it is up to you just how much time you spend on studying and sorting out the grammar points. Some people find that they can do better by getting an ear for what sounds right, others need to know in detail how the language is put together.

Before you move on to a new unit always make sure that you know all the new words and phrases in the current unit. Trying to recall the context in which words and phrases were used may help you learn them better.

Language learning is a bit like running – you need to do it regularly for it to do any good! Ideally, you should find a **study buddy** to work through the course with you. This way you will have someone to try out your German on. And when the going gets tough, you will have someone to chivvy you on until you reach your target.

Commonly used instructions in *Teach Yourself German*:

Hören Sie (zu)	*Listen*
Lesen Sie...	*Read...*
Schreiben Sie...	*Write...*
Spielen Sie die Rolle von...	*Play the role of...*

German in the modern world

German is spoken as a first language by approximately 110 million people who live mainly in Germany, Austria and Switzerland. But German is also spoken elsewhere – for instance in Luxemburg, Liechtenstein, the South Tyrol region of Italy and in border regions of Belgium. German-speaking communities are also to be found in Eastern Europe, particularly in Romania, in North America (e.g. the Pennsylvania Dutch) and in Southern Africa (Namibia).

After English, German is the most widely spoken language within the European Union and is an important language in business and commerce, particularly in Eastern Europe.

Where can I find real German?

Don't expect to be able to understand everything you hear or read straight away. If you watch German-speaking programmes on TV or buy German magazines you should not get discouraged when you realise how quickly native-speakers speak and how much vocabulary there is still to be learned. Just concentrate on a **small** extract – either a video/audio clip or a short article – and work through it till you have mastered it. In this way, you'll find that your command of German increases steadily.

Sources of real German

Newspapers, magazines (e.g. *Bild-Zeitung*, *Bunte*, *Focus*, *Spiegel*)
Satellite TV channels (e.g. SAT1, ARD, ZDF, RTL1 etc.)
Radio stations, on Medium Wave after dark or via satellite.
World Wide Web sites (e.g. *http://www.yahoo.de; http://www.dino-online.de*)

The Goethe Institut, which is represented in most countries, may be able to help you with enquiries about German Language courses and about aspects of life in Germany. World Wide Web site: http://www.goethe.de See also: http://www.austriaculture.net/ for information on Austrian life and culture.

***

We hope you enjoy working your way through *Teach Yourself German*. Try not to let yourself get discouraged. Mastering a new language does take time and perseverance and sometimes things can seem just too difficult. But then you'll come back to it another day and things will begin to make more sense again.

1 | **MEIN NAME IST ...**
My name is ...

In this unit you will learn how to:

■ say who you are and greet people and say goodbye
■ ask people where they come from and where they live

Language points:

■ *I* and *you*
■ word order

A Guten Tag; Hallo! *Good day; Hello!*

1 Ich heiße ... *I am called ...*

Listen to how these people introduce themselves.

> Guten Tag. Ich heiße Helga Kirsch.

> Hallo. Mein Name ist Steffi Schmidt.

> Guten Tag. Mein Name ist Gerd Baumann.

> Hallo. Ich heiße Markus.

Did you notice the different ways they give their names?

> **Guten Tag.** (lit.)* *Good day.*   **Hallo.** *Hello.*
> **Ich heiße ...** (lit.)* *I am called ...*   **Mein Name ist ...** *My name is ...*
>
> * A literal translation (lit.) of the German is sometimes given to help you
>   understand what the German actually says. But don't always think in terms of
>   single-word translations: try to learn to use complete expressions.

Now have a go at giving your own name in German.

Lerntip: Try saying the two different sentences for giving your name.
You could also record your responses onto a blank audio cassette. Then
write the sentences down.

2 Wie ist Ihr Name?
What's your name?

– Guten Tag. Wie heißen Sie?
– Ich heiße Elisabeth Schuhmacher?

– Wie ist Ihr Name, bitte?
– Mein Name ist Paul Matthiesen.

– Und Sie? Wie heißen Sie?
– Ich heiße Bianca Schulz.

– Guten Abend. Wie ist Ihr Name, bitte?
– Mein Name ist Deichmann, Oliver Deichmann.

> **bitte** *please*   **Wie ist Ihr Name?** *What is your*
> **Guten Abend** *good evening*   *name?*
>   **Wie heißen Sie?** *What are you*
>   *called?*

What are the two ways of asking someone's name in German?

3 Ein Unfall
An accident

Listen to the audio and see if you can answer the questions.

a) What is the name of the first person?
   Is it Gertrud Gruber / Gerda Gruber / Gertrud Huber?

b) Is the name of the second person
    Martin Baumann / Markus Braun / Martin Braun?
c) Is the third person
    Boris Schulz / Boris Schwarz / Moritz Schulz?

Lerntip: Hearing German spoken without seeing how it is written can be quite hard. But give yourself a chance to understand the audio by listening to the recordings several times. If you really find you need more help, then turn to the transcripts on page 297.

B Begrüßungen
Greeting people

4 Guten Tag! Guten Morgen!
Good day! Good morning!

Hören Sie zu und wiederholen Sie! (*Listen and repeat.*)

| die Begrüßung | *greeting* | der Gruß | *greeting* |

■ Note that there is no German equialent of *'Good afternoon'*.

5 Guten Abend, Gute Nacht!
Good evening, Good night!

Which greetings or farewells go with which picture?

a)

b)

c)

d)

1 – Gute Nacht, Frau Naumann!
   – Auf Wiedersehen!   B

2 – Auf Wiedersehen, Frau Hermann!   D
   – Auf Wiedersehen, Herr Schneider!

3 – Guten Abend, Frau Naumann!
   – Guten Abend!   A

4 – Guten Morgen, Herr Schneider!   C
   – Guten Morgen, Frau Hermann!

Deutschland-Info:

CUSTOMS AND TRADITIONS

Germans often shake hands when they meet and when they say goodbye. They also often give their surname only when they introduce themselves or answer the phone.

The courtesy titles **Herr** ... and **Frau** ... are used rather like *Mr* ... and *Mrs* ... in English but the word **Fräulein** is far less frequently used in German than the English word *Miss*. Women over the age of 18 are normally referred to as **Frau** ... irrespective of whether they are married or not.

6 Grüße im Radio und Fernsehen
Greetings on radio and TV

Hören Sie zu!

How many different greetings did you hear? What were they?

Sprachinfo: All nouns begin with a capital letter in German.

Guten Tag.	Guten Morgen.	Guten Abend.
Gute Nacht.	Mein Name ist Claudia.	

Why is it **Guten Tag** but **Gute Nacht**? This will be dealt with a bit later!

C Woher kommen Sie?
Where do you come from?

7 Ich komme aus ..., ich wohne in ...
I come from ..., I live in ...

These people are introducing themselves.

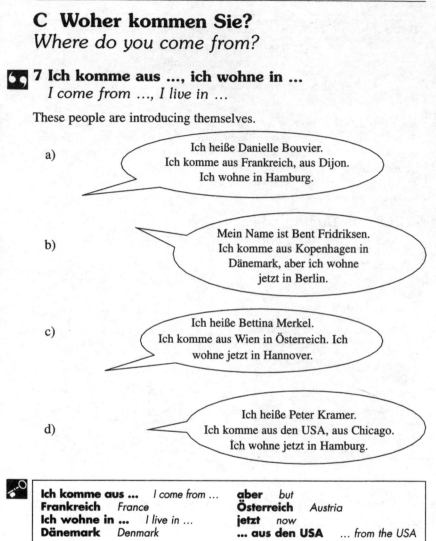

a)
> Ich heiße Danielle Bouvier.
> Ich komme aus Frankreich, aus Dijon.
> Ich wohne in Hamburg.

b)
> Mein Name ist Bent Fridriksen.
> Ich komme aus Kopenhagen in
> Dänemark, aber ich wohne
> jetzt in Berlin.

c)
> Ich heiße Bettina Merkel.
> Ich komme aus Wien in Österreich. Ich
> wohne jetzt in Hannover.

d)
> Ich heiße Peter Kramer.
> Ich komme aus den USA, aus Chicago.
> Ich wohne jetzt in Hamburg.

Ich komme aus ... *I come from ...*	**aber** *but*	
Frankreich *France*	**Österreich** *Austria*	
Ich wohne in ... *I live in ...*	**jetzt** *now*	
Dänemark *Denmark*	**... aus den USA** *... from the USA*	

True or false?
a) Danielle comes from Dijon and lives in Hamburg. T
b) Bent comes from Vienna and now lives in Hanover. F
c) Bettina comes from Austria and lives in Germany. T
d) Peter lives in Germany but comes from the USA. T

8 In der Fußgängerzone
In the pedestrian precinct

Here are two interviews with visitors to Hanover. A reporter from a German radio station is finding out what their names are, where they come from and where they live.

■ Interview 1

Reporter	Entschuldigen Sie, bitte. Guten Tag, Radio N–4. Darf ich Ihnen ein paar Fragen stellen?
Passant	Ja, bitte.
Reporter	Wie heißen Sie?
Passant	Ich heiße Jochen Kern.
Reporter	Und woher kommen Sie?
Passant	Ich komme aus Aachen.
Reporter	Wo wohnen Sie, bitte?
Passant	Ich wohne jetzt in Bonn.
Reporter	Danke schön.

■ Interview 2

Reporter	Wie ist Ihr Name, bitte?
Passantin	Ich heiße Dana Frye.
Reporter	Ah. Und woher kommen Sie?
Passantin	Ich komme aus Stuttgart.
Reporter	Und wo wohnen Sie?
Passantin	Ich wohne jetzt hier in Hannover.

Entschuldigen Sie	excuse (me)	**Wo wohnen Sie?**	Where do you live?
ein paar Fragen	a few questions		
wo?	where?	**Woher kommen Sie?**	Where do you come from?
woher?	where ... from?		

Now listen to the audio again and fill in the grid as you listen. Try not to look at the text. Note that the German for 'place of birth' is **Geburtsort** and for 'place of residence' is **Wohnort**.

Name	**Geburtsort**	**Wohnort**
Ich heiße ...	Ich komme aus ...	Ich wohne in ...

9 Woher kommen Sie?
Where do you come from?

How would you say what your name is, where you come from and where you live? Try answering the questions on the audio. Then write your answers down.

Grammatik
Grammar

1 *Personal pronouns*

The personal pronouns (words for *I*, *you*, etc.) in German are:

	Singular (one person)		Plural (more than one person)	
1	**ich**	*I*	**wir**	*we*
2	**du**	*you* (informal)	**ihr**	*you* (informal)
	Sie	*you* (formal)	**Sie**	*you* (formal)
3	**er, sie**	*he, she*	**sie**	*they*
	es, man	*it, one*		

So far you have met **ich** and **Sie** (the formal *you*). You will learn about the others in the next few units.

In German you need to learn which endings to put on the verb for each pronoun. The endings that go with **ich** and **Sie** are given in Section 2.

2 *Verb endings*

A *verb* normally expresses an action or state. **heißen**, **kommen** and **wohnen** are verbs you have met in this unit. The form of the verb that you find in a dictionary or glossary is called the *infinitive*: e.g. **wohnen** (*to live*).

The infinitive can be divided into two parts: **wohn-** the *stem*, **-en** the *ending*. The endings change according to the *subject* used (i.e. **ich**, **Sie**, etc.).

For most verbs the endings you add are:

		wohn-en	**komm-en**	**heiß-en**
ich	**-e**	wohne	komme	heiße
Sie	**-en**	wohnen	kommen	heißen

If you are curious about the other endings you could have a look at pages 25, 34 and 44. They are all introduced step by step in the next few units.

3 *Word order*

In a German sentence the verb is usually in the second position, as you can
see from the examples below:

Statements:

Ich	heiße	Schmidt.
Ich	komme	aus Bonn.
Ich	wohne	in Köln.

Wh- questions: These are questions which in English start with *What?*,
Who?, *Where?*, etc. Hence the name *Wh- questions*, even though the
question *How?* also comes into this category. In German these question
words tend to start with **W-**.

Wie	heißen	Sie?
Woher	kommen	Sie?
Wo	wohnen	Sie?

☑ Mehr Übungen *More practice*

1 Welche Antwort passt? (*Which answer fits?*)
  a) Guten Morgen, Herr Becker!
    i)   Hallo! Wie heißen Sie?
    ii) Guten Morgen, Frau Mönch!
    iii) Guten Tag! Ich heiße Susanne Müller.
  b) Guten Abend! Mein Name ist Klaus Werner. Wie heißen Sie?
    i)   Guten Abend! Ich komme aus Köln.
    ii) Guten Abend! Und wie heißen Sie?
    iii) Guten Abend! Mein Name ist Heinz Gruber.
  c) Guten Abend! Wie ist Ihr Name, bitte?
    i)   Das ist Anke Möllermann.
    ii) Guten Tag! Ich heiße Michael Quernheim.
    iii) Mein Name ist Schmidt – Hans Schmidt.
  d) Auf Wiedersehen und Gute Nacht, Frau Renke!
    i)   Guten Tag, Herr Müller!
    ii) Gute Nacht, Herr Müller!
    iii) Guten Morgen, Herr Müller!

2 Wo?, Woher?, Wie? *Write in the missing words.*
  a) … heißen Sie?
  b) … wohnen Sie?
  c) … kommen Sie?
  d) … ist Ihr Name?

3 -e, -en? *Fill in the missing endings.*
  a) Ich heiß.. Simone Becker. Wie heiß.. Sie?
  b) Ich wohn.. in Berlin. Wo wohn.. Sie?
  c) Ich komm.. aus Großbritannien. Woher komm.. Sie?

4 Welche Worte fehlen? (*Which words are missing?*) *Here is an interview from* **Übung 8 In der Fußgängerzone** *with some of the words missing. Supply the missing words.*

  Reporter (..a..) heißen Sie?
  Passant (..b..) heiße Jochen Kern.
  Reporter Und (..c..) kommen Sie?
  Passant Ich komme (..d..) Aachen.
  Reporter (..e..) wohnen Sie bitte?
  Passant Ich wohne (..f..) in Bonn.

Congratulations, you have reached the end of **Lektion 1**. Now check through the vocabulary and phrases to make sure you know them all.

2 MIR GEHT'S GUT
I'm fine

In this unit you will learn how to:

- ask people how they are
- say how you are
- say which cities and countries people come from

Language points:

- verb endings

A Wie geht es Ihnen?
How are you?

1 Sehr gut ... schlecht
Very good ... bad

Here are some words people use to say how they are feeling.

+++	+	+−	−	− − −
sehr gut	gut	es geht	nicht gut	schlecht
ausgezeichnet				scheußlich
prima (informal)				(informal)

2 Wie geht es Ihnen?
How are you?

Now listen to these people asking each other how they are. Fill in the grid as you listen. Try to do this without looking at the printed text. You'll probably need to listen to each dialogue several times.

	ausgezeichnet	sehr gut	gut	es geht	nicht (so) gut	schlecht
Frau Renger			✓			
Frau Müller		∠				
Herr Schulz				⌐		
Frau Koch						
Herr Krämer						
Herr Akdag						

Dialog 1
– Guten Tag, Frau Renger. Wie geht es Ihnen?
– Gut, danke, Frau Müller. Und Ihnen?
– Sehr gut, danke.
– Das freut mich.

Dialog 2
– Guten Morgen, Herr Schulz. Wie geht es Ihnen heute?
– Nicht so gut, Frau Koch. Und Ihnen?
– Danke. Es geht.

Dialog 3
– Guten Abend, Herr Krämer. Wie geht's?
– Ausgezeichnet. Vielen Dank, Herr Akdag. Und Ihnen?
– Na ja, es geht.

Wie geht es Ihnen?	*How are you?* (lit. *How goes it to you?*)
Wie geht's?	*How are you?* (lit. *Less formal version*)
Das freut mich.	*I am pleased.* (lit. *that pleases me*)
nicht	*not*
heute	*today*
na ja	*oh*

Lerntip: It's important to learn set expressions such as **Das freut mich** as one phrase (*I am pleased*). You should not try to translate word for word all the time, even though we do sometimes give you the literal meaning of expressions the first time they occur.

3 Im Büro
In the office

Listen to these three people arriving at work.

Which three of these six responses did you hear on the audio and in what order?

a) Danke, gut.
b) Ach, es geht.
c) Mir geht's wirklich sehr gut.
d) Mir geht's heute wirklich schlecht.
e) Mir geht's heute nicht so gut.
f) Nicht schlecht. Und Ihnen?

Mir geht es gut.	*I am fine.*	**Das tut mir Leid.**	*I'm sorry about*
Mir geht's gut.	*I'm fine.*	*that.*	
wirklich	*really*		

4 Wie geht es diesen Leuten?
How are these people?

Answer the question **Wie geht es Ihnen heute?** for each of these people in turn and give the reply suggested by the picture. Write your answers in the spaces provided.

a)

Danke, mir geht's _____ .

b)

_____ .

c)

_____ .

d)

_____ .

Es geht.		Wie geht's Ihnen heute?
Nicht so gut.		Mir geht's heute schlecht.
Mir geht's heute wirklich sehr gut.		Danke, gut.

5 Wortsuche
Word search

How many words can you find? They have all occurred in this unit. You should be able to find at least 15.

M	E	I	N	S	I	E	A	N	H	D	Z	G
G	E	H	T	E	S	P	R	I	M	A	S	U
A	U	S	G	E	Z	E	I	C	H	N	E	T
H	W	I	R	K	L	I	C	H	L	K	H	O
T	N	O	C	H	H	E	U	T	E	E	R	P

B Er kommt aus ...
He comes from ...

Sprachinfo: Ortsnamen (*place names*)

Some place names are spelt the same in both English and German, but are pronounced differently: e.g. **London**, **Paris**, **Frankfurt** and **Berlin**.

Others are different in German from their English versions: e.g. **Köln** (*Cologne*); **München** (*Munich*); **Hannover** (*Hanover*); **Wien** (*Vienna*); **Braunschweig** (*Brunswick*); **Hameln** (*Hamlin*).

6 Woher kommen diese Leute?
Where do these people come from?

Where do these people come from? Read the texts and find out.

Rainer Görner kommt aus Berlin. Aber er wohnt nicht mehr in Berlin. Er wohnt jetzt in Frankfurt am Main. Frankfurt ist in Deutschland.

Martina Schümer kommt aus Basel. Sie wohnt noch in Basel. Basel liegt nicht in Deutschland, sondern in der Schweiz.

Susanne Vermeulen kommt aus Brüssel in Belgien. Sie wohnt aber nicht mehr dort. Sie arbeitet jetzt im Hotel Lindenhof in Düsseldorf.

Michael Naumann kommt aus Dresden. Er wohnt jetzt in Salzburg. Liegt Salzburg in der Schweiz? Nein! Es ist in Österreich, und es ist sehr schön.

nicht mehr *no longer* (lit. *not more*)	**in der Schweiz** *in (the) Switzerland*
am Main *on the (river) Main*	**aber** (here) *however*
noch *still*	**dort** *there*
liegen *to lie, be*	**arbeiten** *to work*
nicht ..., sondern ... *not ..., but ...*	**schön** *beautiful, nice*

Decide whether these statements are true (**richtig**) or *false* (**falsch**).
Correct the wrong statements.

> *Statement*   Rainer Görner kommt aus Wien.
> *Answer*   Rainer Görner kommt aus Düsseldorf.

a) Rainer Görner wohnt jetzt in Frankfurt am Main, Deutschland.
b) Zürich liegt nicht in Deutschland, sondern in Österreich.
c) Martina Schümer kommt aus Basel und wohnt noch in Basel.
d) Susanne Vermeulen kommt aus Delft in den Niederlanden.
e) Sie wohnt jetzt in Düsseldorf und arbeitet im Hotel Königshof.
f) Michael Naumann kommt aus Dresden und wohnt jetzt in Linz, Österreich.

Sprachinfo: For the third person singular (*he* = **er**, *she* = **sie**, *it* = **es**, *one* = **man**) you add a **-t** to the stem of the verb:

> er   komm -**t**
> sie   wohn -**t**
> es   lieg -**t**

Note: **arbeiten** (*to work*) is slightly different. You add **-et** rather than just **-t** to the stem so that it's easier to pronounce: **er arbeit*et***.

7 Die Länder Europas
The countries of Europe

On the audio you will hear the names of some of the countries listed below. Tick off those that are mentioned. Then listen to the audio again. This time underline the syllable which is stressed.

Beispiel   <u>Deutsch</u>land

Belgien	die Niederlande
Dänemark	Österreich
Deutschland	Polen
England	Portugal
Frankreich	Schottland
Griechenland	Schweden
Großbritannien	die Schweiz
Irland	Spanien
Italien	die Türkei
Luxemburg	Ungarn
	Wales

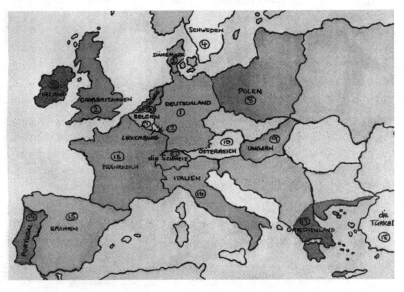

Sprachinfo:

Note: **die** Schweiz, **die** Türkei

but   Ich wohne in **der** Schweiz, in **der** Türkei.

and   Ich komme aus **der** Schweiz, aus **der** Türkei.

Also: **die Niederlande** and **die USA**

but   Ich wohne in **den** Niederlanden, in **den** USA.

and   Ich komme aus **den** Niederlanden, aus **den** USA.

This will be explained later.

Wie gut sind Sie in Geographie?

Which statements are true (**richtig**) and which false (**falsch**)? Correct the wrong statements.

Statement	Zürich liegt in Deutschland.
Answer	Falsch: Zürich liegt in der Schweiz. Zürich liegt nicht in Deutschland, sondern in der Schweiz.
Statement	Innsbruck liegt in Österreich.
Answer	Richtig

a) Brüssel liegt in Belgien.
b) Heidelberg liegt in Österreich.
c) Köln liegt in den Niederlanden.
d) Salzburg liegt in Österreich.
e) Amsterdam liegt in Belgien.

8 Woher kommen diese Leute?

Where do these people come from?

Woher kommen diese Leute und wo wohnen diese Leute jetzt? (*Where do these people come from and where do these people live now?*) Of course, the answers to the second part of these questions will change from time to time. If you have more up-to-date information, by all means write that instead.

Beispiel	Boris Becker. D/USA.
You write	Boris Becker kommt aus Deutschland. Er wohnt jetzt in den USA.

D = Deutschland, GB = Großbritannien, Ö = Österreich

a) Naomi Campbell   GB / USA
b) Jürgen Klinsmann   D / GB
c) Steffi Graf   D / D
d) Michael Schuhmacher   D / Ö
e) Arnold Schwarzenegger   Ö / USA
f) Claudia Schiffer   D / USA

9 Im Hotel
In the hotel

You meet Ulrike Peters in a hotel lobby and get into conversation with her. Was antworten Sie? (*What do you answer?*) Fill in the answers and play the part of Sheena MacDonald on the audio. Sheena comes from Edinburgh (**Edinburg, Schottland**).

Ulrike	Guten Tag! Mein Name ist Ulrike Peters.
Sheena	*(Return the greetings and say your name.)*
Ulrike	Und woher kommen Sie?
Sheena	*(Say which town or city you come from and in which country. Then ask her where she lives.)*
Ulrike	Ich wohne hier in München.
Sheena	*(Say Munich is beautiful.)*
Ulrike	Ja, München ist sehr schön. Aber Edinburg ist auch sehr schön!

Tips zur Aussprache *Tips on pronunciation*

ei in German is pronounced like the English letter *i*:
B**ei**spiel, h**ei**ßen, Einst**ei**n, W**ei**n

ie is pronounced like the English *e*:
D**ie**trich, S**ie**, W**ie**n (*Vienna*)

How would you pronounce this sentence (which means *I drink wine in Vienna*)?
Ich trinke Wein in Wien.

Grammatik

1 *Verb endings*

Here is a summary of the verb endings you have met so far.

ich	komme	höre	wohne	arbeite
Sie	kommen	hören	wohnen	arbeiten
er/sie	kommt	hört	wohnt	arbeitet

Note that an extra **e** is slipped in between **arbeit** and the **t** ending in the **er/sie** form. This is to make it easier to pronounce.

2 nicht
not

| Ich wohne in London. | *I live in London.* |
| Anke wohnt **nicht** in London. | *Anke doesn't live in London.* |

3 nicht ... , sondern ...
not ..., but ...

| München liegt in Deutschland. | *Munich is (lies) in Germany.* |
| Wien liegt **nicht** in Deutschland, **sondern** in Österreich. | *Vienna is not in Germany but in Austria.* |

☑ Mehr Übungen

1   *Here are some extracts from* **Woher kommen diese Leute**? *Fill in the missing words. Note that both* (..a..) *and* (..b..) *appear twice.*

Rainer Görner kommt (..a..) Berlin, (..b..) er wohnt nicht mehr in Berlin. Er wohnt (..c..) in Frankfurt am Main.
Susanne Vermeulen kommt (..a..) Brüssel in (..d..). Sie wohnt (..b..) nicht mehr dort. Sie (..e..) jetzt im Hotel Königshof in Düsseldorf.

2   Schreiben Sie die Fragen! (*Write out the questions.*) *Find the questions that these sentences would answer.*

Frage (*question*)   *Wie geht es Ihnen? / Wie geht's?*
Antwort (*answer*)   Mir geht's gut, danke.

a) _____ ?
   Ich heiße Susi Reinhardt.

b) _____ ?
   Ich komme aus Köln.

c) _____ ?
   Ich wohne jetzt in Bonn.

d) _____ ?
   Mir geht es heute nicht so gut.

3 | WIE SCHREIBT MAN DAS?
How do you write that?

In this unit you will learn how to:

- count from 0–100
- spell names and words
- talk about *us* and *them*

Language points:

- yes–no questions
- plurals

A Zahlen 1–10
Numbers 1–10

Numbers are important in any language. Here are the numbers 1–10 in German.

1 Eins bis zehn
One to ten

Hören Sie zu und wiederholen Sie! (*Listen and repeat.*)

1 eins	2 zwei	3 drei	4 vier	5 fünf
6 sechs	7 sieben	8 acht	9 neun	10 zehn

On the phone or the radio **zwo** is sometimes used instead of **zwei** to distinguish it from **drei**.

Listen to the audio and tick off six of these numbers as you hear them.

1	**9**	**7**	**3**	**10**	**1**	**8**	**5**	**4**	**7**	**6**	**1**	**5**	**2**	

2 Fußballbundesliga
Federal German soccer league

For this activity you'll need to know the word for *nil* or *zero*. It is **null**.
Hören Sie zu!

BUNDESLIGA			
Bayern München	2	Stuttgart	2
Köln	3	Leverkusen	4
Hamburg	2	Dortmund	1
Bochum	6	St. Pauli	0
Duisburg	4	M'gladbach	2
Bielefeld	1	Rostock	3
Schalke	0	Freiburg	2
Karlsruhe	3	1860 München	0
Bremen	1	Düsseldorf	0

Now listen again and this time fill in
the results of each match.

B Das Alphabet
The alphabet

3 Josef lernt das Alphabet
Josef is learning the alphabet

Hören Sie zu!

A-B-C *D-E-F* G-H-I *J-K-L* **M-N-O** P-Q-R S̶-T̶-U̶ V-W-X Y-Z

Other letters used in German:

Ä Ö Ü: the two dots (or **Umlaut** *umlaut*) over these letters changes the
pronunciation, as you may have already noticed in words like **schön** and
Übung.

ß (**sz**, or **scharfes s** *sharp s*) is used instead of a double *s* after a long vowel.

Long vowels: **Straße**, **Fußball**
Short vowel: **passt**.

Note how you pronounce the letters A, E and I in German: A: as in **Afrika**;
E: as in **Elefant**; I: as in **Israel**. Don't mix them up with the English
letters, R, A and E!

Bitte buchstabieren Sie!   *Please spell!*

4 Wer ist da?

Who has arrived?

Listen to these people checking in at a conference and tick off the names as they arrive.

```
...
    Baumgart, Waltraud         ☐
    Henning, Sebastian         ☐
    Hesse, Patrick             ☐
    Hoffmann, Silke            ☐
    Ludwig, Paul               ☐
    Schanze, Martin            ☐
    Schidelowskaja, Tanja      ☐
    Schulte, Christel          ☐
    ...
```

5 Welche Firmennamen hören Sie?

What company names can you hear?

Hören Sie zu! Listen to the radio excerpt from a stock market report. Which of the companies whose logos appear below are mentioned?

6 Wie schreibt man Ihren Namen?
How do you spell your name?

Answer the two questions on the audio, first giving your name and then spelling your surname.

Here is what you would say, if your name were Karen Franks.

> Wie ist Ihr Name?
>
> *You*   Franks, Karen Franks.
>
> Und wie schreibt man das?
>
> *You*   F-R-A-N-K-S.

C Zahlen 11–100
Numbers 11–1000

7 Mehr Zahlen
More numbers

Hören Sie bitte und wiederholen Sie.

11 elf	16 sechzehn
12 zwölf	17 siebzehn
13 dreizehn	18 achtzehn
14 vierzehn	19 neunzehn
15 fünfzehn	20 zwanzig

30 dreißig	70 siebzig
40 vierzig	80 achtzig
50 fünfzig	90 neunzig
60 sechzig	100 (ein)hundert

In German, numbers such as 24 and 48 start with the last number and work backwards (a bit like the four-and-twenty blackbirds of nursery rhyme fame).

21 einundzwanzig	43 dreiundvierzig
32 zweiunddreißig	54 vierundfünfzig

Numbers in German are written as one word. German speakers don't seem to mind long words, as you will discover!

How do you think you say these numbers in German? The answers are on the audio.

99 _____

48 _____

87 _____

26 _____

52 _____

8 Die Lottozahlen
The national lottery numbers

You will hear a recording from a German draw. Choose six numbers and see if you have won.

Nützliche Ausdrücke	*Useful expressions*
Wie ist Ihre Telefonnummer?	*What is your telephone number?*
Welche Telefonnumer haben Sie?	*What is your telephone number?* (lit. *What telephone number do you have?*)
Wie ist Ihre Faxnummer?	*What is your fax number?*
Wie ist Ihre Hausnummer oder Ihre Zimmernummer?	*What is your house or room number?*
Meine Telefonnummer, Faxnummer, Hausnummer/ Zimmernummer ist ...	*My telephone number, fax number, house / room number is ...*

Sprachinfo: Telefonnummern You can give your phone number in single digits: 7-6-2-8-3-4 sieben – sechs – zwo – acht – drei – vier, or in pairs: 76 – 28 – 34 sechsundsiebzig – achtundzwanzig – vierunddreißig.

This also applies to dialling codes: 0521 null–fünf–zwo–eins, or 05–21 null–fünf–einundzwanzig

9 Anrufe bei der Auskunft
Calling directory enquiries

Welche Namen und Telefonnummern hören Sie? (*What names and phone numbers do you hear on the audio?*)

a) Name _____ Telefonnummer _____

b) Name _____ Telefonnummer _____

10 Telefonnummern, Faxnummern, usw.
Telephone numbers, fax numbers, etc.

To give you some more practice in German numbers, try answering the questions on the audio. You can make up your own numbers if you wish!

Listen again and note down the numbers given by Jochen:

Telefon _____

Fax _____

Haus _____

D Wir, sie

Sprachinfo: So far you have learned to talk about yourself (**ich**) and about a third person (**er**, **sie**) and to talk directly to someone (**Sie**).

What if you wanted to talk about yourself together with somebody else? In German you use **wir** (*we*). In the **wir**-form the verb takes an **-en** ending.

Wir wohn**en** in Bonn.	*We live in Bonn.*
Wir arbeit**en** in Köln.	*We work in Cologne.*

To talk about two or more other people, you use **sie** (*they*). Again, the verb takes an -en ending.

Sie heiß**en** Gerd und Sabine.	*They are called Gerd and Sabine.*
Sie komm**en** aus München.	*They come from Munich.*

11 Sprechen Sie Französisch?
Do you speak French?

These German tourists are visiting Paris. Two couples are getting to know each other while they wait in the hotel foyer for the tour bus. Where do the two couples come from? Do they speak French?

Jochen   Guten Morgen! Ich heiße Jochen Klempner und das ist meine Frau Katja.

Marga   Guten Morgen! Wir heißen Marga und Peter Krumbacher. Wir kommen aus Jena. Wir arbeiten bei Carl Zeiss. Woher kommen Sie?

Katja   Wir sind aus Stuttgart. Sprechen Sie Französisch?

Peter   Nur ein wenig. Wir sprechen aber ziemlich gut Englisch. Und Sie?

Jochen   Wir sprechen kein Französisch und nur ein bisschen Englisch.

sprechen *to speak*		**Englisch** *English (language)*	
Französisch *French (language)*		**kein** *no*	
nur ein wenig *only a little*		**ein bisschen** *a bit (of)*	
ziemlich *fairly*			

Richtig oder falsch? Korrigieren Sie die falschen Aussagen.

a) Jochen und Katja kommen aus Stuttgart. *R*
b) Sie sprechen ziemlich gut Französisch. *F*
c) Marga und Peter sind aus Weimar. *F*
d) Sie arbeiten bei Jenapharm. *R*
e) Sie sprechen nur ein wenig Französisch. *F*
f) Sie sprechen kein Englisch. *F*

g) Arbeiten Marga und Peter bei *R*

i)   ii)

Jenapharm 🔵

Carl Zeiss

oder

bei   ?

⚙ Grammatik

1 Yes–No questions

Yes–no questions, as their name suggests, are those questions which require a *yes* or a *no* answer. They are very easy to construct in German.

Statement	Peter und Marga sprechen Englisch.
Question	Sprechen Peter und Marga Englisch?
Statement	Katja spricht kein Französisch.
Question	Spricht Katja Französisch?

As you can see, for a yes/no question you have to change the usual word order of a German sentence, where the verb is mostly in the second position: here it comes first! Note that **ja** and **nein** are separated from the main part of the sentence by a comma and do not count as a language item.

QUESTION			STATEMENT			
1	2			1	2	
Verb	*Subject*			*Subject*	*Verb*	
Sprechen	Sie	Deutsch?	Ja,	ich	spreche	Deutsch.
Wohnen	Sie	in Hamburg?	Nein,	ich	wohne	nicht in Hamburg.
Kommen	sie	aus Berlin?	Nein,	sie	kommen	aus München.

2 Verb endings

You have now met the verb endings for most personal pronouns. Here is an overview.

Singular				Plural			
ich	komm**e**	sprech**e**	arbeit**e**	wir	komm**en**	sprech**en**	arbeit**en**
Sie	komm**en**	sprech**en**	arbeit**en**	Sie	komm**en**	sprech**en**	arbeit**en**
er/sie	komm**t**	sprich**t**	arbeit**et**	sie	komm**en**	sprech**en**	arbeit**en**

Reminder: **arbeiten** needs an extra **e** in the **er/sie**-form.
Note: **sprechen** has a vowel change to **spricht** in the **er/sie**-form.

There are other verbs that behave like **sprechen**. You will be meeting some of them soon.

As you already know, the verb **sein** (*to be*) is irregular.

Singular		Plural	
ich	bin	wir	sind
Sie	sind	Sie	sind
er/sie	ist	sie	sind

3 Sie *(you)*, sie *(she)* **and** sie *(they)*

You might think it a little confusing that the word **sie** has so many different meanings. In practice there are several ways of distinguishing between them. Firstly, **Sie** (*you*) always takes a capital initial letter, secondly the ending of the verb for **sie** (*she*) is **-t** as opposed to **-en** for **sie** (*they*). Thirdly, and probably most importantly, the context nearly always makes the meaning clear.

☑ Mehr Übungen

1   *Yes–no questions. You are somewhat surprised by the information given in these statements, so you query each statement.*

   Aussage   Thomas und Johanna sprechen sehr gut Englisch.
   Frage   Sprechen sie wirklich sehr gut Englisch?

Reminder: **wirklich** means *really*.

a) Ich heiße Brunhilde Bachmeyer-Goldhagen.
b) Ich komme aus Buxtehude.
c) Thomas und Johanna wohnen in München.
d) Johanna arbeitet in Nürnberg.
e) Thomas spricht ein wenig Spanisch.
f) Wir kommen aus Innsbruck.

2 **Visitenkarten**: *here are the business cards of three people. Pretend that you are each person in turn and write as much as you can for each person.*

A

Delta Software GmbH

Matthias Peters
Marketing

Burchardstraße 34 20095 Hamburg
Telefon 040-300526   Fax: 040-376284
Email m.peters@delta.com

B

✉ Druckhaus Europa
Jenaerstraße 18
07545 Gera Telefon 6173 Telefax 2 67 98

Hartmut Klausthaler
Geschäftsführer
Zeitschriften, Kataloge, Plakate, Bücher,
Broschüren, Werbeprospekte

C

ANTIQUITÄTEN CENTER
Marienstraße 21 44000 Münster

Dorothea Johannsen
ART DECO, ART NOUVEAU

Telefon 02 51/51 43 86

Don't forget to make sure you have learned all the words and phrases in this unit.

4 SPRECHEN SIE DEUTSCH?
Do you speak German?

In this unit you will learn how to:

- say what languages you speak and ask others what they speak
- say whether you are working or studying
- say what nationality you are
- use the various forms for *you*

A Ich spreche Deutsch
I speak German

1 Ein Abendkurs in einer Volkshochschule
An evening course at an adult education institution

These people are introducing themselves to their fellow course-members.

Dialog 1

Guten Abend! Mein Name ist Norbert Schicker und ich bin Deutscher.

Ich komme aus Potsdam in der Nähe von Berlin, aber ich wohne jetzt hier in Leipzig.

Ich spreche Deutsch und ich kann auch sehr gut Russisch. Ich bin verheiratet und ich bin seit zwei Jahren pensioniert.

Deutscher	*(a) German (male)*	**Russisch**	*Russian (the language)*
in der Nähe von ...	*near ...*	**seit zwei Jahren**	*for (lit. since)*
ich kann ...	*I can (speak) ...*		*two years*
auch	*also*		

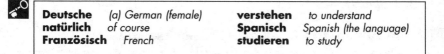

Nützliche Ausdrücke		**geschieden**	*divorced*
Familienstand *family status*		**verwitwet**	*widowed*
verheiratet *married*		**pensioniert**	*retired*
ledig *single, unmarried*		**arbeitslos**	*unemployed*

Dialog 2

Hallo! Ich heiße Heike Berger und bin Deutsche.

Ich bin ledig und komme aus Merseburg, in der Nähe von Leipzig.

Ich spreche natürlich Deutsch und ein wenig Französisch.

Ich verstehe auch ein bisschen Spanisch.

Ich studiere hier in Leipzig.

Deutsche	*(a) German (female)*	**verstehen**	*to understand*
natürlich	*of course*	**Spanisch**	*Spanish (the language)*
Französisch	*French*	**studieren**	*to study*

Write an **N** if the description fits Norbert or an **H** if it fits Heike.

   Beispiel   H ... ist ledig.

N oder H?

a)   ... versteht ein bisschen Spanisch.

b)   ... ist Deutscher und kommt aus Potsdam.

c)   ... ist verheiratet.

d)   ... kann sehr gut Russisch.

e)   ... studiert in Leipzig.

f)   ... ist seit zwei Jahren pensioniert.

Deutschland-Info:

VOLKSHOCHSCHULEN

Volkshochschulen are adult education institutions and are usually run by local authorities. They offer a wide range of evening classes and residential courses. Certificates are awarded in some subjects, such as languages, maths, science and technology. Approximately six million people attend around half a million courses every year.

---

2 Noch zwei Abendkursstudenten
Two more evening class students

Listen to the audio and fill in the grid as you listen.

| **Türke** (a) Turkish (male) | **Österreicherin** (an) Austrian |
| **Türkisch** Turkish (the language) | (female) |

Fill in the missing details

Name	*Gür Yalezan*	*Susi Merkl*
Nationalität (nationality)	*Türke*	
Geburtsort		
Wohnort	*Taucha*	*Rötha*
Sprachen (languages)		
Familienstand (marital status)		
Arbeit? (work)		
Stadium (study)		

 Sprachinfo: Ich bin Deutscher (*I'm German*) In English you do not in general say *I'm a German* or *He's a Turk*. You prefer to say *I'm German* or *He's Turkish* – using the adjective rather than the noun. In German, it is normal to use the noun, but the word for *a* is not needed:

Ich bin Deutscher / Deutsche.
Gür ist Türke.
Susi ist Österreicherin.

B Nationalitäten und Sprachen
Nationalities and languages

3 Ich über mich
About me

What languages does Michael speak?

Michaels Home-Pages – Ich über mich

Ich heiße Michael Schulmeyer und bin 23 Jahre alt.
Ich bin Österreicher und komme aus Wien.
Ich studiere auch in Wien (Fremdsprachen).
Meine Muttersprache ist Deutsch.
Ich spreche auch Englisch und Französisch.
Ich verstehe ein wenig Spanisch.
Ich lerne im Moment Japanisch.
Mehr über mich?

> Hier
> klicken!

---

ich über mich *about me*		**meine Muttersprache** *my*	
(lit. *I about myself*)		*mother tongue*	
alt *old*		**lernen** *to learn*	
Fremdsprachen *foreign languages*		**im Moment** *at the moment*	

Beantworten Sie die Fragen. (*Answer the questions in full sentences.*)

Frage	Ist Michael 23 Jahre alt?
Antwort	Ja, er ist 23 Jahre alt.
Frage	Kommt Michael aus Salzburg?
Antwort	Nein, er kommt aus Wien.

a) Ist Michael Deutscher?
b) Ist er arbeitslos?
c) Studiert er in Innsbruck?
d) Spricht er Deutsch?
e) Spricht er auch Russisch?
f) Versteht er ein wenig Spanisch?
g) Lernt er im Moment Türkisch?

4 Nationalitäten

Here are some nationalities and languages that you already know together
with some new ones.

What are the two endings on the nationalities used for men? What is the
main ending for female nationalities? What do almost all the languages
end in? Check your answers in the Grammar section.

DIE
Sprache (*language*)

Ich bin **Deutscher.**	Ich bin **Deutsche.**	**Deutsch**
Bernd ist **Österreicher.**	Susi ist **Österreicherin.**	**Deutsch**
Er ist **Engländer.**	Sie ist **Engländerin.**	**Englisch**
Sind Sie **Amerikaner?**	Sind Sie **Amerikanerin?**	**Englisch**
David ist **Waliser.**	Sîan ist **Waliserin.**	**Englisch/Walisisch**
Iain ist **Schotte.**	Una ist **Schottin.**	**Englisch**
Padraig ist **Ire.**	Maire ist **Irin.**	**Englisch**
Gür ist **Türke.**	Yildiz ist **Türkin.**	**Türkisch**
Iannis ist **Grieche.**	Ionna ist **Griechin.**	**Griechisch**
Jean-Claude ist **Franzose.**	Nadine ist **Französin.**	**Französisch**
Miguel ist **Spanier.**	Manuela ist **Spanierin.**	**Spanisch**
Masahide ist **Japaner.**	Kumi ist **Japanerin.**	**Japanisch**

5 Wer sind Sie?
Who are you?

Rachel Jenkins has written down details about herself. Write down your
own details following the same pattern.

Mein Name ist Rachel Jenkins.
Ich bin Engländerin.
Ich komme aus Preston.
Ich wohne jetzt in Manchester.
Ich spreche Englisch und ein bisschen Deutsch.
Ich bin ledig und ich arbeite seit drei Jahren
hier in Manchester.

6 Und jetzt Sie!

Now listen to the questions on the audio and give your responses orally,
using the pause button to allow yourself to speak.

C Du, ihr

 Sprachinfo: Before you move on to other topics it's important to know that in German there is more than one way of saying *you*. The various forms **Sie** (the formal, polite *you*), **du** (the familiar, informal form) and **ihr** (the familiar form for more than one person) were mentioned in passing in the Grammar section for Lektion 1. Now it's time to find out more about them. As you might expect, all three forms take different endings on the verb.

Here are some examples of all three forms, starting with the **Sie**-form that you have practised already.

Sie -en	du -st	ihr -t
Wie heißen Sie?	Wie heißt*du?	Wie heißt ihr?
Woher kommen Sie?	Woher kommst du?	Woher kommt ihr?
Wo wohnen Sie?	Wo wohnst du?	Wo wohnt ihr?
Sprechen Sie Deutsch?	Sprichst du Deutsch?	Sprecht ihr Deutsch?
	(*exception)	

See the Grammar section for more information.

7 Du und Sie

Here is a dialogue between two students, Markus and Christian, meeting in a London hotel foyer. They are using the **du**-form. Re-write the dialogue for two businessmen, Klaus Thomas and Gerhard Braun, meeting in the same hotel foyer. They would use the **Sie**-form. Make the greeting more formal too.

Markus   Hallo! Ich heiße Markus. Wie heißt du?
Christian Ich bin Christian. Woher kommst du?
Markus   Aus München. Kommst du auch aus München?
Christian Nein, aus Nürnberg. Sprichst du Englisch?
Markus   Ja, ziemlich gut. Und du?
Christian Na ja, es geht.

Deutschland-info:

DU, IHR OR SIE?

Use **Sie** with people you are not particularly close to.
Sie is spelt with a capital **S** wherever it comes in the sentence.
Use **Sie** to address one or more persons.

Use **du** to a person you feel close to, and to a child or a pet.
du is also used among young people and students.
du can only be used to address one person.

Use **ihr** to two or more people who you would address individually as **du**.

When you are not sure, use **Sie**.
In everyday situations where English speakers might immediately adopt first name terms, many German speakers tend to prefer a certain degree of formality. For instance, work colleagues often call each other **Herr X** or **Frau Y** and use the **Sie**-form to each other even after years of working together.

Tips zur Aussprache

A **w** in German is pronounced more like an English v. And a **v** in German is pronounced like an f in English.

Wie?	Wo?	Wer?
verheiratet	verwitwet	Vorwahlnummer

St and **sp** in German are pronounced as *sht* and *shp* at the beginning of a word or syllable.

Straße	studieren	verstehen
Sport	Spanisch	sprechen

How are these words pronounced? viel, wirklich, Sprachen, Beispiel, Studium.

🔊 Grammatik

1 *Nationalities and languages*

As you will have seen in **Übung 4 Nationalitäten**, the endings on nouns indicating nationality are:

For males		*For females*	
-er	**-e**	**-erin**	**-in**
Amerikan**er**	Franzos**e**	Amerikaner**in**	Französ**in**
Erländ**er**	Türk**e**	Eränder**in**	Türk**in**
Spani**er**	Griech**e**	Spanier**in**	Griech**in**

The main exception to this is the female version of *a German:* Deutsche.

Most languages end in -**isch**: **Englisch, Französisch, Japanisch**, etc. Again the exception is *German:* **Deutsch**!

Note that **Franzose** does not have an umlaut (¨), but **Französin** and **Französisch** do.

2 Sie, du, ihr

Here are the endings needed on the verb after **Sie, du** and **ihr**.

Sie -en	**du -st**	**ihr -t**
Sie komm**en**	du komm**st**	ihr komm**t**
Sie wohn**en**	du wohn**st**	ihr wohn**t**
Sie sprech**en**	du sprich**st**	ihr sprech**t**
Sie heiß**en**	du heiß**t**	ihr heiß**t**
Sie arbeit**en**	du arbeit**est**	ihr arbeit**et**

Note that in the **du**-form of **heißen** you add only a **t** to avoid having three *ss* together. In **arbeiten** you need an extra **e** in the **du** and **ihr**-forms.

With **sprechen** the vowel changes to an **i** in the **du**-form, just as it does in the **er**-form: **du sprichst**.

3 Ihr, dein, euer

These are the three words for *your*. With certain nouns you have to add an **e**, as you saw in Unit 3. This will be explained later.

Sie Ihr(e)	du dein(e)	ihr euer/eure
Wie ist Ihr Name?	Wie ist dein Name?	Wie ist euer Name?
Wie ist Ihre	Wie ist deine	Wie ist eure
Telefonnummer?	Telefonnummer?	Telefonnummer?

Note that an **e** is dropped from **euer** when there is an **e** at the end.

4 Ihnen, dir, euch

Here are the three forms which mean literally *to you* and which are used to ask people how they are.

Sie → Ihnen	du → dir	ihr → euch
Wie geht es Ihnen?	Wie geht's dir?	Wir geht's euch?

Mehr Übungen

1 Rollenspiel. Machen Sie ein Interview. *Take on the role of Jürgen Krause and answer the questions on the audio.*

Name	Jürgen Krause
~~Staatsangehörigkeit~~	Österreicher
Geburtsort	Wien
Wohnort	Salzburg
Sprachen	Deutsch und Englisch
Familienstand	seit drei Jahren verwitwet
Arbeit?	Ja, in Salzburg

2 Sagen Sie es anders. *Match the sentences on the left with those of similar meaning on the right.*

a) Wie ist dein Name? vi   i) Woher seid ihr?

b) Welche Telefonnummer habt ihr? v   ii) Welche Hausnummer hast du?

c) Woher kommt ihr? iv   iii) Wie heißt du?

d) Wie ist deine Hausnummer? ii   iv) Woher kommst du?

e) Wie heißen Sie? iii   v) Wie ist eure Telefonnummer?

f) Woher bist du? i   vi) Wie ist Ihr Name?

3 **Sie, du** und **ihr**. *Here are some questions which you might ask a stranger in a hotel*:
   a) Wie heißen Sie?
   b) Woher kommen Sie?
   c) Und wo wohnen Sie jetzt?
   d) Wie geht's Ihnen heute?
   e) Sprechen Sie Englisch?
   f) Wie ist Ihre Zimmernummer?

   i) *Now re-formulate the questions as if you were a student who has just met another student in a student hall of residence.*
   a) Wie heißt du?
   ii) *And now re-formulate the questions yet again as if you were a young person who has just met a young couple in a hotel.*
   a) Wie heißt ihr?

Don't forget to make sure you have learned all the words and phrases in this unit.

5 | IN DER STADT
In town

In this unit you will learn how to:

■ talk about places in towns and cities
■ count from 101 upwards

Language points:

■ gender and articles

A Was ist das?
What is that?

1 Lesen und Lernen

a) Das ist ein Bahnhof.

**Das ist der Bahnhof
in Hannover.**

b) Das ist ein Flohmarkt.

Der Flohmarkt in Hannover.

c) Das ist eine Bäckerei.

Die Stadtbäckerei.

d) Das ist eine Kneipe.

Die Kneipe heißt ‚Das Weinloch'.

e) Das ist ein Kino.

Das Abaton-Kino.

f) Das ist ein Hotel.

Das Hotel Schmidt in Celle.

---

der Bahnhof	*the railway station*	**die Kneipe**	*the pub*
der Flohmarkt	*the flea market*	**das Kino**	*the cinema*
die Bäckerei	*the bakery*	**das Hotel**	*the hotel*

Sprachinfo: All German nouns have a *gender* and are either *masculine*, *feminine* or *neuter*:

	the ...	*a ...*
masculine	**der** Bahnhof	**ein** Bahnhof
feminine	**die** Bäckerei	**eine** Bäckerei
neuter	**das** Kino	**ein** Kino

In the plural the word for *the* is **die**: **die** Bahnhöfe, **die** Bäckereien, **die** Kinos. But there will be more about plural forms in the next unit.

> **das** Bier + **der** Garten: **der** Biergarten
> **das** Telefon + **die** Nummer: **die** Telefonnummer

Words like **mein** (*my*), **dein** (*your*/informal) and **Ihr** (*your*/formal) also have masculine, feminine and neuter forms. In German these endings don't depend on the person who speaks but on the gender of the noun.

masculine	**Mein** Name ist Ulrike Weber. Wie ist **Ihr** Name? (der Name)
feminine	**Meine** Telefonnummer ist 774876. Wie ist **deine** Telefonnummer? (die Telefonnummer)
neuter	Das ist **mein** Haus. Wo ist **dein** Haus? (das Haus)

Note that the formal word for *your* takes a capital letter: Wie ist **Ihre** Telefonnummer?

2 Ein Stadtplan
Town map

Nennen Sie die Gebäude. *Name the buildings.*

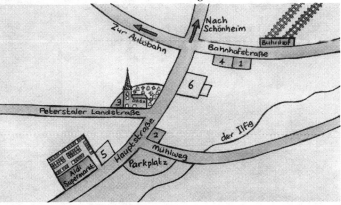

Six of the places on the map are represented by a number. A visitor to the town wants you to tell them what these places are. Write down your answers then check them on the audio. Make sure you have got the genders right! Also pay special attention to the pronunciation of the place names.

Then say your answers out loud and check them once more against the audio.

> **Beispiel** 1) ist **eine** Kneipe. **Die** Kneipe heißt ‚Bierstübl'./**Sie** heißt ‚Bierstübl'.

1) Kneipe – ‚Bierstübl'
2) Biergarten – ‚Mönchbräu'
3) Kirche – Jakobskirche
4) Hotel – ‚Bahnhofshotel'
5) Café – ‚Café Krause'
6) Markt – Buttermarkt

der Biergarten	*the beer garden*	**das Café**	*the café*
die Kirche	*the church*		

3 Wörtspiel
Word games

Write down the words which the pictures represent horizontally on the grid opposite and another word will appear vertically. You will have to add a letter to complete the word for 5.

1) bakery

2) station

3) hotel

4) church

5) ?

6) glass of beer

1			5				
2							
3							
		4					
			?				
	6						

4 Welche Endungen?

Which endings?

Which endings are needed in these sentences? In some cases no ending is needed.

a) Das ist ein.. Kino.

b) D.. Hotel heißt ‚Vier Jahreszeiten‘.

c) Dort ist ein.. Bäckerei.

d) Wie ist Ihr.. Vorname?

e) Wo ist d.. ‚Bahnhofshotel‘?

f) Wo ist hier ein.. Café?

g) Wie ist dein.. Telefonnummer?

h) D.. Kneipe heißt ‚Blauer Engel‘.

5 Eine Postkarte aus München

A postcard from Munich

Lesen Sie die Postkarte und beantworten Sie dann die Fragen. (*Read the postcard and answer the questions.*)

München, 3. September
Hallo Jörg,
wie geht's? Mir geht es wirklich
sehr gut. Ich bin jetzt zwei
Wochen in München. Die Stadt
ist sehr schön, besonders das
Stadtzentrum und der
‚Englische Garten‘. Ich gehe
auch in eine Sprachschule. Die
Sprachschule heißt, ‚Superlang‘.
Ich spreche ziemlich viel
Deutsch. Das Bier in München
ist sehr gut. Es heißt Weizenbier.
Bis bald
Deine Tracy

An
Jörg Kümmerli
Mozartstraße 43a
A-5020 SALZBURG

Österreich

| **besonders** *especially* | **bis bald** *see you soon* |

Beantworten Sie die Fragen.

a) Wo ist Tracy?
b) Wie ist die Stadt?
c) Was ist besonders schön?
d) Wie heißt die Sprachschule?
e) Spricht Tracy nur Englisch?
f) Was ist auch sehr gut in München?
g) Wie heißen die Artikel: **der**, **die** oder **das**?

   … Woche (*week*)
   … Stadtzentrum (*city centre*)
   … Garten (*garden*)
   … Sprachschule (*language school*)
   … Bier (*beer*)

B Zahlen 101 und aufwärts
Numbers 101 and upwards

Note how even long numbers are written as one word in German.

101	hunderteins
102	hundertzwei
110	hundertzehn
111	hundertelf
120	hundertzwanzig
121	hunderteinundzwanzig
201	zweihunderteins
312	dreihundertzwölf
999	neunhundertneunundneunzig
1 000	(ein)tausend
2 843	zweitausendachthundertdreiundvierzig
10 962	zehntausendneunhundertzweiundsechzig
1 000 000	eine Million
4 000 000	vier Millionen
1 000 000 000	eine Milliarde

6 Bitte ausfüllen!

Fill in the sum of money that needs to be entered on this cheque.

7 Notrufe
Emergency calls

Say the numbers for police, fire and emergency doctor out loud.

```
        Notrufe
Polizei ...    110
Feuer ...      112
Notarzt ...    115
```

8 Welche Nummern hören Sie?

Listen to the six numbers on the audio and tick the ones you hear.

	a)		b)		c)	
1	a)	237	b)	273	c)	327
2	a)	459	b)	954	c)	495
3	a)	642	b)	624	c)	426
4	a)	1 321	b)	1 231	c)	11 132
5	a)	4 762	b)	4 267	c)	6 462
6	a)	11 329	b)	11 932	c)	11 293

9 Wie viele Einwohner haben diese Städte?
How many inhabitants do these cities have?

Write out in full the number of inhabitants for each city.

⊓⊔ Stadt
≈ Heidelberg

Beispiel	Köln	966 000	neunhundertsechsundsechzigtausend
Heidelberg		147 000	_____
Frankfurt am Main		650 000	_____
Dresden		470 000	_____
München		1 236 000	_____
Hamburg		1 708 000	_____
Berlin		3 471 000	_____

▣ Grammatik

1 *Gender of nouns*

As you have seen, German nouns are either *masculine*, *feminine* or *neuter*.
This is their *gender*. The words for *the* and *a* (the so-called *definite* and
indefinite articles) have to match the gender of the nouns:

masculine	der Bahnhof (*the station*)	ein Bahnhof (*a station*)
feminine	die Kirche (*the church*)	eine Kirche (*a church*)
neuter	das Café (*the café*)	ein Café (*a café*)

If a noun is made up of more than one noun it is the last element that
determines the gender:

das Bier + **der** Garten → **der** Biergarten
das Haus + **die** Frau   → **die** Hausfrau

There are few guidelines to help you know the gender of nouns in German. As you have already seen, many 'things' are not neuter, but masculine (e.g. **der Garten, der Bahnhof**) or feminine (e.g. **die Kneipe, die Kirche**). Also, some words referring to people are neuter (see below).

However, there are some basic rules. Here are just a few of them now:

masculine nouns	most nouns ending in **-ling**: der Liebling (*darling*)
feminine nouns	most nouns ending in **-in**: die Sekretärin, die Amerikanerin
	most nouns ending in **-tät**: die Nationalität, die Universität
neuter nouns	most nouns ending in **-chen**: das Mädchen (*girl*)

In general, you need to learn the noun with its definite article: **der, die**, or **das** when you first meet it. Don't forget that words like **mein** and **dein** also need endings sometimes.

🐱 Mehr Übungen

1   *Fill in the gaps with the correct versions of* **Ihr(e)** *or* **mein(e)**:
   a)   Wie ist (_F_) Name? – (_F_) Name ist Astrid.
   b)   Wie ist (_F_) Adresse? – (_F_) Adresse ist Hauptstraße 45.
   c)   Wo liegt (_N_) Haus? – (_N_) Haus liegt im Zentrum.
   d)   Wie ist (_N_) Telefonnummer? – (_N_) Telefonnummer ist 753412.
   e)   Wie heißt (_M_) Mann? – (_M_) Mann heißt Gerhard.

2   Schreiben Sie Ihre erste Postkarte. (*Write your first postcard in German.*) *You just have to fill in the missing words. You choose the person you would like to write to.*
   der – schön – Die – fantastisch – bald – eine – das – heißt – spreche – geht's – eine – Die

Wien, 7. Februar Hallo _MUTTER_ , _FANTASTICH_ wie _GHTS_..? Mir geht es .... Ich bin jetzt _EINE_ Woche in Wien. ...... Stadt ist sehr _SCÖN_, besonders ...... Zentrum und _DER_ Park. Ich gehe jetzt auch in _DIE_ Sprachschule. _DIE_... Sprachschule _HEIST_ ‚Eurolingua'. Ich _SPRAE_ jetzt viel Deutsch. Was machst du? Bis .._BALD_ ♀ Deine _____ ♂ Dein _JOHN_	An _FRAU FLEMING_ _____ _____ _____

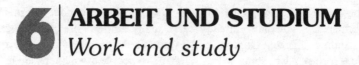
6 ARBEIT UND STUDIUM
Work and study

In this unit you will learn how to:

■ ask people about their occupation and state yours
■ ask people what they study and where

Language points:

■ the verb **sein** (*to be*)
■ plural forms of nouns

A Berufe
Occupations

1 Was sind diese Leute von Beruf?
What do these peole do for a living?

Welches Wort passt zu welchem Bild? (*Which word matches which picture?*)

a) Paul Meier

b) Helga Neumann

c) Heike Müller

d) Manfred Lustig

e) Kurt Leutner

f) Ulrike Wagner

g) Marc Straßburger

Ärztin Automechanikerin

Kellner Musikerin Koch

Taxifahrer Tischler

Write down short descriptions of the people.

a) Das ist Paul Meier. **Er** ist Taxifahrer.
b) Das ist Helga Neumann. **Sie** ist Automechaniker.
c) Das ist ……. **Sie** ist …. usw…

Sprachinfo: Mehr Berufe

der (masculine)	**die** (feminine)	
Automechaniker	Automechaniker**in**	car mechanic
Journalist	Journalist**in**	journalist
Kellner	Kellner**in**	waiter/waitress
Koch	Köch**in**	chef
Maurer	Maurer**in**	bricklayer
Musiker	Musiker**in**	musician
Sekretär	Sekretär**in**	secretary
Student	Student**in**	student
Taxifahrer	Taxifahrer**in**	taxi driver
Tischler	Tischler**in**	carpenter
Verkäufer	Verkäufer**in**	shop assistant

Ausnahmen (Exceptions)		
Arzt	**Ä**rztin	doctor
Fris**eur**/Fris**ör**	Fris**euse**/Fris**öse**	hairdresser
Haus**mann**	Haus**frau**	househusband/housewife
Kauf**mann**	Kauf**frau**	trader
Kranken**pfleger**	Kranken**schwester**	nurse

2 Sind Sie berufstätig?

Do you have a job? Jutta Sammer aus Borken lernt Ingrid Baker aus Whitstable kennen. (*Jutta Sammer from Borken gets to know Ingrid Baker from Whitstable.*)

Read the first part of the dialogue (i) and try to find answers to these two questions:

a) How is it that Ingrid Baker speaks German so well?
b) Why does she mention a period of 18 years?

[handwritten: IHRE MANN ISS ENGLÄNDER]

[handwritten: ER WOHNT IN ENGLAND 18 JAHREN]

Dialog i)

Jutta Sammer	Willkommen in Borken! Mein Name ist Jutta Sammer. Hoffentlich sprechen Sie Deutsch!
Ingrid Baker	Guten Abend! Ja, ich spreche Deutsch. Ich heiße Ingrid Baker.
Jutta Sammer	Prima! Sie sprechen ja sehr gut Deutsch. Sind Sie denn Deutsche?
Ingrid Baker	Ja, aber mein Mann ist Engländer, und ich wohne seit 18 Jahren in England.
Jutta Sammer	Ach so. Sind Sie berufstätig?
Ingrid Baker	Ja, ich bin Verkäuferin.

---

willkommen *welcome*
denn (here) *then*
mein Mann *my husband*

Sind Sie berufstätig? *Do you have a job?*

And now read the second part of the dialogue (ii) and try to work out the answers to these two questions:

a) Which of the women works – Jutta, Ingrid or both of them? *BOTH*
b) Whose husband is retired – Jutta's or Ingrid's?

Dialog ii)

Jutta Sammer	Und wo arbeiten Sie?
Ingrid Baker	Ich arbeite bei Safeway's, das ist ein Supermarkt hier in Großbritannien.
Jutta Sammer	Seit wann arbeiten Sie dort?
Ingrid Baker	Seit drei Jahren. Und Sie? Was sind Sie von Beruf?
Jutta Sammer	Ich bin Krankenschwester. Mein Mann ist von Beruf Mechaniker und er arbeitet bei Opel. Und was macht Ihr Mann?
Ingrid Baker	Er ist jetzt pensioniert, aber er war Journalist.

Wo arbeiten Sie? *Where do you work?*	**Was sind Sie von Beruf?** *What job do you do? (lit. What are you by profession?)*
der Supermarkt *supermarket*	
seit wann? *since when?*	**Er arbeitet bei ...** *He works for ...*
seit 3 Jahren *for (lit. since) three years*	**Was macht Ihr Mann?** *What does your husband do?*
	war *was*

Now read through both dialogues again, noting the new vocabulary as you go.

Richtig oder falsch? Korrigieren Sie die falschen Aussagen.

a)   Ingrid Baker ist Österreicherin. F. IST DEUTSCHE

b)   Ingrid wohnt seit 18 Jahren in England. R.

c)   Sie ist Verkäuferin von Beruf. R

d)   Jutta Sammer ist Kauffrau von Beruf. F. IST VERKÄUFERIN

e)   Herr Sammer ist seit neun Monaten pensioniert.

f)   Mr Baker war Journalist von Beruf.

3 Jochen Krenzler aus Dresden lernt Rainer Tietmeyer aus Coventry kennen

Listen to the audio and then answer the questions.

Welche Antwort passt?

a)   Herr Tietmeyer ist
     (Deutscher / Schweizer.

b)   Frau Tietmeyer ist
     (Deutsche / Schweizerin.

c)   Herr Tietmeyer wohnt seit
     14 Jahren / 20 Jahren / 24 Jahren in England.

d)   Herr Tietmeyer ist
     Kellner / Tischler / Kaufmann von Beruf.

4 Beantworten Sie die Fragen

Answer the questions on the audio as if you were Frau Murphy-Heinrichs.

Sprechen Sie für Gudrun Murphy-Heinrichs …
■ Gudrun Murphy-Heinrichs aus Münster.
　Deutsche
　Mann ist Ire
　wohnt seit 17 Jahren in Münster
　ist Sekretärin bei Mannesmann
　Mann ist Taxifahrer

5 Anagramme

Was sind diese Leute von Beruf? (*Anagrams: What jobs do these people do?*)

a)

NREIRLEH

b)

ERURAM

c)

ANSTUJORIL

d)

ERNISÄTERK

B Was studierst du?
What are you studying?

Acht Studienfächer   *Eight subjects (of study)*

Chemie	*chemistry*	**Physik**	*physics*
Geographie	*geography*	**Biologie**	*biology*
Mathematik	*maths*	**Politik**	*politics*
Medizin	*medicine*	**Informatik**	*computer studies*

Wieder acht Studienfächer   *Eight more subjects*

Anglistik   *English language and literature*

Betriebswirtschaftslehre (BWL)   *management studies*

Germanistik   *German language and literature*

Geschichte   *history*

Jura   *law*

Romanistik   *Romance studies*

Volkswirtschaftslehre (VWL)   *economics*

Zahnmedizin   *dentistry*

Studieren means to study at a university; **lernen** is more appropriate for study at lower levels, such as in schools, further education and adult education.

6 In der Jugendherberge
In the youth hostel

Was studiert du? Anita lernt Karin und Anke kennen. (*Anita gets to know Karin and Anke.*) Read the dialogue, then answer the questions.

Anita	Grüßt euch! Ich heiße Anita. Wie heißt ihr?
Karin	Hallo! Mein Name ist Karin.
Anke	Und ich bin die Anke.
Anita	Und woher kommt ihr?
Anke	Wir kommen aus Gießen. Und du? Woher kommst du?
Anita	Aus Frankfurt. Ich studiere dort Romanistik. Studiert ihr auch?
Karin	Ja, wir studieren BWL in Marburg.
Anita	Und ist das interessant?
Anke	Na ja, es geht, ein bisschen langweilig.

Grüßt euch!   *Hallo, hi (a familiar greeting used to more than one person)*

Na ja   *(informal) Oh well*
es geht   *it's all right*
langweilig   *boring*

Richtig oder falsch?

a) Anke und Karin kommen aus Gelsenkirchen.
b) Anita kommt aus Frankfurt.
c) Anita studiert Germanistik.
d) Anke und Karin studieren BWL.
e) Sie studieren in Marburg.
f) Sie finden es sehr interessant.

7 Was studieren sie?

Listen to the audio and fill in the information that these students give about themselves.

Namen	Paul	Daniel	Heike	Martha
Wohnort	_____	_Hamburg_	_____	_____
Studienort	_Bremen_	_____	_____	_____
Studienfach	_____	_____	_Informatik_	_____

Deutschland-Info:

BILDUNG UND AUSBILDUNG

Full-time attendance at school is compulsory in Germany from 6 to 15 years of age. Those who leave school at 15 have to attend a vocational school part-time for a further three years.

Vocational training in Germany is well organised and apprenticeships lasting two to three and a half years prepare young people for a wide range of occupations.

Higher education is oversubscribed. The figure for students registered at German universities is approaching the two million mark, while the number of students catered for is less than one million. The average student takes 14 semesters (seven years) to complete their studies. As a result many males, who have to complete military or community service, are 28 or older before they graduate and can look for a job.

---

die Bildung	education	**die Ausbildung**	training

---

8 Sie über sich

Write down as much information about yourself as your German will allow. Use Vicki Farrow's answer to help you.

> **Ich über mich**
>
> Ich heiße Vicki Farrow.
> Ich komme aus Newcastle, aber ich wohne jetzt in Peckham. Das ist in London.
> Meine Eltern wohnen noch in Newcastle.
> Ich bin Krankenschwester und ich arbeite in Southwark.
> Ich spreche Englisch, Französisch und ein bisschen Deutsch.
> Mein Partner heißt Darren, und er ist Automechaniker. Er arbeitet in Battersea.
> Er spricht sehr gut Deutsch (sein Vater ist Deutscher).

▣ Tips zur Aussprache

> In German the use of the umlaut (¨) always changes the way a vowel (such as **a**, **o**, or **u**) or a diphthong (such as **au**) is pronounced.
>
> Listen to the way **a** plus an umlaut is pronounced in these words:
> Engländer   Universität   berufstätig   Sekretärin
> Kindergärtnerin
>
> Listen to the way **au** plus an umlaut is pronounced:
> Verkäufer   Fräulein
>
> How would you pronounce these words? Ärztin, Bäckerei, Häuser, Dänemark.
> Check your answers on the audio.

▣ Grammatik

1 sein *(to be) is an irregular verb:*

	Singular			**Plural**	
Ich	**bin**	Student.	Wir	**sind**	Engländer.
Du	**bist**	Sekretärin.	Ihr	**seid**	Amerikaner.
Sie	**sind**	verheiratet.	Sie	**sind**	Japaner.
Er/Sie/Es	**ist**	alt.	Sie	**sind**	arbeitslos.

2 *Plural of nouns*

German nouns do not simply add -s to form their plurals (*a book*, *two books*). You need to learn the plural of a noun when you first meet it, along with the gender, In this unit you met:

Singular: Ich bin **Student**. Plural: Seid ihr **Studenten**?

A few other types of plural are:

a) nouns which do not change: ein Engländer, zwei Engländer.

b) nouns which add **-nen**: eine Studentin, zwei Studentinnen.

c) nouns which add an umlaut (¨) and an **-e**: ein Bahnhof, zwei Bahnhöfe.

d) nouns which, like most English nouns, simply add an **-s**: ein Kino, zwei Kinos.

You will meet some more plural forms in Unit 8.

Mehr Übungen

1 *Anke and Thomas meet up and ask each other a few questions. Put what they say into the correct order to make a continuous dialogue. There may be more than one solution.*

a) **Anke** Bist du Student?

b) **Thomas** Hallo! Mein Name ist Thomas.

c) **Anke** Und woher kommst du?

d) **Thomas** Ja, ich studiere Chemie in Leipzig. Und du?

e) **Anke** Hallo! Ich heiße Anke. Wie heißt du?

f) **Thomas** Ich komme aus Leipzig.

g) **Anke** Ich bin auch Studentin. Ich studiere Anglistik in München.

2 Setzen Sie ein. *Fit these words into the gaps*:
Kellnerin, Engländer, Studentin, Ire, Verkäuferin, Journalist, Schottin, Sekretärinnen, Studenten.

– Sind Herr und Frau Brookes ..a)..?

– Nein, Herr Brookes kommt aus Dublin und ist ..b).. und Frau Brookes ist ..c).. .

– Sind Doris und Walther ..d)..?

– Doris ist ..e).., aber Walther ist ..f).. bei der *Süddeutschen Zeitung*.

– Sind Elke und Birgit ..g)..?

– Nein, Elke ist ..h).. bei Karstadt und Birgit ist ..i).. .

7 | ESSEN UND TRINKEN
Food and drink

In this unit you will learn how to:

ask the way
order food and drink

Language points:

the accusative case
containers and their contents

A Gibt er hier in der Nähe ein Café?
Is there a café nearby?

1 Gibt es hier in der Nähe ...?
Is there ... nearby?

Look at the drawing and make yourself familiar with the way people give directions in German.

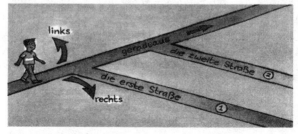

Listen to the three dialogues in which people are asking the way and find out the following information in each case:

What are they looking for?
What directions are they given?
How far do they need to go?

Dialog 1
- Entschuldigen Sie bitte, gibt es hier in der Nähe eine Bank?
- Ja, gehen Sie die erste Straße links. Da ist eine Bank.
- Ist es weit?
- Nein, ungefähr fünf Minuten.
- Gut, danke. Ich brauche nämlich Geld.

Dialog 2
- Entschuldigung. Gibt er hier in der Nähe einen Supermarkt?
- Mmh. Einen Supermarkt? Na klar, gehen Sie immer geradeaus. Dort finden Sie einen ‚Plus'– Markt.
- Ist es weit?
- Nein, etwa 400 Meter.

Dialog 3
- Hallo. Entschuldigen Sie. Gibt es hier in der Nähe ein nettes Café?
- Ja, natürlich. Das Café Hansa. Gehen Sie hier rechts um die Ecke. Es ist nicht weit. Dort ist der Kuchen ausgezeichnet.

Gibt es hier in der Nähe einen/eine/ein ...? *Is there a ... nearby?*	**nämlich** *you see* (lit. *namely*)
gehen *to go*	**na klar** *of course*
Ist es weit? *Is it far?*	**finden** *to find*
ungefähr *about*	**etwa** *about*
brauchen *to need*	**um die Ecke** *around the corner*
	Es ist nicht weit. *It's not far.*
	der Kuchen *cake*

Now look at the dialogues. See if you can work out when to use **einen**, **eine** and **ein** after **Gibt es hier in der Nähe ...?**

What conclusion did you come to about **einen**, **eine** and **ein**? Here is the answer:

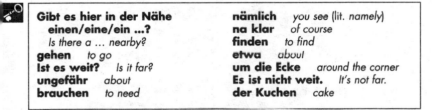

der M		**einen**	Supermarkt? Park? Biergarten?
die F	Gibt es hier in der Nähe	**eine**	Bank? Kneipe? Kirche?
das N		**ein**	Café? Hotel? Kino?

There's more about this later in this unit.

2 Was fragen die Leute?

Setzen Sie die fehlenden Wörter ein. (*Fill in the missing words.*)

a) Entschuldigen Sie. Gibt es hier in _ _ _ Bank? *DER NAHE EINE BANK*

b) Entschuldigung. Gibt *ES HIER IN DER* ? *NAHE EIN NETTES CAFÉ*

c) Entschuldigung. Gibt es *HIER IN DER* Park? *EINEN TISCH*

d) Entschuldigen Sie, bitte. _ _ _ _ _ *EINEN* Biergarten?

GIBT ES HIER IN DER NAHE

Sprachinfo: you have already seen how **ein** sometimes changes to **einen** after **Gibt es hier in der Nähe ...?** Here are some more examples:

Es	gibt	**einen** Supermarkt hier.
Sie	finden	**einen** Biergarten dort.
Subject	*verb*	*object*

As you can see, the article for masculine nouns (**ein**) changes for the object (to **einen**) if you have a subject (e.g. **Es** and **Sie**) and an object (e.g. **Supermarkt** and **Biergarten**). This happens when you use almost any verb apart from **sein** (*to be*), e.g. **Das ist ein Supermarkt**.

There is more on this later. But first, here is some practice in **Übung 3** and **4**. Remember, the change applies only to masculine nouns, not to feminine and neuter nouns.

3 Wohin gehen die Leute?

What do these people find when they follow the directions given them? Write your answers in the gaps.

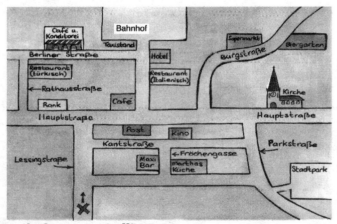

Ein Stadtplan von Gellingen

Sie stehen auf dem X.

a) Gehen Sie geradeaus und dann links in die Hauptstraße. Nehmen Sie die erste Straße rechts. Das ist die Rathausstraße. Dort finden Sie rechts ___ ___ .

b) Gehen Sie geradeaus und nehmen Sie die erste Straße rechts, die erste Straße links und gehen Sie dann in die Kantstraße. Dort finden Sie links __ __ .

c) Gehen Sie geradeaus und dann rechts in die Hauptstraße. Nehmen Sie die zweite Straße links und dort finden Sie links __ __ .

4 Setzen Sie ein

Fill in the missing articles **ein**, **eine** or **einen**.

F a) Entschuldigen Sie, bitte. Ich brauche ____ Bank. EINE

M b) Wo finde ich hier ____ Supermarkt? EINEN

N c) Entschuldigen Sie, bitte. Finde ich hier in der Nähe EIN Café?

N d) Ich brauche EIN Bier.

M e) Gibt es ____ Biergarten hier in der Nähe? EINEN

M f) Wo finde ich ____ Park hier in der Nähe, bitte? EINEN

B Im Café

5 Was trinken Sie, bitte?

Read the menu and try to work out what the items mean in English.

WARME GETRÄNKE	DM	ALKOHOLFREIE GETRÄNKE	
Tasse Kaffee	3,50	Coca Cola	3,80
Cappuccino	4,50	Limonade	3,80
Heiße Schokolade	4,50	Orangensaft	3,80
Schwarzer Tee (Glas)	3,50	Mineralwasser	4,00
KUCHEN		**BIERE**	
Butterkuchen	2,50	König-Pilsener (0,33 l)	4,00
Schwarzwälder Kirschtorte	4,80	Weizenbier (0,5 l)	5,00
Diverse Obstkuchen	4,00		
Portion Sahne	1,50		
EIS-SPEZIALITÄTEN			
Gemischtes Eis	5,00 7,00 9,00		
Pfirsich Melba	7,00		
Krokant-Becher	7,50		

Read the text.

Vater	Oh, bin ich jetzt durstig. Ich brauche jetzt ein Bier.
Mutter	Nicht schon wieder ein Bier, Vater. Du bist zu dick.
Vater	Ach, Bier ist gesund. Hallo. Wir möchten bestellen.
Kellner	Guten Tag. Was möchten Sie, bitte?
Mutter	Ich möche ein Mineralwasser und einen Kaffee, bitte.
Kellner	Ein Mineralwasser und einen Kaffee. Und was trinken Sie, bitte?
Vater	Also, ich nehme ein Weizenbier. Schön kühl, bitte.
Kellner	Kein Problem. Und was nimmst du?
Junge	Ich trinke einen Orangensaft. Mit Eis.
Kellner	Und du? Was möchtest du?
Mädchen	Ich möchte eine Limonade. Aber ohne Eis. Limonade schmeckt lecker.

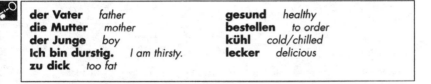

der Vater	*father*	**gesund**	*healthy*
die Mutter	*mother*	**bestellen**	*to order*
der Junge	*boy*	**kühl**	*cold/chilled*
Ich bin durstig.	*I am thirsty.*	**lecker**	*delicious*
zu dick	*too fat*		

Richtig oder falsch? Korrigieren Sie die falschen Aussagen.

a) Der Vater ist durstig.

b) Er möchte eine Limonade.

c) Die Mutter findet, er ist zu dick.

d) Aber der Vater findet, Bier ist gesund.

e) Die Mutter bestellt einen Orangensaft und einen Zitronentee.

f) Der Vater bestellt ein Bier.

g) Der Junge bekommt eine Cola und einen Hamburger.

h) Das Mädchen findet, Limonade schmeckt lecker.

6 Variationen

What would the waiter / waitress ask when taking your order? What might you then say?

a) Was sagt der Kellner?

Was trinken Sie, bitte?

Was _____ Sie, bitte?

Was _____ Sie, bitte?

b) Was sagen Sie?

Ich möchte einen Kaffee.

Ich _____ einen Kaffee.

Ich _____ einen Kaffee.

7 Getränke

a) Der, die oder das? Lesen Sie den Dialog noch einmal. Wie heißen die
fehlenden Artikel? (*Read the dialogue again. Can you find out the missing
articles for the drinks?*)

i)   der Tee
ii)   die Cola
iii)   ___ Mineralwasser
iv)   ___ Bier
v)   ___ Orangensaft
vi)   der Wein
vii)   ___ Kaffee
viii)   der Schnaps
ix)   der Sekt
x)   die Milch

b) Note the names for containers in German and their plural forms.

i)   eine Tasse Kaffee
ii)   ein Glas Wasser
iii)   eine Flasche Wein
iv)   eine Dose Cola
v)   Paul isst einen Becher Eis.

c) Plurale:
i)   zwei Tassen Kaffee
ii)   drei Gläser Wasser
iii)   drei Flaschen Wein
iv)   drei Dosen Cola
v)   zwei Becher Eis

The German for 'pot' is **Kännchen** (s. pl.)

Aufpassen!

Sie bekommt **ein** Eis.	*aber*	Sie bekommt **einen** Becher Eis.	(der Becher)
Ich nehme **einen** Kaffee.	*aber*	Ich nehme **eine** Tasse Kaffee.	(die Tasse)
Er trinkt **einen** Weißwein.	*aber*	Er trinkt **ein** Glas Weißwein.	(das Glas)

8 Variieren Sie bitte

Ergänzen Sie die Dialoge. (*Fill in the gaps in the dialogues*). In some instances there is more than one possible solution. Here are the verbs you will need. Make sure you get the right ending every time: **möchten, nehmen, bekommen, trinken**.

a)

Kellner	Was _____ Sie, bitte?
–	Ich _____ ein… Kaffee.
Kellner	Ein… Kaffee, und was _____ Sie?
–	Also, ich _____ ein… Wasser.
Kellner	Und was _____ Sie?
–	Ich _____ ein… Orangensaft.

b)

Kellner	Was _____ Sie?
–	Ich _____ ein… Mineralwasser.
Kellner	Und Sie? Was _____ Sie?
–	Ich _____ ein… Tomatensaft mit einem Schuss Wodka.
–	Und ich _____ ein… Tasse Tee.

9 Wer bekommt was?

Lesen Sie den Text. Beantworten Sie dann die Fragen.

Kellnerin	Guten Tag! Mein Kollege hat jetzt Feierabend. Ich bin also nicht ganz sicher, wer was bekommt. (*zu der Mutter*) Bekommen Sie den Orangensaft und das Eis?
Mutter	Nein, ich bekomme das Mineralwasser und den Kaffee. Mein Sohn bekommt den Orangensaft und das Eis.
Kellnerin	Gut! Bitte schön. (*zum Mädchen*) Und du? Du bekommst sicher die Limonade.
Mädchen	Ja, richtig! Die Limonade bekomme ich.
Vater	Und ich bekomme das Weizenbier.
Kellnerin	So, bitte schön.
Vater	Ach, das Bier ist zu warm!
Mutter	Und der Kaffee ist zu kalt!
Kellnerin	Oh! Entschuldigung.

> **Mein Kollege hat Feierabend.** *My colleague has finished work.*
> **der Sohn** *son*
> **sicher** *sure*

Richtig oder falsch?

a) Der Vater bekommt den Orangensaft.
b) Die Mutter bekommt den Kaffee.
c) Das Mädchen bekommt das Weizenbier.
d) Das Bier ist zu kalt.

Sprachinfo: Making requests, placing orders

Ich möchte / nehme / bekomme + Akkusativ

		a	*the*
M	Ich möchte ... Meine Freundin möchte ...	**einen** Kaffee **einen** Tee	**den** Kaffee **den** Tee
F	Ich nehme ... Mein Freund nimmt ...	**eine** Limo **eine** Cola	**die** Limo **die** Cola
N	Ich bekomme ... Meine Frau bekommt ...	**ein** Mineralwasser **ein** Eis	**das** Wasser **das** Eis

Note the change in both **ein** (to **einen**) and **der** (to **den**) in the masculine examples above.

Grammatik

1 *The accusative*

In the sentence *I need a coffee*, '*I*' is said to be the subject of the sentence and '*a coffee*' is said to be the object. In German the object has to be in what is called the accusative case:

Ich brauche ein**en** Kaffee.

This differs from the subject (or nominative case) only for masculine nouns:

Note that the **-en** ending on the masculine accusative applies to the definite article (der → den), the indefinite article (ein → einen), the negative form (kein → kein) and the possessive adjectives (mein → meinen, Ihr → Ihren, etc).

	Nominative	Accusative
masc. sing.	Der Kaffee schmeckt gut.	Ich nehme d**en** Kaffee.
	Wo ist mein Wein?	Ich bekomme ein**en** Wein.
	Mein Tee schmeckt nicht.	Du trinkst mein**en** Tee!
fem. sing.	Die Milch schmeckt gut.	Ich nehme die Milch.
	Wo ist meine Tasse Tee?	Ich bekomme eine Tasse Tee.
	Meine Limonade schmeckt nicht.	Trinkst du meine Limonade?
neut. sing.	Das Eis schmeckt gut.	Ich nehme das Eis.
	Wo ist mein Glas Bier?	Ich bekomme ein Glas Bier.
	Mein Brötchen ist nicht frisch.	Du isst mein Brötchen!

2 Containers and their contents

When you are talking about containers and their contents, such as a cup of tea, a glass of wine, a dish of ice-cream, etc., you do not use the equivalent of the word *of* in German:

eine Flasche Wein	*a bottle of wine*
ein Glas Mineralwasser	*a glass of mineral water*
ein Kännchen Kaffee	*a pot of coffee*
eine Tasse Tee	*a cup of tea*

Mehr Übungen

1   Wie heißt es richtig? *How well do you know your accusative endings?*
    Sometimes no ending is needed.

a) Elmar ist müde. Er braucht ein... Kaffee.
b) Katrin bestellt ein... Glas Bier.
c) Die Kinder sind sehr durstig. Sie bestellen ein.. Orangensaft und
   ein.. Cola.

2   Was gehört zusammen? *Match up the two sides. There may be more*
    than one possibility.

a) Er möchte einen Orangensaft	i)	Kaffee.
b) Frau Müller nimmt ein Kännchen	ii)	sehr viele Kalorien.
c) Limonade ist	iii)	Eis.
d) Ich möchte einen Becher	iv)	zu dick.
e) Ein Eis hat	v)	sehr durstig.
f) Sie trinkt eine Tasse	vi)	Tee.
g) Ich bin jetzt	vii)	mit Wodka.
h) Du bist	vii)	lecker.

8 | EINKAUFEN UND BESTELLEN
Shopping and ordering

In this unit you will learn how to:

talk about going shopping
ask and give prices
order food and drinks in a restaurant
say what you like eating and drinking

Language points:

more plural forms of nouns
accusative plural
word order

A Lebensmittel und Einkaufen
Food and shopping

das Brot

der Zucker

das Müsli

die Äpfel

der Wein

das Öl

die Tomaten

der Reis

die Kartoffeln

der Käse

das Salz

der Blumenkohl

1 Welche Lebensmittel kennen Sie?

Write down the above items and all the others you already know (remember drinks) using the examples provided below as a guide. Check genders in a dictionary.

Lebensmittel	Obst	Gemüse	Getränke
der Reis	der Apfel	die Kartoffel	der Tee
das Öl	Äpfel (pl)	Kartoffeln (pl)	das Mineralwasser

2 Wie heißt das?

Note the German name for containers:

a) Das ist eine Dose Mais.
b) Das ist eine Packung Cornflakes.
c) Das ist eine Tüte Gummibärchen.
d) Das ist ein Stück Käse.
e) Das ist eine Flasche Öl.

3 Verschiedene Geschäfte

Was bekommt man hier? Finden Sie Lebensmittel, Getränke und andere Dinge, die man hier kaufen kann. (*What can you get here? Find food, drinks and other things you can buy from these shops?*)

Note that when you use **kann** (*can*), the second verb (in this instance **kaufen**) goes to the end of the sentence.

Das ist eine Bäckerei. Hier **kann** man Brot, Brötchen und Kuchen **kaufen**.

a) Das ist ein Markt. Hier kann man Obst, _____ kaufen.

b) Das ist eine Fleischerei. Hier kann man _____ kaufen.

c) Das ist ein Getränkemarkt. Hier kann man _____ kaufen.

d) Das ist ein Supermarkt. Hier kann man zum Beispiel Käse, Brot _____ _____ kaufen.

4 Was stimmt?

Finden Sie die richtigen Paare.

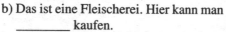

a) eine Dose   i) Wein
b) eine Flasche   ii) Tomaten
c) eine Packung   iii) Salami
d) eine Tüte   iv) Bonbons
e) ein Stück   v) Cornflakes

B Einkaufen

5 Im Laden
At the shop

Das ist der Laden von Herrn Denktash. Hier kann man viel kaufen: Brot und Brötchen, Butter, Käse, Wurst, Obst und Gemüse. Außerdem bekommt man Zeitungen, Süßigkeiten, Zigaretten, Getränke, Zahnpasta und vieles mehr.

Lesen Sie den Text und beantworten Sie die Fragen.

Herr Denktash	Guten Tag, Frau Berger. Was bekommen Sie bitte?
Frau Berger	Ich möchte zehn Brötchen, bitte
Herr Denktash	Sonst noch etwas?
Frau Berger	Was kosten die Tomaten?
Herr Denktash	Ein Kilo 2,80 DM. Sie sind ganz frisch. Sonst noch etwas?
Frau Berger	Wie teuer ist denn der Riesling?
Herr Denktash	Der kostet 7,90 DM.
Frau Berger	Dann nehme ich zwei Flaschen, bitte.
Herr Denktash	Ist das alles?
Frau Berger	Ja, das ist alles.
Herr Denktash	So, das macht zusammen 22,70 DM ... 25 Mark. 2,30 DM zurück.
Frau Berger	Auf Wiedersehen, Herr Denktash.
Herr Denktash	Auf Wiedersehen, Frau Berger und noch einen schönen Tag.

Sonst noch etwas? *Anything else?*	**Wie teuer ist ...?** (sing.) *How much is ...?*
Ist das alles? *Is that all?*	**Wie teuer sind ...?** *How much are ...?*
Was kostet ...? (sing.) *What does ... cost?*	**Das macht (zusammen) ...** *That is ... /That comes to ...*
Was kosten ...? (plural) *What do ... cost?*	

---

a) Wie viele Brötchen kauft Frau Berger?
b) Wie viel kosten die Tomaten?
c) Was für Wein kauft sie?
d) Wie viel bezahlt sie?

Deutschland-Info:

NEIGHBOURHOOD SHOPS

Tante-Emma-Läden were the traditional corner shops where people could buy lots of different things. As in other countries, these are steadily being replaced by other forms of shops, such as supermarkets.

In recent years, however, neighbourhood shops have seen something of a revival in certain cities. These are often owned and run by Turkish people.

 Sprachinfo: **Geld/Währung** (*Money/currency*)

| Man schreibt: 7,20 DM | Man sagt: 7 Mark 20 | *oder* | 7 Mark und 20 Pfennig |
| Man schreibt: 6,40 DM | Man sagt: 6 Mark 40 | *oder* | 6 Mark und 40 Pfennig |

Gewichte (*Weights*)
Ein Pfund = 500 Gramm, ein halbes Kilo.
The metric pound weighs slightly more than the UK or US pound.

Was kostet das? Wie teuer ist das? How would you ask how much the following items are?

Beispiel   e)

Beispiel   Was kostet die Cola?

Wie _____ sind _____ _____ ?
Wie _____ _____ _____ _____ ?
Was _____ _____ _____ ?
Wie _____ _____ _____ _____ ?

6 Rollenspiel: Was sagt der Kunde?
What does the customer say?

Match the customers' sentences (a–f) with those of the shop-keeper (i–vi) to make a dialogue.

a) 12 Stück, bitte.

b) Dann nehme ich zwei Flaschen.

c) Guten Tag. Haben Sie Eier?

d) Ja, das ist alles.

e) 19,50 DM. Bitte schön.

f) Was kostet der Sekt?

Guten Tag.
(i)

Der Sekt kostet
7,50 DM.
(ii)

Ja, natürlich haben
wir Eier. Wie viele
nehmen Sie?
(iii)

Zwei Flaschen. Gern.
Ist das alles?
(iv)

12 Stück. Sonst noch
etwas, bitte?
(v)

Gut, das macht
zusammen 19,50 DM.
(vi)

7 Was kostet …?

Beantworten Sie die Fragen auf der Audio-Aufnahme.

On the audio you will hear questions about the prices of items. Press the
pause button, formulate your answers and say them out loud. Then check
your answers on the audio.

Audio Was kostet eine Flasche Rheinwein?

You 10,20 DM (*You say it as 10 Mark 20*)

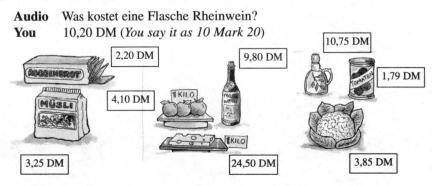

8 Rätsel

Here is a puzzle involving words for groceries. Fill in the German words for the across clues and a further word will be revealed diagonally. What is j) on the diagonal?

Horizontal – **Waagerecht**

a) cheese
b) potatoes
c) small sausages
d) rolls
e) tomatoes
f) tea
g) salad
h) wine
i) sweets
j) ?

C Im Restaurant

Gaststätte Schnitzel-Ranch

Speisekarte

Vorspeisen

	DM
Französische Zwiebelsuppe	5,50
Gemüsesuppe	5,00
Omelett	9,00

Salate

Grüner Salat	4,50
Tomatensalat	6,50
Gemischter Salat	7,00

Hauptgerichte

Pfeffersteak mit Grilltomaten und Pommes frites	21,50
Paniertes Schnitzel mit Pommes frites	13,50
Nudeln mit Tomatensoße	7,50

Nachtisch

Gemischter Eisbecher	6,50
Obstsalat	7,50
Apfelstrudel	8,00

Alkoholfreie Getränke		Alkoholische Getränke	
Mineralwasser	2,50	Glas Rotwein	4,20
Tasse Kaffee	3,50	Glas Weißwein	3,80
Tasse Tee	3,00	Bitburger Pilsener	4,50
Coca Cola	3,00		

die Suppe (-n) _soup_		**gemischt** _mixed_	
das Omelett (-e or **-s)** _omelette_		**der Pfeffer** _pepper_	
der Salat (-e) _salad_		**Pommes frites** (pl.) _French fries_	
grün _green_		**Nudeln** (pl.) _pasta_	

9 Sonja Auer bestellt drei Gerichte

Sonja Auer orders three courses, but makes some effort to keep a check on her calorie intake.

Read the dialogue and then answer the questions.

Sonja Auer   Herr Ober! Ich möchte bestellen.
Kellner   Bitte schön. Was möchten Sie?
Sonja Auer   Als Vorspeise nehme ich eine Gemüsesuppe.
Kellner   Eine Gemüsesuppe – und als Hauptgericht?
Sonja Auer   Als Hauptgericht nehme ich das Pfeffersteak mit Grilltomaten, bitte. Ich möchte aber keine Pommes frites. Kann ich statt dessen einen gemischten Salat haben?
Kellner   Aber selbstverständlich. Und zum Trinken?
Sonja Auer   Ich nehme ein Perrier.
                 (20 Minuten später)
Kellner   So? Hat es geschmeckt?
Sonja Auer   Danke. Sehr gut.
Kellner   Gut! Möchten Sie vielleicht auch etwas zum Nachtisch?
Sonja Auer   Ja. Zum Nachtisch bekomme ich einen gemischten Eisbecher – ohne Sahne. Und ich trinke auch eine Tasse Kaffee.
                 (später)
Sonja Auer   Ich möchte bezahlen, bitte.
Kellner   Einen Moment, bitte. Das macht zusammen 38,50 DM.

---

statt dessen *instead of that*		**zum Nachtisch** *for dessert*	
selbstverständlich *of course*		**die Sahne** *cream*	
Hat es geschmeckt? *Did it taste good?*			

Richtig oder falsch?

a) Als Vorspeise bekommt sie eine Suppe.
b) Sie isst das Pfeffersteak mit Pommes frites.
c) Sie trinkt ein Glas Rotwein.
d) Als Nachtisch hat sie einen Eisbecher mit Sahne.
e) Zusammen macht es 48,50 DM.

Nützliche Ausdrücke	
Ich möchte bestellen.	*I'd like to order.*
Als Vorspeise nehme ich ...	*As a starter I'll take ...*
Als Hauptgericht bekomme ich ...	*For my main course I'll have ...*
Als Nachspeise möchte ich ...	*For dessert I'd like ...*
Ich möchte bezahlen.	*I'd like to pay.*

Sprachinfo: word order

Note that the verb in a German sentence usually has to be the second idea or component. So if the sentence starts with anything other than the subject, the verb and subject have to be swapped around.

[1]	[2]	[3]	
Ich	nehme	eine Gemüsesuppe.	
subject	*verb*		
Als Vorspeise	nehme	ich	eine Gemüsesuppe.
	verb	*subject*	

10 Was passt zusammen?

Put these sentences in order to create a dialogue between Frau Trübner and the waiter.

Frau Trübner
a) Ja, einen Kaffee, bitte.
b) Ich möchte bitte bestellen.
c) Einen gemischten Eisbecher, bitte.
d) Ja, sehr gut. Ich möchte jetzt bezahlen.
e) Ich nehme die Nudeln mit Tomatensoße, bitte.
f) Ohne, bitte.

Kellner
i) Mit oder ohne Sahne?
ii) Gut, als Hauptgericht die Nudeln. Und als Dessert?
iii) Einen Moment. Das macht zusammen 20 Mark.
iv) (*20 Minuten später*) Hat es geschmeckt?
v) Bitte schön. Was bekommen Sie?
vi) Und möchten Sie etwas zum Trinken?

11 Rollenspiel. Martin Merlin isst sehr gern

Martin Merlin likes eating. Take his role and order for him. Write down the answers first, then listen to the audio, using the pause button so that you can say your responses out loud. Then check your answers on the audio.

Martin Merlin   Herr Ober. (*Say that you would like to order.*)
Kellner   Ja, was möchten Sie?
Martin Merlin   (*Say that for a starter you'd like a French onion soup.*)
Kellner   Eine französische Zwiebelsuppe. Und als Hauptgericht?
Martin Merlin   (*Say that for your main course you'll have the schnitzel and French fries. You'd also like a mixed salad.*)
Kellner   Jawohl. Und was trinken Sie dazu?
Martin Merlin   (*Say you'd like a glass of white wine. And for dessert you'll have the apple strudel.*)
Kellner   Mit oder ohne Sahne?
Martin Merlin   (*Say with cream, and afterwards you'd like a coffee.*)

12 Und jetzt Sie!

Read the information, then practise saying what you like eating and drinking.

To say in German that you like eating or drinking something, you simply use **gern** together with the verb:

Ich esse **gern** Kuchen.   *I like (eating) cake.*
Ich trinke **gern** Wein.   *I like (drinking) wine.*
Essen Sie **gern** Fleisch?   *Do you like (eating) meat?*
Trinken Sie **gern** Kaffee?   *Do you like (drinking) coffee?*

Beispiel   (*Say that you like drinking red wine and eating pizza.*)
                Ich trinke gern Rotwein und esse gern Pizza.

a) *Say that you like eating jelly bears and like drinking orange juice.*
b) *Say that you like drinking coffee and like eating cake.*

Find at least three more pairs of items that you like eating and drinking and say or write these down in German.

You will learn more about how to say what you like doing and also what you don't like doing in the next **Lektion**.

Deutschland-Info:

GERMAN WINES

Most of the wine produced in Germany is white wine. Table wine is referred to as **Deutscher Tafelwein** or simply **Tafelwein**.

Quality wine or **Qualitätswein** is subdivided into **Qualitätswein bestimmter Anbaugebiete (QbA)** (*Quality wine from specific sites*) and **Qualitätswein mit Prädikat (QmP)** (*Quality wine with a specific distinction*). There are six different distinctions reserved for QmP: **Kabinett, Spätlese, Auslese, Beerenauslese, Trockenbeerenauslese, Eiswein.**

In restaurants and pubs wine is usually sold by the glass (20 or 25 cl).

Tips zur Aussprache

The **s** at the beginning of a word or syllable is pronounced like an English *z*:
Saft, Sie, sehr, Sohn
gesund, lesen, Musiker, reisen

At the end of a word or syllable the **s** is pronounced like an English *s*:
es, was, das, Haus
Eisbecher, Reisplatte, Auskunft, arbeitslos

How would you pronounce these words:
Sekt, Supermarkt, zusammen, besonders, alles, Mais?

Grammatik

1 *The accusative – plural*

Note that in the accusative plural all the genders have the same forms as the nominative plural:

Nominative
Die Pilze / Tomaten / Würstchen schmecken gut.
Was kosten Pilze / Tomaten / Würstchen?
Meine Pilze / Tomaten / Würstchen sind nicht frisch.

Accusative

Ich nehme die Pilze / Tomaten / Würstchen.
Ich bekomme Pilze / Tomaten / Würstchen.
Isst du meine Pilze / Tomaten / Würstchen?

2 Noun plurals

Make sure you learn the plural forms of new nouns as you meet them. In **Lektion 6** you met several different kinds of plural forms. Here is a summary of the forms for those nouns which you have met so far:

nouns which do not change	ein Engländer	zwei Engländer
nouns which add **-nen**	eine Studentin	zwei Studentin**nen**
nouns which add an umlaut (¨)	ein Apfel	zwei **Ä**pfel
nouns which add an **-e**	ein Pilz	zwei Pilz**e**
nouns which add an umlaut and an **-e**	ein Sohn	zwei S**ö**hn**e**
nouns which add **-er**	ein Kind	zwei Kind**er**
nouns which add an umlaut and **-er**	ein Glas	zwei Gl**ä**s**er**
nouns which add an **-s**	ein Café	zwei Café**s**
nouns which add **-n** or **-en**	eine Tasse eine Packung	zwei Tasse**n** zwei Packung**en**

Note that the singular form is preferred to the plural in certain expressions of quantity:

Drei **Pfund** Äpfel, bitte.   *Three pounds of apples, please.*
250 **Gramm** Käse.   *250 grams of cheese.*
Zwei **Stück** Kuchen.   *Two pieces of cake.*

3 Word order

As you saw earlier in this **Lektion**, the verb **können** sends the second verb to the end of the sentence:

Man **kann** jetzt hier in Hamburg sehr gute Tomaten **kaufen**.
Wo **können** wir hier Äpfel **bekommen**?

This also applies to **möchten**:

Ich **möchte** bitte ein Stück Kuchen **bestellen**.
Wir **möchten** jetzt bitte **bezahlen**.

You also learned in this **Lektion** that the main verb in a German sentence is normally the second idea or component. This leads to the subject and verb being swapped round, if the sentence starts with anything other than the subject.

[1]	[2]	[3]	
Als Vorspeise	nehme	ich	eine Suppe.
Zum Trinken	möchten	wir	eine Flasche Wein.
Nachher	bekommen	wir	ein Kännchen Kaffee.
	verb	*subject*	

◢ Mehr Übungen

1   Singular und Plural. Setzen Sie die fehlenden Formen ein.

	ein (e)	**zwei**
a)	Apfel	____
b)	____	Brötchen
c)	Wurst	____
d)	Flasche	____
e)	____	Kartoffeln
f)	____	Kännchen
g)	Glas	____
h)	Party	____

2   *Move the item in bold type to the beginning of the sentence and make the necessary changes to the sentence structure.*

a)   Ich möchte **als Vorspeise** eine Gemüsesuppe.
b)   Ich nehme **als Hauptgericht** das Schnitzel.
c)   Wir möchten **zum Trinken** eine Flasche Mineralwasser bestellen.
d)   Wir bekommen **als Dessert** den Obstsalat mit Sahne.
e)   Wir trinken **nachher** eine Tasse Kaffee und eine Tasse Tee.
f)   Wir möchten **jetzt** bitte bezahlen.

9 FREIZEIT
Leisure

In this unit you will learn how to:

■ say what people are doing
■ talk about leisure pursuits
■ state likes and dislikes

Language points:

■ 'irregular' verb forms
■ using **gern**

A Was machen die Leute?
What are these people doing?

1 Lesen und Lernen

Look at the pictures and read what they are doing.

a) Frau Thielemann kocht.

b) Die Kinder schwimmen im Schwimmbad.

c) Frau Ihßen hört Musik.
Sie hört klassische Musik.

d) Sie spielen Fußball.

e) Frau Copa liest eine Zeitung.

f) Herr und Frau Gerber fahren
heute nach Berlin.

g) Die Leute machen ein Picknick.

h) Die Leute spielen Schach. Sie
spielen im Park.

2 Wie heißen die Verben?

Write an appropriate verb in each of the spaces.

Fußball → spielen

a) nach London → _____
b) im Schwimmbad → _____
c) Schach → _____
d) ein Buch → _____
e) Rock-Musik → _____
f) Pasta → _____ oder → _____

3 Üben Sie Verbendungen und irreguläre Verben

Practise verb endings and irregular verbs.

Sprachinfo: Some verbs in German have a change in the vowel in the **du**, and **er, sie, es** forms. Here are some of the ones you have met so far:

	lesen	essen	sprechen	nehmen	fahren
ich	lese	esse	spreche	nehme	fahre
du	liest	isst	sprichst	nimmst	fährst
er, sie, es	liest	isst	spricht	nimmt	fährt

a) Er spr ____ sehr gut Deutsch.
b) Koch ____ Sie oft?
c) Trink ____ ihr viel Weizenbier?
d) Was ____ du als Vorspeise? (nehmen)
e) Frau Peters l____ viel Agatha Christie.
f) Er ____ viel Pasta. (essen)

4 Frau Neumann ist sehr beschäftigt
Frau Neumann is very busy

Was macht Frau Neumann? Setzen Sie ein. Fill in the correct forms of the appropriate verbs: **trinken, lesen, schreiben**, etc.

Frau Neumann *trinkt* Kaffee.

a) Sie _____ eine Zeitung.
b) Frau Neumann _____ Pasta.
c) Sie _____ eine Postkarte.
d) Herr und Frau Neumann _____ Pop-Musik.
e) Sie _____ Französisch.
f) Herr und Frau Neumann _____ nach Paris.

B Hobbys und Freizeit

Hobbies and leisure time

5 Frauke und Sandro lernen sich in einer Bar kennen

Frauke and Sandro are getting to know each other in a bar. Read the dialogue and answer the questions.

Frauke Hast du eigentlich ein Hobby?

Sandro Tja, ich trainiere gern und ich schwimme auch gern. Und du?

Frauke Ich lese gern Romane und ich fotografiere gern.

Sandro Ach so! Und gehst du auch gern ins Kino?

Frauke Oh ja! Ins Kino gehe ich sehr gern.

Sandro Und isst du gern italienisch?

Frauke Ja sicher, ich esse sehr gern Pizza.

Sandro Gut, dann gehen wir ins Kino und nachher essen wir Pizza!

eigentlich	*actually*	**fotografieren**	*to take photos*
trainieren	*to train, work out*	**sicher**	*sure, certain(ly)*
der Roman (-e)	*novel*	**nachher**	*afterwards*

Richtig oder falsch? Korrigieren Sie die falschen Aussagen.

a) Sandro trainiert gern.

b) Er schwimmt auch gern.

c) Frauke liest gern Zeitung.

d) Sie arbeitet auch gern im Garten.

e) Ins Kino geht sie nicht gern.

f) Sie isst gern italienisch.

g) Sandro und Frauke essen Pizza und gehen nachher ins Kino.

Sprachinfo:

Ich gehe **gern** ins Kino.	*I like going to the cinema.*
Ich lese **gern**.	*I like reading.*
Ich esse **gern** italienisch.	*I like eating Italian food.*
Ich lese **nicht gern**.	*I don't like reading.*
Ich schwimme **nicht gern**.	*I don't like swimming.*

6 Was ist Ihr Hobby?

Eine Radio-Umfrage in Travemünde. Hören Sie zu. Listen to the interviews and tick the hobbies mentioned. Put a cross against those which were not mentioned.

Lesen	☐	Surfen	☐	Fotografieren	☐
Reisen	☐	Schwimmen	☐	Pop-Musik	☐
Fußball	☐	Kino	☐	Garten	☐
Computer	☐	Tennis	☐	Jazz	☐
Klassische Musik	☐	Fallschirmspringen	☐	Segeln	☐
Sport	☐	Wandern	☐	Joggen	☐
Golf	☐	Fitness	☐	Rock-Musik	☐

die Umfrage (-n) *survey*	**die Fotografie** *photography*
der Krimi (-s) *crime story,*	**die Klassik** (here) *classical music*
detective story	**das Wandern** *hiking*
die Biographie (-n) *biography*	**das Segeln** *sailing*

7 Beantworten Sie die Fragen

Write out your answers to these questions.

Frage

Sprechen Sie gern Deutsch?

Antwort

Ja, ich spreche gern / sehr
    gern Deutsch.

oder
Nein, ich spreche **nicht** gern
    Deutsch.

Fragen

a) Lesen Sie gern Zeitung?
b) Hören Sie gern Elvis Presley?
c) Essen Sie gern Pizza?
d) Reisen Sie gern?
e) Arbeiten Sie gern im Garten?
f) Trinken Sie gern Bier?
g) Gehen Sie gern ins Kino?
h) Kochen Sie gern?

Antworten

_____
_____
_____
_____
_____
_____
_____
_____

8 Die beliebtesten Freizeitbeschäftigungen der Deutschen

Germans' most popular leisure activities

1 Fernsehen
2 Zeitung, Illustrierte lesen
3 Radio hören
4 Telefonieren
5 Ausschlafen

Deutschland-Info:

VEREINE

There are many kinds of **Vereine**, or clubs, in Germany covering a multitude of interests, from gardening to coin collecting or singing. Singing clubs alone total over two million members and sports clubs manage to attract nearly ten times that figure.

As in most countries nowadays, young people tend to be interested in 'pop' culture and in going to the disco.

---

9 Wie oft gehen die Deutschen aus?
How often do the Germans go out?

Lesen Sie den Artikel aus einer deutschen Zeitung und beantworten Sie dann die Fragen. (*Read the following article and find out how often the four people from Berlin go out and where they go.*)

Wie oft?　*How often?*
einmal, zweimal, dreimal usw.　*once, twice, three times, etc.*
einmal pro/die Woche　*once per / a week*
zweimal im Monat　*twice a month*
mindestens　*at least*
die Kunst　*art*

Frage der Woche: Wie oft gehen Sie im Monat aus? Und wohin gehen Sie?

Statistiken zeigen es: Die Lieblingsbeschäftigung der Deutschen in ihrer Freizeit ist das Fernsehen. Doch immer mehr Deutsche gehen in den letzten Jahren auch wieder ins Kino, treiben Sport und gehen ins Restaurant. Wir haben vier Berliner gefragt, wie oft sie ausgehen und was sie dann machen.

Herr Protschnik (37, Bankangestellter)

Ich gehe viermal pro Woche ins Fitnesszentrum und habe wenig Zeit, etwas anderes zu machen. Am Wochenende gehe ich manchmal ins Kino, wenn es einen interessanten Film gibt. Ich gehe aber lieber ins Restaurant, meistens einmal die Woche. Ich esse sehr gern italienisch, aber ich koche auch viel zu Hause.

* * *

Herr Schmidt (65, Rentner)

Ins Museum oder ins Theater gehe ich nie mehr. Als ich jung war, da war ich ein großer Kino-Fan. Aber jetzt sind wir Rentner und bleiben meistens zu Hause und sehen lieber fern. Einmal oder zweimal pro Woche gehe ich in die Kneipe. Und wir gehen jeden Tag in den Park. Dort ist es sehr schön. Und manchmal gehe ich auch noch ins Fußballstadion.

* * *

Frau de Grille (36, Architektin)

Ich gehe auch gern ins Museum, normalerweise zweimal im Monat. Hier in Berlin gibt es sehr gute Museen. Einmal im Monat gehen mein Mann und ich auch in die Oper. Wir haben ein Abonnement. Und mit den Kindern gehen wir oft ins Kindertheater. Die finden das super.

* * *

Petra Kant (24, Studentin)

Ich bin ein großer Kino-Fan und gehe mindestens einmal die Woche ins Kino. Jeden Montag ist Kino-Tag, da ist es besonders billig. Ich liebe die Filme mit Tom Cruise. Er ist sehr attraktiv. Ins Museum gehe ich sehr selten, moderne Kunst finde ich langweilig. Ich gehe lieber mit Freunden in die Disco, meistens zweimal die Woche.

Wie heißen die Antworten?

a) Warum hat Herr Protschnik wenig Zeit?
b) Wohin geht er lieber: ins Restaurant oder ins Kino?
c) Was macht Herr Schmidt gern?
d) Wie oft geht Frau de Grille ins Museum?
e) Wohin geht sie oft mit ihren Kindern?
f) Wohin geht Petra Kant: in die Disco oder ins Museum?
g) Wie findet sie Tom Cruise?

Wie oft? *How often?*

nie *never*	**oft / häufig** *often/frequently*
selten *seldom*	**meistens** *mostly*
manchmal *sometimes*	**immer** *always*

Now read the text again and see if you can find out when to use **in die**, **ins** and **in den**. Look at the gender of the nouns.

What conclusion did you come to? Here are the answers.

After **in** when movement is indicated, answering the question **wohin?** (*where to?*), the accusative is needed in German:

> Frau Norbert geht jeden Tag **in den** Stadtpark.
> Herr Gerber geht zu oft **in die** Kneipe.
> Heike geht sehr oft **ins** Kino. (**in das** → **ins**)

Sprachinfo: **Wohin gehen Sie?** (in + Akkusativ)

der		**in den**	Park. Biergarten.
die	Ich gehe ...	**in die**	Oper. Kneipe.
das		**ins**	Kino. Restaurant.

10 Was stimmt hier nicht?

Wohin gehen die Leute wirklich? What is wrong with these sentences? Say where the people really go, by correcting the information given in bold, as shown in the example.

Beispiel   Frau Jörgensen findet moderne Kunst interessant und geht oft **in die Kneipe**.
Nein, sie geht nicht in die Kneipe, sie geht ins Museum.

a) Peter und Heike essen gern chinesisch und gehen einmal die Woche **ins Kino**.

b) Frau Schweigert hört gern klassische Musik und geht oft **ins Café**.

c) Frau Müller liebt Schwarzwälder Kirschtorte. Sie geht jeden Tag **in die Oper**.

d) Herr Knobl hasst Sport. Er geht nie **ins Restaurant**.

e) Herr Radek trinkt gern Bier und geht häufig **ins Museum**.

f) Gerd liebt alte Hollywood-Filme. Er geht oft **ins Fitnesszentrum**.

Nützliche Ausdrücke

Fragen

Gehen Sie / Gehst du oft   ⎫   ins Theater?
Wie oft gehen Sie / gehst du ⎬ ins Restaurant?
Gehen Sie / Gehst du gern   ⎭   in die Kneipe?
                               in die Oper?

Antworten

Ich gehe oft / manchmal / selten / nie ins Theater.
Ich gehe einmal die Woche / zweimal im Monat ins Restaurant.
Ich gehe (sehr) gern in die Kneipe.
Ich gehe nicht gern in die Oper.

🔧 Grammatik

1 Lesen, essen *and* sprechen

Earlier in this unit you saw that some verbs in German have a change of vowel in the **du** and **er, sie, es** forms: e.g. **lesen, essen** and **sprechen**. Many of these verbs can be found in the verb list at the end of the book.

Ich lese Krimis. Liest du auch Krimis?
Paula fährt heute nach Frankfurt.
Ich spreche Französisch. Sprichst du auch Französisch?

As you can see, this change does not happen at all in the plural forms:

wir	lesen	essen	sprechen	nehmen	fahren
ihr	lest	esst	sprecht	nehmt	fahrt
sie	lesen	essen	sprechen	nehmen	fahren

2 gern

As you saw in **Lektion 8**, the word **gern** is used together with a verb to say that you like doing something:

Ich koche **gern**.	*I like cooking.*
Ich spreche **gern** Deutsch.	*I like speaking German.*
Ich arbeite **gern** im Garten.	*I like working in the garden.*

To say that you do not like doing something, you simply add **nicht**:

Ich schwimme **nicht gern**.	*I don't like swimming.*
Ich jogge auch **nicht gern**.	*I don't like jogging either.*

There is also another way in German to express likes or dislikes using **mögen**. **Mögen** is irregular:

Ich mag Musik.	Wir mögen Musik.
Magst du Musik?	Mögt ihr Musik?
Mögen Sie Musik?	Mögen Sie Musik?
Er / Sie / Es mag Musik.	Sie mögen Musik.

Gern and **mögen** often get confused by learners of German. The difference is that you can use **mögen** only with a noun (**Ich mag Musik.**) but you couldn't say: Ich mag Musik hören.

Look at the following examples:

Ich spiele gern Fußball.	Ich mag Fußball.
Ich lerne gern Deutsch.	Ich mag Deutsch.
Ich höre gern Britpop.	Ich mag Britpop.

3 *Verbs and nouns*

Most German verbs can be used as nouns:

schwimmen *to swim*	→	**das Schwimmen** *swimming*
joggen *to jog*	→	**das Joggen** *jogging*
reisen *to travel*	→	**das Reisen** *travelling*

As you can see, these nouns are neuter and, of course, start with a capital letter.

✌ Mehr Übungen

1   Verben. Ergänzen Sie. (Complete.)

    a) ____ du gern Pizza? (essen)
    b) Sein Hobby ____ Kino. (sein)
    c) ____ du Deutsch? (sprechen)
    d) Er ____ Karten. (spielen)
    e) ____ ihr Deutsch? (sprechen)
    f) Ich ____ gern. (fotografieren)
    g) Er ____ Zeitung. (lesen)
    h) Ihre Hobbys ____ Sport und Reisen. (sein)

2   Wie sagt man es anders? *Can you say these sentences in a different way, using* **gern** *together with a suitable verb instead of* **mögen**?

Beispiel   Ich mag Obst.
               Ich esse gern Obst.

    a) Ich mag Rotwein.
    b) Ich mag Pommes frites.
    c) Wir mögen klassische Musik.
    d) Wir mögen Schach.
    e) Ich mag die Süddeutsche Zeitung.
    f) Magst du Kaffee?

10 | DIE UHRZEIT
The time

In this unit you will learn how to:

■ tell the time
■ talk about daily routines

Language points:

■ separable verbs
■ more on word order

A Die Uhrzeit   *The time*

1 Wieviel Uhr ist es?
What's the time?

Note the two ways in which you can ask for the time in German.

Entschuldigen Sie, bitte. Wie spät ist es?

Zwei Uhr.

Entschuldigung.
Wieviel Uhr ist es, bitte?

Es ist zehn vor vier.

2 Die 12-Stunden-Uhr
The 12-hour clock

Es ist zwei Uhr.

Es ist zehn **nach** zwei.
Es ist zehn Minuten **nach** zwei.

Es ist zehn Minuten **vor** vier.

Es ist zwei Minuten **nach** neun.
Es ist **kurz nach** neun.

Es ist **Viertel** nach fünf.

Es ist **Viertel** vor sieben.

Es ist **halb** zwei. (!)

Es ist **halb** fünf. (!)

Find the German words for:
a) *past*
b) *before*
c) *quarter*
d) *half*

◀ 3 Hören Sie zu.

Write in the right-hand column the order in which you hear these times on the audio:

a) 4:30   ———
b) 8:50   ———
c) 8:45   ———
d) 6:28   *1*

4 Wie spät ist es bitte?

Write out the times you hear.

Schreiben Sie die Uhrzeiten.

Beispiel: a) *Es ist halb fünf.*

5 Die 24-Stunden-Uhr

Richtig oder falsch?

a) 21:00
   Es ist einundzwanzig Uhr.

b) 17:15
   Es ist siebzehn Uhr dreißig.
   Es ist siebzehn Uhr und dreißig Minuten.

c) 8:30
   Es ist acht Uhr dreißig.
   Es ist acht Uhr und dreißig Minuten.

d) 14:58
   Es ist vierzehn Uhr sechsundfünfzig.
   Es ist vierzehn Uhr und sechsundfünfzig Minuten.

Two given times are wrong. Can you correct them?

- _____

- _____

 6 Morgens oder abends?
   A.m. or p.m.?

Make yourself familiar with what the Germans say for a.m. and p.m.
Practise by doing exercises a) and b).

Es ist neun Uhr **morgens**.

Es ist ein Uhr **mittags**.

Es ist vier Uhr **nachmittags**.

Es ist sieben Uhr **abends.**

Es ist ein Uhr **nachts**.

a) Sagen Sie die Uhrzeit.
Überprüfen Sie Ihre Antworten
auf dem Audio.

b) Üben Sie die
24-Stunden-Uhr.
Überprüfen Sie Ihre
Antworten auf dem Audio.

1 pm	13:00
4 pm	15:20
8 pm	7:45
11 pm	18:12
9 am	23:35
6 am	4:17

7 Radio- und Fernsehprogramme
Radio and TV programmes

Listen and fill in the missing times.

a) Es ist _____ Uhr. Hier ist das Deutsche Fernsehen mit der Tagesschau.

b) Radio Bremen. Sie hörten die Nachrichten. Es ist _____. Und jetzt der Wetterbericht.

c) Beim Gongschlag war es _____. Hier ist die Deutsche Welle mit den Nachrichten.

d) _____. Und jetzt die Verkehrslage auf Deutschlands Straßen.

e) Das war das Aachener Nachrichtenmagazin. Es ist jetzt _____ .

f) RTL. Radio-Shop. Es ist _____.

B Ein typischer Tag
A typical day

8 Was macht Frau Haase?

Ein typischer Tag. *A typical day.*

Read the text on the next page and find out what Frau Haase is doing on a typical day.

aufstehen	*to get up*	**danach**	*afterwards*
einkaufen	*to shop*	**normalerweise**	*normally*
anrufen	*to phone*	**der Feierabend**	*end of work*
anfangen	*to start*	**Um Viertel nach fünf hat sie**	
abholen	*to fetch, pick up*	**Feierabend.**	*She finishes work*
fernsehen	*to watch TV*	*at a quarter past five.*	
dann	*then*		

Es ist 7 Uhr 10. Frau Haase steht auf. Danach duscht sie und frühstückt. Normalerweise isst sie ein Brötchen und trinkt Kaffee.

Um Viertel vor acht geht sie normalerweise aus dem Haus. Sie geht ins Büro.
Ihre Arbeit fängt um halb neun an.

Frau Haase arbeitet in einer Bank. Um 10 Uhr ruft sie eine Kundin an. Danach schreibt sie einen Brief. Um halb zwölf macht sie Mittagspause.

Um Viertel nach fünf hat sie Feierabend.
Dann geht sie in den Supermarkt und kauft ein. Um sechs Uhr ist sie wieder zu Hause. Um Viertel nach sechs isst sie zu Abend.

Um sieben Uhr holt sie eine Freundin von der Arbeit ab.
Sie gehen zusammen ins Kino und dann in die Kneipe.

Um halb elf ist sie wieder zu Hause.
Sie sieht noch ein bisschen fern.
Sie sieht die Nachrichten. Sie sieht aber nur selten fern. Um halb zwölf geht sie dann ins Bett.

Sprachinfo: Can you figure out what happens to the verbs **aufstehen, anfangen, anrufen**, etc. when they are used in a German sentence? Are there similar constructions in English?

What conclusion did you come to? Here are the answers: there are a number of verbs in German which are called **trennbare Verben** (*separable verbs* in English).

The first part (prefix) separates from the main part (stem) and usually goes to the end of the sentence:

aufstehen	Frau Haase steht **auf**.	*Mrs Haase gets up.*
anfangen	Die Arbeit fängt um 9 Uhr **an**.	*Work starts at 9 o'clock.*
einkaufen	Sie kauft im Supermarkt **ein**.	*She shops at the supermarket.*
anrufen	Sie ruft eine Kundin **an**.	*She phones a client.*
fernsehen	Sie sieht manchmal **fern**.	*She sometimes watches TV.*

There are certain similarities to English phrasal verbs like *to get up*, but remember that in German **auf, an**, etc. usually have to go to the final position in a sentence.

Deutschland-Info:

ARBEITSTAG UND FEIERABEND

The working day in Germany still tends to start earlier than in Britain. Offices and schools, for instance, often start at 8.00 am. Some tradesmen and -women, such as bakers and market traders regularly get up as early as 3.30 or 4.00 am.

The earlier start means that many people finish work earlier too. **Der Feierabend** – the time when work is finished – is commonly regarded as a time to be enjoyed and not to be spent doing chores. The common way of asking someone in German what time they finish work is:

Wann hast du Feierabend? The answer will be along the lines of: **Ich habe um vier Uhr Feierabend.**

Punctuality is generally regarded as important. Trains still tend to run to time whatever the weather.

9 Was machen die Leute?

Schreiben Sie bitte.

einkaufen   aufstehen   fernsehen   anfangen

Das Mädchen _____ um sieben Uhr _____.

Der Mann _____ _____ .

Die Schule _____ um   Der Mann _____ im
acht Uhr _____ .   Supermarkt _____ .

10 Ein Tag im Leben von Herrn Fabione

Listen to Mr Fabione describing a typical day.

Richtig oder falsch?
a)   Herr Fabione ist Lehrer.
b)   Seine Arbeit fängt um acht Uhr an.
c)   Mit den Kindern geht er manchmal schwimmen.
d)   Er bleibt oft zu Hause.

Hören Sie noch einmal und beantworten Sie die Fragen. *Listen again and
answer the questions.*

e)   Wann steht Herr Fabione normalerweise auf?
f)   Wann hat er Feierabend?
g)   Sieht er viel fern?
h)   Wann geht er normalerweise ins Bett?

Tips zur Aussprache

> Here are some nouns with their plural forms. Notice what an important
> difference the adding of an umlaut can make to the pronunciation and
> to the meaning.
>
> Tochter, Töchter, Koch, Köche
> Mutter, Mütter, Kuss, Küsse
>
> What are the plural forms of these words? Bruder, Sohn, Buch.

◎ Grammatik

1 *Separable verbs*

In English you have verbs such as *to get up*, *to pick up* and *to come along* where the verb is made up of two parts. In German, too, there are verbs like this, but in the infinitive (the form that appears in the dictionary) the two parts are joined together: **aufstehen**, **anfangen**, **abholen**, etc. When you use these verbs, you normally need to separate the first part (prefix) from the main part (stem) and send the prefix to the end of the sentence:

aufstehen	Wann stehst du **auf**?	*When do you get up?*
anfangen	Der Film fängt um sechs Uhr **an**.	*The film starts at 6 o'clock.*
abholen	Ich hole dich um acht Uhr **ab**.	*I'll pick you up at 8 o'clock.*

2 Word order

As you learned earlier in **Lektion 8** the verb in German is usually the 'second idea' in the sentence. First place in the sentence can be taken by a time expression or by other elements, even by the object. The verb, however, needs to be in second place and this often means putting the subject in third place.

[1]	[2]	[3]	[4]
Ich	trinke	eine Tasse Kaffee	zum Frühstück.
Zum Frühstück	trinke	ich	eine Tasse Kaffee.
Eine Tasse Kaffee	trinke	ich	zum Frühstück.
Normalerweise	trinke	ich	eine Tasse Kaffee
	verb		

Note that **und** and **aber**, which usually connect two sentences, do not count and do not affect the word order.

	0	1	2	3	4
Ich gehe ins Café	und	danach	gehe	ich	ins Kino.
Zuerst dusche ich	und	dann	frühstücke	ich.	
Ich stehe früh auf	und	ich	lese	Zeitung.	
Ich esse kein Fleisch,	aber	Gemüse	esse	ich	gern.
Ich treibe keinen Sport, aber	ich	gehe	oft	ins Café	
			verb		

✔ Mehr Übungen

1 Wie gut kennen Sie trennbare Verben? *How well do you remember separable verbs? Put the prefixes on the right verb.*

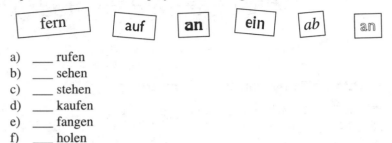

a) ___ rufen
b) ___ sehen
c) ___ stehen
d) ___ kaufen
e) ___ fangen
f) ___ holen

2 Ein Tag im Leben von Herrn Reinhard. Was macht er? *Write an account of Herr Reinhard's day.*

6:30 aufstehen – 7:00 zur Arbeit fahren – 9:00 Frau Gerhard anrufen – 12:30 zur Bank gehen – 17:00 einkaufen – 19:00 mit Bernd, Helga und Ulrike in die Kneipe – 22:00 fernsehen

Beispiel Um halb sieben steht er auf. Um sieben Uhr fährt er …

3 Und was machen Sie am Sonntag? *Use* **dann, danach, anschließend** *and* **meistens** *to make it more fluent, but remember that the verb in German has to be the second idea.*
Use Fabio Benzheim's text to help you.

Normalerweise schlafe ich am Sonntag immer lange. Ich stehe meistens um 10 Uhr auf und dann dusche ich erstmal. Danach frühstücke ich und lese die Sonntagszeitung. Manchmal stehe ich ganz früh auf und jogge, aber das ist selten. Meistens kochen meine Freundin und ich zusammen Mittag und wir essen ohne Stress und trinken Wein. Anschließend treffen wir oft Freunde und abends gehen wir dann ins Kino. Später gehen wir dann vielleicht noch in die Kneipe. Und dann gehen wir nicht so spät ins Bett. Am Montag stehe ich wieder um sieben Uhr auf.

11 WAS MACHEN WIR HEUTE?
What are we doing today?

In this unit you will learn how to:

- describe/say what there is to do in a given town
- make appointments
- say what you would like to do and what you have to do
- say why you can't do things on the date suggested

Language points:

- modal verbs **können** and **müssen**
- use of **in** for focusing on position

A Ausgehen
Going out

1 Was kann man am Wochenende in Hannover machen?

Lesen Sie, was man am Sonnabend in Hannover machen kann und beantworten Sie die Fragen. *Read what you can do on Saturday and answer the questions.*

der Höhepunkt (-e) *highlight*	**das Abenteuer (-)** *adventure*
die Stadtführung (-en) *guided tour (of the town)*	**der Sonnabend (-e)** *Saturday*
der Treffpunkt (-e) *meeting point*	**der Sonntag (-e)** *Sunday*

HEUTE IN HANNOVER

Die Höhepunkte fürs Wochenende
Sonnabend
13:00 Stadtführung durch Hannovers historische Altstadt, Treffpunkt: Touristen-Information.
15:30 Fußball: DFB-Pokalrunde, Hannover 96 – Bayern München. Bayern ist der Favorit. Keine Chance für Hannover 96?
20:00 Theater: *Ein Sommernachtstraum*, Klassiker von William Shakespeare, Gartentheater Herrenhausen – Vergessen Sie die Regenschirme nicht!
20:30 Konzert: *Tina und die Caprifischer* spielen *Soul, Funk und HipHop*, anschließend Disco, 10/8 Mark, Bad.
Sonntag
10:00 Fahrrad-Tour, Treffpunkt Hauptbahnhof.
15:00 Theater: *Die Abenteuer von Aladdin* – Für Kinder und Erwachsene; anschließend Spiele, Eis, Bratwurst und Bier, Faust-Theater.
20:30 Konzert: *Melody Makers* aus Frankfurt spielen Oldies und Goldies, Brauhaus Ernst August, 7 Mark.
21:00 Kino: *Terminator 6*, Arni wieder in Action – der neue Film mit dem Muskelmann. Kann er die Welt retten? Colosseum 1.

Richtig oder falsch? Was kann man am Sonnabend machen?

a) Man kann um 13.00 Uhr eine Stadtführung machen.
b) Man kann ein Fußballspiel sehen. Hannover 96 ist der Favorit.
c) Abends kann man ins Theater gehen. Es gibt ein Stück von Goethe.
d) Um 20.30 Uhr kann man ins Konzert gehen und danach kann man tanzen.

Sprachinfo: können – When you use **können** with another verb, the second verb goes to the end of the sentence. When you use **können** with a separable verb (**an/fangen**, **an/rufen**, etc), the whole of the separable verb goes to the end:

Ich kann morgen anfangen.   *I can start tomorrow.*

2 Was kann man am Sonntag in Hannover machen?

Beantworten Sie die Fragen:

> **Beispiel** Was kann man um 10 Uhr machen?
> Um 10 Uhr kann man eine Fahrrad-Tour machen.

a) Was für ein Theaterstück kann man sehen?
b) Was kann man anschließend machen?
c) Was für Musik kann man um halb neun hören?
d) Was können Schwarzenegger-Fans machen?

3 Was kann man noch am Wochenende machen?
What else can one do at the weekend?

Try to write at least ten sentences. You will find some ideas in the box below.

Sprachinfo:

Ich gehe	in den Park	*but*	auf den Flohmarkt
	in die Kneipe		auf eine Party
	ins Museum		

Freunde besuchen   **lange schlafen**   auf eine Party gehen

zusammen kochen   auf den Flohmarkt gehen

> **Beispiele** Man **kann** Freunde **besuchen**. Am Wochenende **kann**
> man auf den Flohmarkt **gehen**.
> Außerdem **kann** man …

4 Wortspiel

Finden Sie die Wörter und schreiben Sie sie waagerecht (*horizontal*).
k) ist ein neues wort. Wie heißt es?

a) Alle Firmen haben eins. Hier schreibt man Briefe, telefoniert usw.
b) Hier kann man einen Film sehen.
c) Hier findet man meistens alte, interessante Sachen.
d) Hier kann man spazieren.
e) Nicht heute, nicht gestern!
f) Hier kann man die Nachrichten hören.
g) Hier kann man heiraten.
h) Hier schläft man.

i) Hier kann man ein Glas Wein trinken.
j) Hier kann man Geld bekommen.
k) Was kann man hier tun?

			a/k			
		b				
c						
	d					
e						
		f				
	g					
h						
	i					
	j					

B Verabredungen
Arrangements

5 Die Wochentage

Can you put the days in the right order?

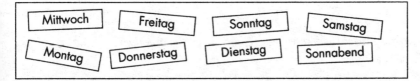

| Mittwoch | Freitag | Sonntag | Samstag |
| Montag | Donnerstag | Dienstag | Sonnabend |

Check your answers and the pronunciation on the audio.

6 Kommst du mit ins Kino?

Are you coming along to the cinema?

Lesen Sie, was Petra und Simone sagen. Beantworten Sie dann die Fragen.

Petra	Hallo Simone. Na, wie geht's?
Simone	Ganz gut. Und dir?
Petra	Auch ganz gut. Simone, ich möchte nächste Woche ins Kino gehen. Es gibt einen neuen Film mit Demi Moore. Kommst du mit?
Simone	Ja, gern. Und wann?
Petra	Kannst du am Montag? Da ist Kino-Tag.
Simone	Tut mir leid. Am Montagabend muss ich zum Geburtstag von Birgit. Vielleicht am Mittwoch?
Petra	Am Mittwochabend muss ich meine Schwester abholen. Sie kommt aus Griechenland zurück. Geht es am Donnerstag?
Simone	Donnerstag ist gut. Wann fängt der Film an?
Petra	Um halb neun. Wann treffen wir uns?
Simone	Um acht vielleicht?
Petra	Ja, acht ist gut. Und wo treffen wir uns? Im Kino oder in der Kneipe?
Simone	Im Kino, das ist eine gute Idee. Also, dann bis Donnerstag.
Petra	Mach's gut. Bis dann.

Geht es am Donnerstag?	*Is Thursday all right?*
Wann treffen wir uns?	*When shall we meet?*
Mach's gut.	*All the best.*

Richtig oder falsch? Korrigieren Sie die falschen Sätze.

a) Petra möchte einen Film mit Brad Pitt sehen.

b) Am Montag muss Simone zum Geburtstag von Birgit.

c) Am Mittwoch muss Petra ihren Bruder abholen.

d) Sie gehen am Donnerstag ins Kino.

e) Der Film fängt um halb neun an.

f) Sie treffen sich um Viertel nach acht im Kino.

 Sprachinfo: Like **können**, **müssen** sends the other verbs to the end of the sentence:

Ich muss heute arbeiten.	*I have to work today.*
Ich muss heute nachmittag einkaufen.	*I have to do some shopping this afternoon.*

The same applies to **möchten.**

Ich möchte heute abend ins Kino gehen.	*I'd like to go to the cinema tonight.*

See the **Grammatik** section for the forms of these verbs.

Nützliche Ausdrücke

Kommst du mit? *Are you coming along?*

■ Ein Freund fragt:
Ich möchte am Samstag	in die Kneipe	gehen. Kommst du mit?
	ins Kino	
	in den Biergarten	
	auf den Flohmarkt	
	auf eine Party	

■ Was können Sie sagen?

Ja ... ☺	Nein ... ☹
Ja, gerne.	Tut mir leid, aber ich habe leider keine Zeit.
Ja, ich komme gern mit.	Ich möchte mitkommen, aber ich muss studieren.
Na klar komme ich mit.	Da muss ich arbeiten.
Ja, das ist eine gute Idee.	Ich muss leider für eine Prüfung lernen.
	Ich muss nach Köln fahren.
	Ich muss Freunde besuchen/einkaufen, etc.

---

7 Eine volle Woche
A busy week

Matthias has a busy week. His friend Jörg wants to go to the cinema with him. Look at the diary and write down what he has to do and why he can't make it this week.

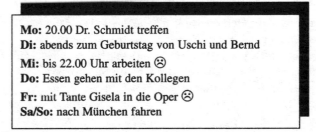

Mo: 20.00 Dr. Schmidt treffen
Di: abends zum Geburtstag von Uschi und Bernd
Mi: bis 22.00 Uhr arbeiten ☹
Do: Essen gehen mit den Kollegen
Fr: mit Tante Gisela in die Oper ☹
Sa/So: nach München fahren

a) Am Montag muss er um 20.00 Dr. Schmidt treffen.
b) Am Dienstag muss _____
c) Am Mittwoch _____
d) _____
e) _____
f) Am Wochenende _____

Sprachinfo: In the dialogue you might have been puzzled by the way Petra asked Simone where they would meet: **Im Kino oder in der Kneipe?** So far you have been using **Ich gehe ins Kino** or **Er geht in die Kneipe**. How can this be explained?

In German it often makes a difference

a) if movement from one point to another is indicated (e.g. **Wir gehen ins Kino**).

or b) if the focus is on position or location (e.g. Wir treffen uns **im Kino**).

This distinction is made after prepositions like **in**. Look at the following examples:

Movement	Position/location
masc. Er geht in den Biergarten.	Er ist im Biergarten.
fem. Frauke geht in die Kneipe.	Sie trinkt in der Kneipe.
neut. Heike und Peter gehen ins Restaurant.	Sie essen im Restaurant.

Note that **im** is the short form of **in dem**. There are some other prepositions that behave in the same way as in. You will meet these in later **Lektionen**. There is also more information in the **Grammatik** section.

8 Was passt zusammen?

Match these questions up with appropriate answers:

1 Wo kann man ein Guiness trinken?   a) Im Restaurant ‚Deutscher Michel'.
2 Wo kann man einen Film sehen?   b) Im Bett.
3 Wo kann man Englisch lernen?   c) In der Diskothek ‚Heaven'.
4 Wo kann man typisch deutsch essen? d) Im Supermarkt.
5 Wo kann man einen Kaffee trinken? e) Im Kino ‚Lumiere'.
6 Wo kann man einkaufen?   f) In der irischen Kneipe.
7 Wo kann man tanzen?   g) Im Café, ‚Kaffeeklatsch'.
8 Wo kann man schlafen?   h) In der Sprachschule.

9 Ergänzen Sie bitte

Use these phrases to fill in the gaps.

in die Sprachschule ins Café ins Kino

im Restaurant in der Sprachschule

im Kino im Café ins Restaurant

a) Ich möchte einen Film sehen. Kommst du mit _____ .
b) _____ Café ‚Müller' kann man sehr gut Kuchen essen.
c) Ich möchte einen Kaffee trinken. Wir gehen _____ .
d) Karsten ist Kellner _____ ‚Deutscher Michel'.
e) Er muß Englisch lernen und geht _____ ‚Lingua plus'.
f) Er möchte chinesisch essen und geht _____ ‚Shanghai'.
g) _____ gibt es einen neuen Film mit Arnold Schwarzenegger.
h) _____ ‚Lingua plus' kann man Deutsch und andere Sprachen lernen.

10 Wie heißt die Frage?

Choose the appropriate question for the answer in each instance.

a) Im Schiller-Theater.
   1 Wo kann man das neue Theaterstück von Elfriede Jelinek sehen?
   2 Wohin geht ihr heute?
   3 Was machst du heute Abend?
b) In der Disco ‚Bronx'.
   1 Wohin geht ihr heute Abend tanzen?
   2 Wohin möchtest du heute Abend ausgehen?
   3 Wo kann man hier gut tanzen?
c) Im Restaurant ‚L'escargot'.
   1 Wohin gehen Sie heute Abend?
   2 Wo kann man gut französich essen?
   3 Wie heißt das französische Restaurant?
d) In die Kneipe.
   1 Wo ist das Bier sehr gut?
   2 Wo treffen wir uns?
   3 Wohin gehst du heute Abend?

11 Kommst du mit essen?

Write down your responses for this dialogue. Then play the audio, using the pause button to enable you to say your part out loud. You can check your answers on the audio after each response.

Jutta Hallo, hier ist Jutta. Wie geht's?

Sie (*Return the greetings, say you are fine and ask how she is.*)

Jutta Klaus und ich möchten nächste Woche essen gehen. Wir möchten in die neue Pizzeria ‚La Mama‘ gehen. Kommst du mit?

Sie (*Say that this is a good idea and ask when.*)

Jutta Kannst du am Dienstagabend?

Sie (*Say you are sorry but you can't make Tuesday evening. You have to work.*)

Jutta Und am Freitag?

Sie (*Say you are sorry but that you have got to go to Cologne. Ask if Saturday evening is all right.*)

Jutta Ja, am Samstag geht es.

Sie (*Ask what time you meet.*)

Jutta Acht Uhr vielleicht? Und wo treffen wir uns?

Sie (*Say 8 o'clock is fine. Say you could meet in the restaurant.*)

Jutta Das ist eine gute Idee. Dann bis Samstag. Und iss nicht so viel vorher.

Sie (*Say good-bye until Saturday evening.*)

Grammatik

1 *Modal verbs* können *and* müssen

There is a special group of verbs called modal verbs. You have met two of these already. They are **können** and **müssen**. Modal verbs behave differently from ordinary verbs. For instance, they do not take the usual endings in the **ich** and **er/sie/es** forms:

ich kann	wir können	ich muss	wir müssen
du kannst	ihr könnt	du musst	ihr müsst
Sie können	Sie können	Sie müssen	Sie müssen
er/sie/es kann	sie können	er/sie/es muss	sie müssen

Modal verbs are usually used together with another verb. This second verb goes to the end of the sentence:

Er kann sehr viel Bier trinken.	*He can drink a lot of beer.*
Ich muss morgen nach Berlin fahren.	*I have to go to Berlin tomorrow.*
Können Sie Deutsch sprechen?	*Can you speak German?*

When you use **können** or **müssen** with a separable verb, the prefix of the separable verb joins up with its stem at the end of the sentence:

Ich muss morgen früh **auf**stehen.   *I have to get up early tomorrow.*
Kannst du heute Abend **mit**kommen? *Can you come along this evening?*

möchten is formed from another modal verb **mögen** (*to like*). It too sends the second verb to the end of the sentence:

Ich möchte heute Abend ins Kino gehen.	*I should like to go to the cinema this evening.*
Kirsten und Frank möchten mitkommen.	*Kirsten and Frank would like to come along (with us).*

Here are the full forms of **möchten**:

ich möchte	wir möchten
du möchtest	ihr möchtet
Sie möchten	Sie möchten
er/sie/es möchte	sie möchten

2 *Location and position*

In **Lektion 9** you learned how to express motion from one point to another: **Ich gehe in den Park, in die Oper, ins Kino**. In this **Lektion** you have been learning how to focus on location or position. Here is a summary of both systems:

	Movement	Position/location
masc.	Wir gehen **in den** Park.	Wir sitzen **im** Park.
fem.	Ich gehe **in die** Bäckerei.	Ich kaufe Brot **in der** Bäckerei.
neut.	Ich gehe heute früh **ins** Bett.	Ich lese gern **im** Bett.

The plural forms are **in die** if motion is indicated and **in den** for position. Er geht oft **in die** Parks. Er sitzt oft **in den** Parks.

Note: **ins** and **im** are abbreviations for **in das** and **in dem**.

There are some more prepositions which behave in this way. You have already met one of them: **auf**.

	Movement	**Position/location**
masc.	Wir gehen **auf den** Markt.	Wir treffen uns **auf dem** Markt.
fem.	Gehst du heute **auf die** Party?	Wir sehen uns dann **auf der** Party.
neut.	Wir fahren morgen **aufs** Land.	Wir haben ein Haus **auf dem** Land.
	(*to the countryside*)	(*in the countryside*)

Aufs is an abbreviation for **auf das**.

You will meet more of these prepositions in later **Lektionen**.

☝ Mehr Übungen

1 Wie heißt es richtig? *Can you put the sentences in the right order? There might be more than one possibility for some sentences.*

a) ein Stück von Shakespeare – im Theater – man – kann – sehen
b) möchte – heute – gehen – Abend – in die Kneipe – er
c) sehr gut – Tango tanzen – er – kann
d) kann – man – was – machen? – in London
e) essen gehen – ich – möchte – am Dienstag
f) sprechen – Frau Johnson – Deutsch – kann – sehr gut
g) heute – Herr Krause – arbeiten – muss – bis acht Uhr
h) nach New York – Frau Dr. Schmidt – fliegen – am Montag – muss

2 Eine harte Woche.

Brigitte Mira's diary for the next week is full of appointments that she doesn't like but which she has to attend. She has written down the things she would like to do instead. Write down what she has to do and what she would like to do. An example has been given.

Mo:	ins Kino gehen ☺
	abends für die Mathe-Prüfung lernen ☹
Di:	Klaus treffen ☺
	Mathe-Prüfung machen ☹ ☹
Mi:	lange schlafen ☺
	morgens um 7:30 Uhr ins Fitness-Studio ☹
Do:	in die Kneipe gehen ☺
	für Hannelore Babysitting machen ☹
Fr:	tanzen gehen ☺
	zur Geburtstagsparty von Onkel Hans gehen ☹
Sa/So:	Freunde besuchen und essen gehen ☺
	im Café ‚Wunder-Bar' arbeiten ☹

Am Montag möchte sie ins Kino gehen, aber sie muss abends für die Mathe-Prüfung lernen.

12 | **TEST YOUR GERMAN**

Congratulations. If you have been working your way through the course you have now finished the first 11 units. Before you start with the second half of the course the following test will give you the opportunity to check whether you have mastered the language that you have met so far.

If you already know some German check here to see if you can start the second half of the book straightaway or whether you need to revise some language points first.

1   Can you do the following? Say the answers out loud and write them down. Two points for each correct answer.

a)   Say your name and say where you come from?
b)   Ask someone their name i) formally and ii) informally?
c)   Give your phone number?
d)   Ask someone else i) formally and ii) informally about their profession?
e)   Say what your job is or whether you are a student or unemployed?
f)   Tell someone if you are married or single?

(Lektionen 1, 3, 4, 6)

Punkte: _____ /12

2   Fill in the missing endings. One point for each correct ending.

a)   Ich komm__ aus Gelsenkirchen.
b)   Gelsenkirchen lieg__ in Deutschland.
c)   Herr und Frau Gärtner arbeit__ beide bei der Telekom.
d)   Geh__ du heute in die Kneipe?
e)   Studier__ ihr auch Anglistik?
f)   Wir lern__ Deutsch.

(Lektionen 3, 4)

Punkte: _____ /6

3 Fill in the missing word. One point for each correct answer.

> Wo – Wer – Wie – Woher – Was – Wie

a) _____ kommen Sie?
b) _____ ist dein Name?
c) _____ wohnt Boris Becker?
d) _____ sind Sie von Beruf?
e) _____ geht es dir?
f) _____ sind Sie?
(Lektionen 1, 3, 6)   Punkte: _____ /6

4 Fill in the missing endings. Two points for each correct answer.

Liebe Susanne,
ich habe ein... Schwester und ein... Bruder. Mein... Bruder arbeitet in einer Bank und mein... Schwester ist Journalistin. Ich habe auch ein... Hund. Der Hund heißt Bello. Mein... Hobbies sind Musik und Tanzen.
Schreib mir bald
Dein... Petra.
(Lektionen 6, 7, 9)   Punkte: _____ /14

5 Can you do the following? Say the answers out loud, then write them down.
Two points for each right answer.
a) Ask someone about their hobbies?
b) State two things you like doing and two things you don't?
c) Ask if there is a café nearby?
d) Order a glas of tea?
e) Ask how much something costs?
f) Ask for the bill?
g) Ask for and give the time? (5 points)?
(Lektionen 7, 8, 9, 10) Punkte: _____ /17

6 Make correct sentences out of the following. Two points for each correct answer.

a) sehr gut – Mambo tanzen – sie – kann
b) essen gehen – ich – möchte – am Donnerstag
c) muss – für ein Examen – ich – lernen – heute Abend

(Lektion 11)   Punkte: _____ /6

7 How would you answer in German? Write the answers down. Four points for each correct answer.
   a) Wann stehen Sie normalerweise auf?
   b) Wann fängt Ihre Arbeit oder Ihr Studium an?
   c) Sehen Sie abends oft fern?
   d) Gehen Sie oft ins Kino?
   e) Wo kann man ein Bier trinken?
   f) Kann man in Ihrer Stadt viel machen?
   (Lektionen 10, 11)   Punkte: _____ /24

66–85 points: Congratulations. You are ready to start with the second half of the course.

46–65 points: Very good. You have mastered most of the points covered so far. Try to identify the areas which still needs some work and go over them again.

26–45 points: Well done, but it might be advisable to revise the areas where you are not quite so confident before moving on to the next units.

Below 25:   Not bad, but it is probably advisable to go back and to do a thorough revision before starting with Lektion 13.

13 | EINE FAHRKARTE NACH HEIDELBERG, BITTE

A ticket to Heidelberg, please

In this unit you will learn how to:

■ buy a ticket and read timetables
■ say how to travel to work or university
■ ask how you can get somewhere

Language points:

■ dative after prepositions

A Was kostet eine Fahrkarte nach Berlin?

1 Auf dem Bahnhof. Bernadette Klose kauft eine Fahrkarte.

Bernadette Klose buys a ticket at the train station. Read the dialogue and see if you can figure out what the Germans say for *single ticket*, *return ticket* and *platform*.

Bernadette Klose	Ich möchte eine Fahrkarte nach Berlin, bitte?
Herr Schulze	Einfach oder hin und zurück?
Bernadette Klose	Hin und zurück, bitte. Was kostet die Fahrkarte?
Herr Schulze	Das macht 86,00 DM inklusive ICE-Zuschlag.
Bernadette Klose	Ja, gut. (*Gibt 100 DM*) Muss ich umsteigen?
Herr Schulze	Nein, der Zug ist direkt.
Bernadette Klose	Vielen Dank, hier ist Ihre Fahrkarte und 14 Mark zurück.
Bernadette Klose	Und wann fährt der nächste Zug?
Herr Schulze	Der nächste Zug fährt in 10 Minuten.
Bernadette Klose	Und von welchem Gleis fährt er?
Herr Schulze	Von Gleis 14.
Bernadette Klose	Vielen Dank.

die Fahrkarte (-n)   *ticket*
einfach   *single* (for bus or train fare)
hin und zurück   *return*
der Zuschlag (¨e)   *supplement*
Muss ich umsteigen?   *Do I have
to change* (trains, buses, etc.)

**Von welchem Gleis fährt der
Zug?**   *What platform (track)
does the train leave from?*
Von Gleis 14   *From platform 14*

2 Beantworten Sie die Fragen

a) Wohin fährt Bernadette Klose?
b) Was kostet die Fahrkarte?
c) Muss sie umsteigen?
d) Wann fährt der nächste Zug?
e) Von welchem Gleis fährt der nächste Zug?

Nützliche Ausdrücke
Ich möchte eine Fahrkarte.   *I would like a ticket.*
Was kostet die Fahrkarte?   *What does the ticket cost?*
Wann fährt der nächste Zug?   *When does the next train go?*
**Von welchem Gleis fährt der
nächste Zug?**   *Which platform does the next
train leave from?*

Deutschland-Info:

Deutsche Bahn **DB**

DIE DEUTSCHE BAHN

In 1994 the German railway system was privatised, calling itself the
Deutsche Bahn AG (AG standing for **Aktiengesellschaft**, a joint
stock company). Although privatised, the Deutsche Bahn AG is owned
by the Federal government and, in contrast to Britain, the rail network
has not been broken up into separately owned components.

If you are planning to do some travelling in Germany it might be worth
studying the special fare offers available from the **Deutsche Bahn**: there
are **Sparpreise** (*concessionary fares*) for **ICE** (*Inter-City Express*) trains
or other kinds of train, such as the **IC** (*Inter-City*), **EC** (*Euro-City*) or **IR**
(*Inter-Regio*); with a **Guten-Abend-Ticket** it is cheaper to travel after
7.00 pm and a **Schönes-Wochenende-Ticket** offers special travel at
weekends.

The **Bahncard** offers frequent rail travellers a 50% discount. Up-to-date information on the **Deutsche Bahn** can be found on the Worldwide Web under *www.bahn.de*.

Deutsche Bahn [DB]

Schönes-Wochenende-Ticket
Das Angebot im Nahverkehr

Angebot für Fahrten in der 2. Klasse für bis zu 5 Personen das ganze Wochenende lang von Samstag, 00.00 Uhr bis Montag, 02.00 Uhr zum Festpreis von DM 35,-. Das Ticket gilt in allen Nahverkehrszügen der Deutschen Bahn: S-Bahn, RegionalBahn, RegionalExpress sowie StadtExpress. Auskunft bei allen Verkaufsstellen der DB.

3 Wann fährt der nächste Zug nach Heidelberg?

Study the timetable opposite, then answer the questions.

Sprachinfo: two useful verbs to say when a train *departs* or *arrives* somewhere are: **ab|fahren** (*to depart*) and **an|kommen** (*to arrive*). They are both separable verbs:

Wann **fährt** der nächste Zug **ab**? Er **fährt** um 15:07 **ab**.
Wann **kommt** er in Heidelberg **an**? Er **kommt** um 18 Minuten nach vier **an**.

On a timetable the prefixes **ab** and **an** are commonly used to indicate the departure and arrival of trains.

Hannover Hbf → **Heidelberg Hbf**

ab	Zug		Umsteigen	an	ab	Zug		an	Verkehrstage
5.21	ICE	997 ✕	Frankfurt(M)	7.43	7.51	IR	2473 ⑪	8.43	Mo - Sa ⑪
6.12	IR	2475						10.43	Mo - Sa ⑪
6.50	ICE	571 ✕						9.51	Mo - Sa ⑪
7.24	ICE	791 ✕	Frankfurt(M)	9.43	9.51	IR	2475 ⑪	10.43	täglich
7.50	ICE	775 ✕	Mannheim Hbf	10.42	10.54	IC	119 ✕	11.05	täglich
8.12	IR	2477 ⑪						12.43	täglich
8.50	ICE	573 ✕						11.51	täglich
9.23	ICE	793 ✕	Frankfurt(M)	11.43	11.51	IR	2477 ⑪	12.43	täglich
9.50	ICE	873 ✕	Frankfurt(M)	12.01	12.06	ICE	73 ✕		täglich
			Mannheim Hbf	12.42	12.54	IC	513 ✕	13.05	
10.12	IR	2479 ⑪	Frankfurt(M)	13.38	13.51	IR	2101 ⑪	14.43	täglich
10.50	ICE	575 ✕						13.51	täglich
11.18	ICE	971 ✕	Frankfurt(M)	13.38	13.51	IR	2101 ⑪	14.43	täglich ⑫
11.50	ICE	71 ✕	Mannheim Hbf	14.42	14.54	IC	613 ✕	15.05	täglich

Answer these questions in relation to the following days and times:

◼ Montag um 10:00 ◼ Donnerstag um 09:30
◼ Dienstag um 06:00 ◼ Freitag um 11:45
◼ Sonntag um 06:30

Beispiele Montag um 10:00

a) Der nächste Zug fährt um 10:12.
b) Ja, Sie müssen in Frankfurt umsteigen.
c) Ja, es gibt einen Speisewagen (*dining car*).
d) Er kommt um 14:43 in Heidelberg an.

a) Wann fährt der nächste Zug nach Heidelberg, bitte?
b) Muss ich umsteigen?
c) Kann ich im Zug etwas zu essen bekommen?
d) Und wann kommt der Zug in Heidelberg an?

4 Und jetzt Sie! Was sagen Sie?

Write down the answers first, then listen to the audio, using the pause button so that you can say your responses out loud. Then check your answers.

Sie	(*Ask how much a ticket to Frankfurt costs.*)
Verkäufer	Einfach oder hin und zurück?
Sie	(*Say a single ticket.*)
Verkaüfer	Das macht 67,50 DM, inklusive ICE-Zuschlag.
Sie	(*Say it's OK.*)

Verkäufer	Vielen Dank, hier ist Ihre Fahrkarte und 2 Mark 50 zurück.
Sie	(*Ask when the next train goes to Frankfurt.*)
Verkäufer	Der nächste Zug fährt in 10 Minuten.
Sie	(*Ask which platform it leaves from.*)
Verkäufer	Von Gleis 14.
Sie	(*Ask if you have to change.*)
Verkäufer	Nein, der Zug ist direkt.
Sie	(*Say thank you.*)

5 Welche Antwort passt am besten?

Choose the appropriate answer for the question in each instance.

a) Kann ich eine Fahrkarte nach Freiburg bekommen?
Der nächste Zug fährt um 16:00 Uhr.
Das macht 79,- DM.
Einfach oder hin und zurück?

b) Wann fährt der nächste Zug nach Innsbruck?
Von Gleis 7.
In 10 Minuten.
Einfach oder hin und zurück?

c) Von welchem Gleis fährt der Zug?
Sie müssen nicht umsteigen.
Gleis 10.
Es ist ein Direktzug.

d) Was kostet die Fahrkarte?
Das macht 87,- Mark.
Sie brauchen einen Zuschlag.
Sie können mit Visa-Karte bezahlen.

B Verkehr in der Stadt

6 Lesen und Lernen

Wie fahren die Leute? How do these
people get where they want to go?

**Bettina fährt mit
dem Fahrrad.**

Herr Abramcik fährt mit dem Auto in die Stadt.

Paul fährt mit dem Zug von Hamburg nach Berlin.

Sie fahren mit dem Bus für ein Wochenende nach Paris.

Frau Schulz fährt mit der U-Bahn ins Stadtzentrum.

Sabine fährt mit der Straßenbahn.

Markus und Hans gehen zu Fuß.

das	Fahrrad Auto
der	Zug Bus
die	U-Bahn Straßenbahn

Can you figure out what happens with the articles (**der**, **die** and **das**) when they appear after **mit**?

Sprachinfo mit + Dativ: to talk about means of transport in German you use the preposition **mit + Dativ**:

der Bus	Frau Krause fährt **mit dem Bus**.
die U-Bahn	Rainer Krause fährt **mit der U-Bahn**.
das Auto	Herr Krause fährt **mit dem Auto**.

Note that the dative form of the word for *the* is **dem** for masculine and neuter nouns and **der** for feminine nouns, as you already saw in **Lektion 11**.

Exception: to say *to go on foot* in German, you use **zu Fuß gehen**.

Saskia Krause geht zu Fuß.

7 Was passt?

| der – dem – dem – der – dem |

Ergänzen Sie. Complete these sentences.
a) In Amsterdam fahren viele Leute mit _____ Fahrrad.
b) Mit _____ U-Bahn ist man in sieben Minuten in der Stadt.
c) In Ostberlin kann man mit _____ Straßenbahn fahren.
d) Er fährt mit _____ Auto nach Österreich.
e) Mit _____ Zug kostet es 60,- DM bis nach Freiburg.

8 Wie fahren sie zur Arbeit? Wie lange dauert die Fahrt?

These four people are talking about how they get to work or to school and how long it takes them. Rearrange the items in columns 2 and 3 so that they match what is said in the text.

Beispiel   Person 1 → mit dem Fahrrad → 20 Minuten.

Person	Wie fahren sie?	Wie lange brauchen sie?
Person 1	mit dem Auto	10 Minuten
Person 2	mit dem Fahrrad	50 Minuten
Person 3	geht zu Fuß	eine Stunde
Person 4	mit dem Bus und der U-Bahn	20 Minuten

Frauke Gerhard
(27, Studentin)
‚Also, ich fahre immer mit dem Fahrrad zur Universität. Das geht schnell, ist gesund und außerdem gut für die Umwelt. Von meinem Haus bis zur Uni brauche ich ungefähr 20 Minuten. Im Winter fahre ich manchmal mit dem Bus. Ich habe einen Führerschein, aber ich fahre nur selten mit dem Auto.‘

Matthias Michaelis
(34, Angestellter bei der Post)
‚Ich fahre meistens mit dem Bus zum Bahnhof. Dann muss ich umsteigen. Vom Bahnhof nehme ich die U-Bahn zur Arbeit. Ich habe eine Monatskarte. Bus und Bahn sind nicht so teuer und in der U-Bahn kann ich auch lesen. Die Fahrt dauert ungefähr 50 Minuten.‘

Günther Pfalz
(38, Elektriker)
‚Ich fahre immer mit dem Auto. Da kann ich Radio hören, im Winter ist es warm und es geht schnell. Die Verbindung mit Bus und Bahn ist nicht gut. Da brauche ich zwei Stunden. Mit dem Auto dauert es aber nur eine Stunde.‘

Andreas (9, Schüler)
‚Meine Schule ist nicht weit, ich kann zu Fuß gehen. Meistens hole ich einen Freund ab und dann gehen wir zusammen. Ich brauche nur 10 Minuten. Im Winter fährt mich manchmal mein Vater mit dem Auto.‘

die Umwelt *environment*	**umsteigen** *to change (a train,*
ungefähr *approximately, about*	*bus, etc.)*
der Führerschein (-) *driving*	**die Verbindung (-en)**
licence	*connection, link*

9 Beantworten Sie die Fragen

Read the text again and answer the following questions.

Beispiel   Wie fährt Frauke zur Universität?
Sie fährt mit dem Auto.

a) Wie lange braucht sie bis zur Uni?
b) Was macht Herr Michaelis in der U-Bahn?
c) Wie fährt er zum Bahnhof?
d) Wie lange fährt Herr Pfalz mit dem Auto zur Arbeit?
e) Was sagt er über die Verbindung mit Bus und Bahn?
f) Wie kommt Andreas normalerweise zur Schule?

Sprachinfo: you might have been puzzled by the different forms of **zu** and **von** in the interviews: **zum Bahnhof**, but **zur Arbeit**.

Like **mit**, **zu** and **von** always need the dative case, but it is common to abbreviate many of the forms, as you can see in the following examples:

mit, zu

der Bus, Bahnhof	Ich fahre mit *dem* Bus bis *zum* (= *zu dem*) Bahnhof.
die U-Bahn, Universität	Sie fährt mit *der* U-Bahn *zur* (= *zu der*) Universität.
das Auto, Stadion	Er fährt mit *dem* Auto *zum* (= *zu dem*) Stadion.

von

der Park	Wie komme ich *vom* (= *von dem*) Park zum Supermarkt?
die Kirche	Wie kommt man von *der* Kirche zur Post?
das Hotel	Ich möchte bitte *vom* (= *von dem*) Hotel bis zum Stadtzentrum kommen.

10 Was fragen die Leute?

Ergänzen Sie. Complete these sentences.

Grammatik

1 *Prepositions + Dative*

Some prepositions are followed only by the dative, irrespective of whether movement or location is being talked about.

The prepositions that you have met in this category are **mit**, **zu** and **von**. Other prepositions that behave in the same way are:

aus (*out (of), from*), **bei** (*with, at, in*), **nach** (*after*), **seit** (*since*).

masculine	Er fährt	mit **dem** Fahrrad.
feminine	Er arbeitet	bei **der** Firma Bräuer.
neuter	Er kommt	aus **dem** Haus.

The plural form of the definite article (*the*) is **den** in the dative:

> Er kommt aus **den** USA (*the United States of America*).

Note that the following contracted forms are commonly found:

| bei dem | → beim | zu dem | → zum |
| von dem | → vom | zu der | → zur |

The indefinite article (**ein**, **eine**) becomes **einem** in the masculine and neuter dative and **einer** in the feminine dative.

masculine	Er wohnt jetzt	bei **einem** Freund.
feminine	Wir essen heute Abend	bei **einer** Freundin.
neuter	Er arbeitet seit **einem** Jahr	bei Daimler-Benz.

You will find many of these prepositions used and practised in later units.

Mehr Übungen

1   Wie heißt es richtig? Verbinden Sie.

		Flughafen
		Bahnhof
Wie komme ich →	zur →	Gedächtniskirche
	zum	Café Mozart
		Stadtbäckerei
		Fußballstadion
		Bundesstraße

2 Üben Sie den Dativ: **dem** oder **der, zum** oder **zur**? Ergänzen Sie.

a) Peter lebt sehr gesund: Er fährt jeden Tag mit d___ Fahrrad z___ Universität.

b) In Berlin kann man schlecht parken. Frau Braun fährt immer mit d___ U-Bahn z___ Arbeit.

c) Herr Krause hat heute wenig Zeit und fährt mit d___ Taxi z___ Bahnhof.

d) Mit d___ Zug ist man in drei Stunden in München.

e) In Ostberlin kann man noch mit d___ Straßenbahn fahren.

3 Schreiben Sie, wie Florian Lamprecht zur Arbeit kommt.

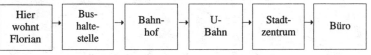

| Hier wohnt Florian | → | Bus-halte-stelle | → | Bahn-hof | → | U-Bahn | → | Stadt-zentrum | → | Büro |

Von seinem Haus bis zur Bushaltestelle geht Florian zu Fuß. Dann fährt er … .

4 Was passt zusammen? *Put these sentences in order to create a dialogue between Herr Marktgraf and a ticket seller at the Deutsche Bahn.*

Herr Marktgraf

a) Vielen Dank.

b) Und von welchem Gleis fährt er?

c) Ich möchte eine Fahrkarte nach Köln.

d) Und wann fährt der nächste Zug?

e) Hin und zurück.

f) Muss ich umsteigen?

Verkäufer

i) Von Gleis 18.

ii) Hier bitte. Das macht 120,- DM.

iii) Nein, sie brauchen nicht umsteigen.

iv) Gern geschehen. Gute Fahrt.

v) Einfach oder hin und zurück?

vi) In einer Viertelstunde.

14 WAS HAST DU AM WOCHENENDE GEMACHT?

What did you do at the weekend?

In this unit you will learn how to:

- say what happened at the weekend
- talk about recent events
- describe purchases

Language points:

- perfect tense
- adjectival endings (I)

A Über die Vergangenheit sprechen

1 Lesen und lernen

Was haben die Leute am Wochenende gemacht? Welches Bild passt? Match the sentences with the pictures opposite, which indicate what these people did at the weekend.

i)   Sie haben ein Picknick gemacht.
ii) Sie hat im Krankenhaus gearbeitet.
iii) Sie hat für ihr Examen gelernt.
iv) Sie hat auf dem Markt Blumen gekauft.
v)   Sie hat viel fotografiert.
vi) Er hat im Stadtpark Fußball gespielt.

| **das Krankenhaus (⸚er)** | *hospital* | **die Blume (-n)** | *flower* |

a)

b)

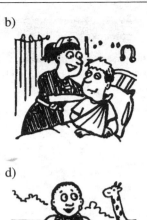

c)

d)

e)

f)

Sprachinfo: When they talk about the past, Germans most often use the perfect tense. The perfect tense of verbs like **spielen** and **kaufen** is formed by using **haben** with what is known as the past participle. This is very similar to the perfect tense in English:

Ich habe gespielt.   *I have played.*

However, you need to know that, whereas in English the perfect tense is usually used when an event is still connected fairly closely with the present (*I have just …*), it is used in German when speaking about events that could have happened a long time ago:

Letztes Jahr habe ich mein   *Last year I did my exam*
    Englisch-Examen gemacht.   *in English.*

| 1492 hat Kolumbus Amerika entdeckt. | *In 1492 Columbus discovered America.* |

The past participle is the part of the verb that is used in English with the verb *to have* and often ends in *-ed* (worked, played), *-t* (kept, felt) or *-(e)n* (broken, grown): *I have worked, she has grown,* etc.

In the German sentence, the past participle normally goes at the end:

| Ich | habe | Tennis | **gespielt**. | *I have played/played tennis.* |
| Ich | habe | ein Auto | **gekauft**. | *I have bought/bought a car.* |

Here is a reminder of the forms of **haben**:

ich habe	wir haben
du hast	ihr habt
Sie haben	Sie haben
er/sie/es hat	sie haben

To form the past participle of regular (or so-called *weak*) verbs you take the stem of the verb, i.e. **spiel-**, **kauf-**, add a **ge-** at the beginning and a **-t** at the end:

| spiel-en | ge-spiel-t |
| kauf-en | ge-kauf-t |

If the stem ends in a **-t**, then an extra **-e-** is added before the **-t**:

| arbeit-en | ge-arbeit-et |
| antwort-en | ge-antwort-et |

In certain cases, no **ge-** is added before the verb:

■ If you find certain prefixes in front, such as: **be-** (bezahlen – bezahlt), **er-** (erzählen – erzählt) **zer-** (zerstören – zerstört), etc.

■ All verbs ending with **-ieren** (studieren – studiert).

2 Wie heißen die Partizipien?

Write down the past participles of these verbs:

a) spielen	*gespielt*	f) kochen	_____
b) tanzen	_____	g) telefonieren	*telefoniert*
c) machen	_____	h) bezahlen	_____
d) frühstücken	_____	i) besuchen	_____
e) kosten	_____	j) einkaufen	*eingekauft*

3 Welches Wort passt?

Benutzen Sie die Wörter aus Übung 2.

a) Der Computer hat 2000,– DM *gekostet.*
b) Sie haben in der Disco bis fünf Uhr am Morgen _____ .
c) Sie hat Freunde _____ .
d) Er hat im Supermarkt _____ .
e) ‚Hast du schon die Telefon-Rechnung _____?'
f) Letztes Wochenende hat er Pasta mit Tomatensauce _____ .
g) ‚Hast du wieder eine Stunde mit New York _____?'

Sprachinfo: **war** and **waren** are the words most commonly used in German to say *was* or *were*:

Wo war Jochen gestern?   *Where was Jochen yesterday?*
Wir waren auf dem Markt.   *We were at the market.*

The full forms are:

ich war	wir waren
du warst	ihr wart
Sie waren	Sie waren
er/sie/es war	sie waren

4 Sonntagmorgen

Ulrike and Angela erzählen, was sie am Samstag gemacht haben. Hören Sie die Gespräche. Listen to the audio and decide who – **U** (for Ulrike) or **A** (for Angela) – says the following sentences, relating what they did on Saturday.

Wer sagt was?	Ulrike (U)	Angela (A)
a) Am Morgen war ich in der Stadt und habe eingekauft.	U	
b) Abends haben ich und Bernd schön gekocht.		A
c) Wir haben viel Spaß gehabt.		
d) Wir haben klassische Musik gehört.		
e) Ich habe gestern morgen einen neuen Computer gekauft.		
f) Am Nachmittag habe ich Britta und Georg besucht.		
g) Ich habe den ganzen Tag mit dem Computer gespielt.		
h) Abends waren wir dann zusammen in der neuen ‚Mondschein Bar' und haben bis 3 Uhr getanzt.		
i) Ich habe auf dem Internet gesurft.		

5 Schreiben Sie, was die beiden gemacht haben

Now write out a full version of what both women did. Remember to use
danach, dann, anschließend where appropriate.

> Am Samstagmorgen war Ulrike in der Stadt und hat eingekauft.
> Danach hat sie …

6 Was hat Bettina am Wochenende gemacht?

Here are some details about Bettina's weekend. Write out a full version of
what she did.

> **Beispiel** Am Samstagmorgen war Ulrike in der Stadt und hat
>   eingekauft. Danach hat sie …

Samstag	Sonntag	
10:00 einkaufen; Fotos abholen	7:30	Ausflug an die Nordsee machen
15:00 Georg im Krankenhaus besuchen	ab 15:30	im Garten arbeiten
19:00 Besuch von Pia und Manne – Nudeln kochen	20:00	mit Christina telefonieren für das Deutsch-Examen lernen

B Leute auf dem Flohmarkt

7 Lesen und Lernen

Was haben Sie denn auf dem Flohmarkt gekauft? Read the article on the
next page from a German newspaper and find out what the four people
have to say about their purchases at the flea market. Then answer the
following questions.

a) Was sagen Renate und Bernd Schmidt über Mick Jagger?
b) Wohin fährt Herr Günther diesen Sommer und was macht er gern?
c) Was hat Annett gekauft und wie viel hat sie bezahlt?
d) Welches Problem hat Herr Eickes?

Flohmärkte sind im Moment sehr populär. Ob alt oder jung, arm oder reich, altmodisch oder trendy – jeden Samstagmorgen gehen Tausende auf den Flohmarkt. Der Tagesanzeiger wollte wissen, was den Flohmarkt so interessant macht und was die Leute kaufen.

Wir haben letztes Wochenende vier Besucher interviewt.

Renate und Bernd Schmidt, 42, 47

‚Wir haben eine alte Platte von den Rolling Stones gekauft. Die *Rolling Stones* sind einfach super, unsere Lieblingsband. Mick Jagger hat so eine fantastische Stimme. Wir haben die Platte zwei Jahre gesucht. 35 Mark ist nicht billig, aber dafür ist die Platte einfach toll.'

Heinz Günther, 62

‚Ich habe ein interessantes Buch über Lateinamerika gekauft. Ich reise gern und möchte diesen Sommer nach Mexiko fahren. Letztes Jahr habe ich schon Peru besucht. Das Buch hat informative Texte und viele schöne Fotos.'

Annett Wunderlich, 24

‚Ich habe ein neues Hemd gekauft. Für 15 Mark, aus London. Im Kaufhaus zahle ich 30 Mark oder mehr. Es sieht sehr cool aus, oder? Man kann tolle Sachen auf dem Flohmarkt finden, fast alles.'

Christine Brandt und Werner Eickes, 20, 30

‚Wir haben einen alten, mechanischen Wecker gekauft. Mein Mann hat ein großes Problem: Er kann morgens schlecht aufstehen. Ich glaube der Wecker hier ist so laut, den muss man hören. Und wir haben nur 5 Mark bezahlt.'

---

die Platte (-n) *record*
einfach *simple, simply*
die Stimme (-) *voice*
das Hemd (-en) *shirt*
das Kaufhaus ("-er)
  department store

Er kann morgens schlecht aufstehen. *He finds it difficult to get up of a morning.*
laut *loud, noisy*

Ergänzen Sie.

e) Bernd und Heike sagen, Mick Jagger hat eine _____ Stimme.

f) Herr Günther hat ein _____ Buch über Südamerika gekauft.

g) Annett sagt, man kann _____ Sachen auf dem Flohmarkt finden.

h) Frau Brandt und Herr Eickes haben einen _____, _____
    Wecker gekauft.

Sprachinfo: Any adjective which comes between the indefinite article **ein**
and a noun has to be given an ending, depending on the gender and case
of the noun: e.g. when you say what someone has, you need the accusative
case and the endings are:

masculine	**-en**	Werner hat einen mechanisch**en** Wecker.	der Wecker
feminine	**-e**	Renate hat eine alt**e** Platte.	die Platte
neuter	**-es**	Heinz hat ein interessant**es** Buch.	das Buch

In the plural, if there is no article the ending is -e for all genders:

Auf dem Flohmarkt kauft man toll**e** Sachen.

For more details on adjectival endings see the **Grammatik** section.

8 Was kann man sagen? Kombinieren Sie bitte.

Make sentences by using elements from all three columns. You will need
to put an ending on the adjectives.

	alt…	
	gut…	
Mick Jagger hat eine	interessant…	Stimme.
Angela hat einen	schlecht…	Computer gekauft.
Herr Günther hat ein	langweilig…	Buch gekauft.
Man kann	neu…	Sachen auf dem
	billig…	Flohmarkt finden.
	fantastisch…	

9 Wie heißt das Gegenteil?

What is the opposite of these words:

teuer – neu – altmodisch – schwer – arm – groß – langweilig – schlecht

Beispiel   gut – schlecht

a) klein – _____
b) billig – _____
c) interessant – _____
d) alt – _____
e) reich – _____
f) leicht – _____
g) modisch – _____

Deutschland-Info:

FLOHMÄRKTE

Markets selling antiques and second-hand goods are very popular in Germany. The **Flohmarkt Tiergarten** on the **Straße des 17. Juni** is a must-see if you are in Berlin. Look out for leaflets advertising markets in smaller towns and even in remote villages. You'll find details of big city markets in magazines like **Zitty**.

Here's a typical extract from the **Flohmarkt** section of **Zitty**. See how much you can understand. Try to guess as much as you can from the context before you look at the vocabulary given below.

Flohmarkt Tiergarten: Straße des 17. Juni, Tel: 26 55 00 96, Sa/So 8-15 Uhr

Das Angebot: Viel antiker und nostalgischer Hausrat, Schmuck und Möbel, Lederjacken, schwedische Pullis, Schuhe, Klamotten. Fernöstliches und Afrikanisches. Neuerdings: Nostalgie-Brillen (20er-60er Jahre). Preisniveau: Hoch. Überwiegend Profis wollen hier verdienen. Im Sommer gibt es in den engen Gängen kaum ein Durchkommen.

(Quelle: http://www.zitty.de)

---

der Hausrat	*household goods*	**fernöstlich**	*Far Eastern*
der Schmuck	*jewellery*	**überwiegend**	*predominantly*
das Möbel	*furniture*	**der Profi (-s)**	*professional*
die Lederjacke (-n)	*leather jacket*	**eng**	*narrow*
der Pulli, Pullover	*pullover*	**der Gang (-̈e)**	*gangway,*
die Klamotten (f.pl.)	*things, stuff*		*pathway*

▣ Tips zur Aussprache

Listen to the pronunciation of the letter l in these words.

leben	lernen	ledig	Lehre
helfen	wollen	vielleicht	wirklich
Enkel	Onkel	manchmal	kühl

The German l is closer to the first l in *little* as pronounced in standard British English. Try to avoid using the so-called dark l (the second l in *little*) in German.

How would you pronounce these words? Schlüssel, selten, Milch.

▣ Grammatik

1 *Perfect tense*

The main details are given on pages 139–40 of this **Lektion**. There will be more on the perfect tense in **Lektion 15**.

2 *Adjectival endings*

Earlier in this unit you practised the endings that are added to adjectives after the indefinite article (**ein**, etc.) in the accusative case. These endings are used not only after **ein** but also after **kein**, **mein**, **dein**, etc.

	Accusative
masculine	-en
feminine	-e
neuter	-es

masc. acc.	Gibt es hier keinen interessant**en** Flohmarkt?
fem. acc.	Wo finde ich eine neu**e** Sonnenbrille?
neut. acc.	Hast du mein alt**es** Hemd gesehen?

Adjectives do not add endings if they stand on their own:

> Ist dein Hemd neu?
> Dieser Flohmarkt ist wirklich sehr interessant.

⚡ Mehr Übungen

1 *Match the past participles in the right-hand column with the appropriate phrases in the left-hand column.*

Beispiel a) **eine Radio-Sendung 4 gehört**

a)	eine Radio-Sendung	i)	gebucht
b)	einen Spaziergang	ii)	gelernt
c)	mit einem Freund	iii)	gearbeitet
d)	ein Ticket	iv)	gehört
e)	Besuch von Freunden	v)	gemacht
f)	für das Englisch-Examen	vi)	gehabt
g)	im Garten	vii)	gespielt
h)	Tennis	viii)	telefoniert

2 Was habt ihr am Wochenende gemacht? *Here are some details about what you and a friend did at the weekend. Write out a full version of what you did.*

Beispiel Am Samstag waren wir in der Stadt und haben eingekauft. Wir haben um 10 Uhr zusammen gefrühstückt …

Samstag		**Sonntag**	
09:30	Milch, Brötchen, Butter und Sekt kaufen	Morgen	für das Mathe-Examen lernen
10:00	zusammen frühstücken	12:00	Mittagessen kochen
14:00	Spaziergang im Stadtpark (fotografieren)	15:00	Tennis mit Jürgen im Sport-Center
22:00	tanzen im Star-Club (bis um 03:00!)	21:00	Sendung über Deutschland im Radio

15 WIR SIND INS GRÜNE GEFAHREN

We went into the countryside

In this unit you will learn how to:

■ talk about recent events (continued)
■ talk about the more distant past

Language points:

■ more on the perfect tense

A Mehr über die Vergangenheit

1 Lesen und Lernen. Der Ausflug ins Grüne

A family of four decided to go on an excursion into the countryside. Here are pictures showing what they did. Match the sentences to the pictures.

a)

b)

c)

d)

e)

f)

g)

h)

i)   Sie haben sehr gut geschlafen.

ii)   Um 17:00 Uhr haben sie den Zug genommen.

iii) Sie haben gut gegessen und getrunken.

iv)   Sie sind lange spazieren gegangen.

v)   Sie sind mit dem Zug gefahren.

vi)   Sie sind um halb sieben aufgestanden.

vii) Um ein Uhr sind sie sehr müde gewesen.

viii) Sie haben gesungen.

Sprachinfo: Strong verbs – there is a group of verbs that form their past participles with a **ge-** at the beginning and an **-en**, rather than a **-t**, at the end. These verbs also often change their stems and are called **strong verbs**. Their past participles have to be learned:

trink-en	ge-trunk-en	(compare English *drink, drunk*
sing-en	ge-sung-en	and *sing, sung*)

As mentioned before, verbs beginning with **be-**, **er-**, **zer-** do not add a **-ge** in the past participle. Nor do verbs beginning with **ent-**, **emp-** or **ver-**:

bekommen / bekommen

entlassen / entlassen

empfehlen / empfohlen

erhalten / erhalten

verstehen / verstanden
zerbrechen / zerbrochen

Separable verbs add the **-ge-** where the verb separates: aufstehen, auf-ge-standen.

Some verbs form their perfect tense with **sein** rather than **haben**. The most important ones that you have met so far are:

gehen	Ich **bin** gestern auf den Markt **gegangen**.
kommen	Tom **ist** erst um ein Uhr morgens nach Hause **gekommen**.
fahren	Ich **bin** im Oktober nach Italien **gefahren**.
aufstehen	Sie **ist** um halb acht **aufgestanden**.

The past participle of **sein** is highly irregular:

Ich **bin** gestern sehr müde **gewesen**.   *I was very tired yesterday.*

Note that it is very common to say **Ich war ...** instead of **Ich bin ... gewesen**.

2 Was fehlt? (haben oder sein)

Fill in the correct form of either **haben** or **sein**.

Do you remember how these verbs go?

ich habe	wir haben	ich bin	wir sind
du hast	ihr habt	du bist	ihr seid
Sie haben	Sie haben	Sie sind	Sie sind
er/sie/es hat	sie haben	er/sie/es hat	sie sind

Beispiel   a) Am Wochenende **bin** ich nach Köln gefahren.

b) Er ___ in München sehr viel Bier getrunken.

c) ___ Sie schon den neuen Film mit Arnold Schwarzenegger gesehen?

d) Am Donnerstag ___ Birgit ins Theater gegangen.

e) ___ du schon einmal in Deutschland gewesen?

f) Am Sonntag ___ Thomas seine Großeltern besucht.

g) Gestern ___ ich einen alten Freund getroffen.

h) Oh, das ___ ich vergessen.

3 Eine anstrengende Woche
A tiring week

Here is a longer text. Try to get an idea of the main events first and then go back and look more closely at the details.

DAS PORTRÄT:

Peter Wichtig

Peter Wichtig, 34, gelernter Elektriker, ist der Sänger der deutschen Rockband ‚Die grünen Unterhemden'. Bislang hat sie zwei goldene Schallplatten bekommen. Im Moment bereitet er mit seiner Band eine große Tournee vor. Wir haben ihn in seinem Studio getroffen und mit ihm über das Leben eines Rockstars gesprochen und ihn gefragt: ‚Was haben Sie letzte Woche gemacht?'

‚Tja, im Moment arbeite ich sehr viel. Ich bin praktisch kaum zu Hause gewesen. Mein Terminkalender ist total voll. Also, am Montag bin ich nach New York geflogen. Dort habe ich einige Produzenten getroffen. Am Abend war ich auf einer Party bei meinem alten Freund Robert (de Niro) und habe Kaviar gegessen und Champagner getrunken. Ich bin nur einen Tag in New York geblieben. Es war einfach zu kalt dort.

Dienstag und Mittwoch bin ich in Florida gewesen und bin im Meer geschwommen. Das war wunderbar. Außerdem habe ich einige Interviews gegeben und auch ein paar neue italienische Anzüge gekauft. Vom besten Designer natürlich. Ja, ich liebe Florida. Ich möchte mir dort gern eine Villa kaufen.

Donnerstag bin ich nach Deutschland zurückgekommen: Am Abend habe ich in einer Fernsehshow für MTV gesungen. Am Freitag habe ich wieder Interviews gegeben und bin dann nach Salzburg gefahren, wo ich ein kleines Haus habe und bin abends ins Kasino gegangen. Am Wochenende bin ich Ski gelaufen und habe den Video-Clip für meinen neuen Song gesehen. Das Lied heißt: *Ich kann dich nicht vergessen*. Sie können es bald kaufen, es ist fantastisch. Es kommt in einer Woche auf den Markt.'

Was ist hier falsch? Korrigieren Sie bitte.

a) Peter Wichtig ist nach Sibirien geflogen.
b) Auf einer Party hat er Hamburger gegessen und Dosenbier getrunken.
c) Er hat Robert Mitchum getroffen.
d) In Florida ist er im Hotel-Swimming-Pool geschwommen.
e) Er hat neue Socken gekauft.
f) Am Freitag ist er ins Kino gegangen.
g) Am Wochenende ist er im Park spazieren gegangen.
h) Sein neues Lied heißt: *Ich habe dich vergessen.*

4 Wie heißt es richtig?

Alle Wörter können Sie im Text finden. Fill in the missing information.

Verb	Past participle
a) trinken	*getrunken*
b) _____	getroffen
c) essen	_____
d) sprechen	_____
e) gehen	_____
f) fahren	_____
g) _____	geflogen
h) _____	geblieben

Which of the verbs take **sein** and which take **haben**?

5 Mehr über Peter Wichtig

Peter Wichtig war beim Radio-Sender OK München und hat ein Interview gegeben. Hören Sie bitte das Interview und beantworten Sie die Fragen.

a) Wie lange macht er Musik?
b) Was war sein erster Hit?
c) Wie viele CDs hat er gemacht?
d) Wer schreibt seine Songs?
e) Was macht er in seiner Freizeit?

Nützliche Ausdrücke	habe ich (lange/viel/im Garten) gearbeitet.
	habe ich Fußball/Tennis/Golf gespielt.
Gestern	habe ich meine Eltern/Freunde besucht.
	bin ich ins Kino/ins Theater/in die Oper/
Am Montag/Am Dienstag, etc.	in die Kirche gegangen.
	bin ich im Park spazieren gegangen.
Montagmorgen/Dienstagmittag/	bin ich nach Brighton/Paris gefahren.
Mittwochabend, etc.	bin ich zu Hause geblieben.
	habe ich ferngesehen.
Letzte Woche/Letztes Wochenende	habe ich einen langweiligen Film/eine
	englische Band/ein interessantes
	Theaterstück gesehen.

Achtung!

Ich bin **im** Kino gewesen. Aber: Ich bin **ins** Kino gegangen.

Tip: see **Lektion 11.**

6 Und jetzt Sie!

Eine Brieffreundin in Deutschland möchte wissen, was Sie letzte Woche oder letztes Wochenende gemacht haben. Bitte schreiben Sie ihr! Sie brauchen nicht die Wahrheit zu sagen!

Liebe Petra,

Wie geht es dir? Ich hoffe, gut. Also, du möchtest wissen, was ich _____ gemacht habe. Kein Problem.

Also, _____

_____

_____

_____

Ich freue mich schon auf deinen nächsten Brief.

Viele Grüße

Dein/Deine

7 Heinrich Böll: Sein Lebenslauf

Here is a list of some of the main events in the life of the German author, Heinrich Böll. Write a report on his life, using the information provided.

Beispiele Heinrich Böll ist am 21. Dezember 1917 in Köln geboren. Von 1924 bis 1928 hat er die Volksschule in Köln-Raderthal besucht.

Von 1924 bis 1928 hat er …

Der Lebenslauf des deutschen Schriftstellers Heinrich Böll

1917	am 21. Dezember in Köln geboren
1924–28	besucht die Volksschule in Köln-Raderthal
1928–37	besucht das Kaiser-Wilhelm-Gymnasium in Köln
1937	macht das Abitur
1937	beginnt in Bonn eine Buchhandelslehre
1939	studiert Germanistik an der Universität Köln
1939–45	Soldat im Zweiten Weltkrieg
1942	heiratet Annemarie Zech
1946–49	veröffentlicht Kurzgeschichten in Zeitungen und Zeitschriften
1949	sein erstes Buch erscheint (*Der Zug war pünktlich*)
1949–85	schreibt viele literarische Werke
1972	erhält den Nobelpreis für Literatur
1985	stirbt am 16. Juli im Alter von 67 in Hürtgenwald/Eifel

Most of this vocabulary you have already met elsewhere. Work out from the context the meaning of those words which you don't know. You will, however, need to know the forms of a few of the verbs: **heiraten** and **veröffentlichen** are both weak verbs, so you can form the past participles of these: **beginnen** → **begonnen**, **erscheinen*** → **erschienen**, **erhalten** → **erhalten**, **sterben*** → **gestorben**.

(The asterisk (*) means that these verbs form their past tense with **sein**).

der Schriftsteller (-)	author	**die Kurzgeschichte (-n)**	short story
der Buchhandel	book trade	**die Zeitschrift (-en)**	journal
die Lehre (-n)	apprenticeship	**erscheinen***	to appear
der Soldat (-en)	soldier	**das Werk (-e)**	work
der Weltkrieg (-e)	World War	**erhalten**	to receive
veröffentlichen	to publish		

B Früher und heute

8 Lesen und Lernen

Herr Huber wird 65 Jahre alt. Lesen Sie über das Leben von Herrn Huber und beantworten Sie die Fragen.

Vor 65 Jahren war er ein Baby und hat keine Haare gehabt. Er hat lange geschlafen, aber er hat auch oft laut geschrien.

Vor 40 Jahren hat er in München Wirtschaftswissenschaften studiert. Damals hat er lange Haare gehabt. Er hat auch ziemlich stark geraucht (*Gaulloises* natürlich!), hat Jean-Paul Sartre gelesen und Rock'n'Roll Musik gehört.

Vor 30 Jahren hat er bei der Dresdner Bank gearbeitet. Zu der Zeit hat er kurze Haare gehabt. Er hat geheiratet und ein Haus gebaut. Er hat bald viel Stress gehabt und dann angefangen, zu viel zu essen und zu viel Alkohol zu trinken.

Vor 20 Jahren ist er schwer krank geworden. Er hat aufgehört zu rauchen und zu trinken. Er hat wieder Sport getrieben, ist dreimal in der Woche schwimmen gegangen und hat viel trainiert.

Vor 10 Jahren hat er graue Haare gehabt, aber er ist wieder viel gesünder geworden und er hat wieder Spaß am Leben gehabt.

Vor 5 Jahren ist er dann in den Ruhestand getreten, ist viel gereist und hat viel von der Welt gesehen. Er hat interessante Fotos gemacht und hat andere Sprachen gelernt.

Heute ist er Rentner und hat lange, weiße Haare. Er liest wieder viel, vor allem Heinrich Böll, hört manchmal Rock'n'Roll und ist sehr glücklich.

---

vor einem Jahr   *a year ago*
vor zwei, zehn, zwanzig Jahren
   two, ten, twenty years ago
schreien   *to yell, to scream*
die Wirtschaftswissenschaften
   economics
stark rauchen   *to smoke heavily*
bauen (gebaut)   *to build (built)*
werden (geworden)   *to become
(became)*

aufhören   *to stop, to cease*
gesund   *healthy*
in den Ruhestand treten   *to
   retire (go into retirement)*
vor allem   *above all*
glücklich   *happy*

Sprachinfo: the word **früher**, meaning *earlier*, *previously* or *in former times*, is what you use in German to say what people *used* to do.

> Früher haben Klaus und Doris nur klassische Musik gehört.
> *Klaus and Doris used to only listen to classical music.*

Richtig oder falsch?

a) Vor 65 Jahren hat Herr Huber lange geschlafen.
b) Damals hat er auch oft laut geschrien.
c) Vor 40 Jahren hat er in Marburg Soziologie studiert.
d) Damals hat er lange Haare gehabt und hat auch stark geraucht.
e) Vor 30 Jahren hat er bei Siemens gearbeitet.
f) Damals hat er angefangen, zu viel Alkohol zu trinken.
g) Er ist aber gesund geblieben.
h) Vor 10 Jahren ist er schwerkrank geworden.
i) Vor 10 Jahren hat er auch keinen Spaß am Leben gehabt.
j) Heute arbeitet er nicht mehr und ist sehr glücklich.

9 Hören Sie zu! Klassentreffen

Vor 25 Jahren sind sie zusammen in die Schule gegangen und jetzt treffen sie sich und reden über die alten Zeiten.

Listen to these people comparing past times with the present, then fill in the two grids.

Was haben die Leute früher gemacht?

	Haare	Trinken	Musik	Freizeit
Bernd	_____	hat viel Cognac getrunken	_____	hat in einer Band gespielt
Dieter	hat lange Haare gehabt	_____	_____	_____

Und heute?

	Haare	Trinken	Musik	Freizeit
Bernd	_____	_____		_____
Dieter	_____	_____	hört klassische Musik	_____

Was können Sie über Bernd sagen? Ergänzen Sie. Fill in the gaps.

a) Vor 20 Jahren hat Bernd **lange** Haare gehabt, heute hat er immer noch
_____ Haare.

b) Früher hat er viel Cognac getrunken, aber heute trinkt er nur noch
_____ .

c) Vor 20 Jahren hat er _____ gehört, aber heute hört er _____ .

d) Früher hat er in einer Band gespielt und heute _____ .

Was können Sie über Dieter sagen?

Beispiel   Vor 20 Jahren hat Dieter …

Grammatik

1 *Perfect tense*

Weak verbs: verbs like **kaufen** and **spielen** do not change their stems (in this case **kauf-** and **spiel-**) to form their past participles. The past participles normally begin with **ge-** and end in -**t**.

Infinitive	Past participle
machen	gemacht
spielen	gespielt

Strong verbs: the past participles of verbs like **fahren**, **fliegen**, **stehen** and **nehmen** normally begin with **ge-** and end in -**en**. They often change their stems, too.

Infinitive	Past participle
fahren	gefahren
fliegen	geflogen
gehen	gegangen
nehmen	genommen

Mixed verbs: some verbs mix the features of both weak and strong verbs (hence the name *mixed verbs*). These verbs behave in most respects like weak verbs – the past participles end in -**t** but they also show a change in their stems, like many strong verbs.

Infinitive	Past participle
kennen	gekannt
bringen	gebracht

Haben (*to have*) and **sein** (*to be*): these two verbs are so frequently used that they need to be listed separately:

Infinitive	Past participle
haben	gehabt
sein	gewesen

Lern-Tip: **Sein** or **haben**?

Note that the following verbs usually take **sein**:

■ verbs indicating movement or coming and going, e.g. **fahren, fliegen**.

■ verbs indicating a change of state, e.g. **sterben** (*to die*), **wachsen** (*to grow*).

■ a few other verbs, such as **bleiben** (*to stay*).

fliegen	Daniela **ist** heute nach München geflogen. (*Daniela flew to Munich today.*)
sterben	Jimmy Hendrix **ist** 1970 gestorben. (*Jimmy Hendrix died in 1970.*)
bleiben	Wir **sind** den ganzen Tag zu Hause geblieben. (*We stayed at home all day.*)

For a list of the most common strong and mixed verbs, see page 267. Verbs needing **sein** are indicated with an asterisk (*).

☑ Mehr Übungen

1 Wie heißen die Partizipien?
- a) Werner Lübke ist letzten Freitag nach Zürich (fliegen).
- b) Dort hat er seine Freundin Dagmar (besuchen).
- c) Dagmar hat ihn vom Flughafen (abholen).

2 **Sein** oder **haben**? Die Geschichte geht weiter …
- a) Erst um 10.30 Uhr ___ Werner und Dagmar aufgestanden.
- b) Um 11 ___ sie dann gefrühstückt.
- c) Sie ___ frische Brötchen gegessen.

16 | WOHNEN IN DEUTSCHLAND
Living in Germany

In this unit you will learn how to:

- talk about different kinds of housing
- name the various rooms in a house or flat
- make comparisons

Language points:

- more on the dative
- comparative

A Wo wohnen Sie?

1 Lesen und Lernen

Wie heißt das? Match the German words with the pictures and complete the exercise overleaf.

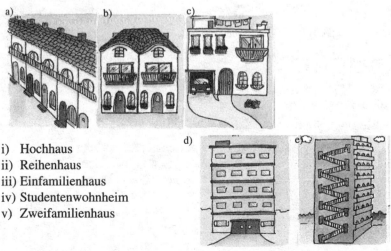

a) b) c)

i)   Hochhaus
ii) Reihenhaus
iii) Einfamilienhaus
iv) Studentenwohnheim
v)   Zweifamilienhaus

d) e)

die Wohnung *flat*	**das Einfamilienhaus** *detached house*
das Zweifamilienhaus	**das Studentenwohnheim**
semi-detached house	*student accommodation*

Beispiel   a) Das ist ein Reihenhaus.
b) Das ist ein _____ .
c) Das ist ein _____ .
d) Das ist ein _____ .
e) Das ist ein Hochhaus.

die Altbauwohnung *flat in an*	**die Wohngemeinschaft** *flat*
old building	*share*

2 Wo wohnen die Leute?

Vier Leute erzählen, wo sie wohnen. These four people are talking about where they live.

Rearrange the items in column 2 and 3 so that they match what is said in the text.

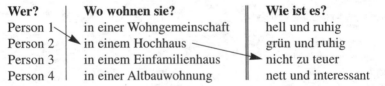

Wer?	**Wo wohnen sie?**	**Wie ist es?**
Person 1	in einer Wohngemeinschaft	hell und ruhig
Person 2	in einem Hochhaus	grün und ruhig
Person 3	in einem Einfamilienhaus	nicht zu teuer
Person 4	in einer Altbauwohnung	nett und interessant

1 Karl Potschnik, 57, Monteur bei VW

‚Ich wohne mit meiner Frau seit fünf Jahren in einem Hochhaus. Wir haben eine schöne Wohnung und einen wunderbaren Blick auf die Stadt, aber leider gibt es zu viele Graffitis. Die Miete ist nicht zu teuer, 750,- DM kalt. Wir sind ganz zufrieden hier.'

2 Elisabeth Strutzak, 45, Angestellte bei der Post AG

‚Früher haben wir im Stadt-Zentrum gewohnt, aber vor zehn Jahren haben wir das Haus hier gekauft. Wir haben einen großen Garten. Es ist sehr grün und ruhig hier, die Nachbarn sind nett, nur für die Kinder ist es ein bisschen weit bis zur Schule.'

3 Matthias Michaelis, 24, Jura-Student

‚Ich wohne in einer Wohngemeinschaft mit drei anderen Studenten. Wir teilen die Miete und alle Rechnungen. Manchmal gibt es natürlich Probleme, aber dann sprechen wir darüber. Ich wohne gern mit anderen Leuten zusammen. Es ist immer jemand da, mit dem man sprechen kann. Es ist nett und interessant.'

4 Jutta Heinrich, 73, Rentnerin

‚Ich wohne seit fünfzig Jahren in meiner Wohnung. Die Wohnung ist sehr hell und auch ruhig. Hundert Meter von hier bin ich auch geboren. Früher habe ich mit meinem Mann und den Kindern hier gewohnt. Aber mein Mann ist vor zehn Jahren gestorben und meine Kinder sind ausgezogen, und jetzt lebe ich allein.'

hell	*light, bright*	**die Miete (-n)**	*rent*
ruhig	*quiet*	**teilen**	*to share*
der Blick (-e)	*view*	**mieten**	*to rent*

3 Richtig oder falsch?

Korrigieren Sie die falschen Aussagen.

a) Herr Potschnik zahlt 750,- DM Miete und ist nicht zufrieden.
b) Frau Strutzak wohnt gern in ihrem Einfamilienhaus und sagt, die Nachbarn sind sehr nett.
c) Matthias findet das Leben in seiner Wohngemeinschaft interessant.
d) Frau Heinrich lebt seit 73 Jahren in einer Altbauwohnung.
e) Ihr Mann ist vor 10 Jahren gestorben.

Sprachinfo: you have already seen that some prepositions (e.g. **mit** and **zu**) are always followed by the dative and that others (e.g. **in** and **auf**) are followed by the dative when the focus is on position or location. In this **Lektion** you will find some more practice in using the dative.

You already know that in the dative case the endings on the definite articles change (**der** and **das** become **dem**, **die** and **der**). Similar changes apply for the indefinite articles where the ending is -**em** for masculine and neuter nouns and -**er** for feminine nouns. This pattern also applies to the so-called possessive adjectives **mein**, **dein**, **sein**, etc.

masculine -(e)m	Bernd wohnt	mit einem Freund	zusammen.
	Frau Krüger hat früher	mit ihrem Mann	hier gewohnt.
feminine -(e)r	Frau Heinrich lebt	in einer Altbauwohnung.	
	Herr Thomas wohnt	mit seiner Freundin	zusammen.
neuter -(e)m	Jutta wohnt	in einem Hochhaus.	
	Dieter Schneider lebt	mit seinem Kind	in Hamburg.

Note that, in the dative plural, not only the article or possessive adjective ends in **-(e)n**, but that, where possible, an **-n** is also added to the noun.

plural all genders -(e)n ... -n	Ich wohne	mit meinen Freunden	zusammen.
	Kirsten wohnt	mit ihren Kindern	in Köln.
	Rainer wohnt	seit vielen Jahren	in Spanien.

It is possible that the dative can occur more than once in a sentence:

> Herr Thomas wohnt *mit* seiner Frau und seinen zwei Kindern *in* einem Einfamilienhaus.

4 Wie heißt es richtig?

Kombinieren Sie bitte. Make correct sentences from the following, using each of the items in the third column at least once.

> **Beispiele** Carsten lebt in einer Wohnung.
> Frau Müller lebt in einem Hotel.

Carsten lebt in			Hochhaus.
Frau Müller wohnt in			Wohngemeinschaft.
Ihre Tochter wohnt in	einer		Hotel.
Petra lebt seit drei Jahren in	einem		Reihenhaus.
Familie Schmidt wohnt in			Wohnung.
Hans lebt in			Studentenwohnheim.

Deutschland-Info:
MIETEN ODER KAUFEN?

In Germany more people rent their homes than in most other countries – only about 40% of homes are owner-occupied. This is partly due to tradition and partly due to factors such as the higher cost of buying. However, flats tend to be relatively big, especially in older houses, or **Altbauwohnungen**. There are strict laws to protect tenants against unfair rent increases and tenants cannot arbitrarily be given notice to quit, **Kündigung**. In recent years, however, the trend has been to buy or build more owner-occupied flats, encouraged by government incentives in an attempt to deal with a shortage of dwellings after the fall of the Wall (in 1989). If you see a **Bausparkasse** when you're in Germany, that's the German equivalent of a building society.

B Die neue Wohnung

5 Lesen und lernen

Look at this plan of a flat and note the words for the various rooms.

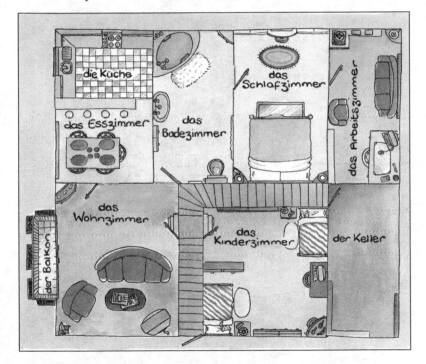

6 Wie heißen die Zimmer?

a) *das Schlafzimmer* : dort schläft man.

b) _____ : ein Zimmer für Kinder.

c) _____ : dort kocht man.

d) _____ : dort kann man sich waschen.

e) ____ : dort wohnt man, liest, sieht fern, etc.

f) ____ : dort kann man im Sommer sitzen.

g) ____ : dort kann man studieren, am Computer arbeiten.

7 Wohin kommt der Computer?

Und wohin kommt die Pflanze? Herr und Frau Wichmann are moving house. The removal men want to know where all the furniture goes.

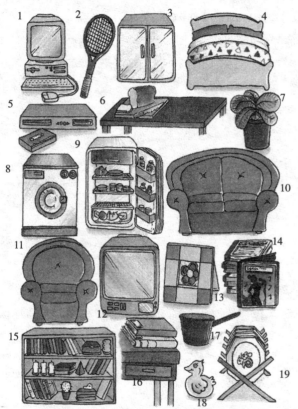

1 der Computer
2 der Tennisschläger
3 der Schrank
4 das Bett
5 der Videorecorder
6 der Küchentisch
7 die Pflanze
8 die Waschmaschine
9 der Kühlschrank
10 das Sofa
11 der Sessel
12 der Fernseher
13 das Bild
14 die CDs
15 das Regal
16 die Bücher
17 der Topf
18 die Gummiente
19 die Teller

Machen Sie eine Liste: Was kommt alles ins Wohnzimmer, ins Kinderzimmer, in den Arbeitsraum, in die Küche, in den Keller, etc.?

Remember that **in** will need the accusative case as the focus is on movement *into* the various rooms.

Beispiel Der Computer kommt in den Arbeitsraum.

8 Herr und Frau Martinis neue Wohnung

Herr und Frau Martini haben sehr lange eine neue Wohnung gesucht und endlich eine schöne Wohnung gefunden. Lesen Sie ihren Brief. Beantworten Sie dann die Fragen auf der nächsten Seite.

Dortmund, 23. August

Liebe Imra,

Danke für deinen netten Brief. Endlich, endlich haben wir eine neue Wohnung. Du weißt, wir haben fast sechs Monate gesucht. Bernd, Sven und ich sind jetzt natürlich sehr glücklich, denn endlich haben wir mehr Platz.

Es ist nämlich eine sehr große Wohnung und sie liegt relativ zentral, in der Nähe vom Stadtpark. Die Umgebung ist ruhig und sehr grün, aber leider ist es bis zum nächsten Supermarkt ein bisschen weit.

Wir haben 4 Zimmer, ein Wohnzimmer, ein Schlafzimmer und ein Kinderzimmer für Sven und dann sogar einen kleinen Arbeitsraum und eine große Küche und ein Badezimmer. Die Zimmer sind groß und hell. Einen großen Garten haben wir auch.

Die Miete ist nicht so teuer, 930,- DM, natürlich plus Nebenkosten, also plus Wasser, Elektrizität und Gas. Das ist ziemlich günstig, denn im Moment sind Wohnungen sehr teuer.

Die Verkehrsverbindungen sind sehr gut, denn bis zur U-Bahn sind es nur fünf Minuten und mit der U-Bahn brauche ich dann nur noch 10 Minuten bis zur Arbeit. Im Sommer kann ich mit dem Fahrrad zur Arbeit fahren: ein gutes Fitness-Programm.

Und wie geht es dir? Und deinem Mann und den Kindern? Hat Peter schon einen neuen Job gefunden?

Grüß alle herzlich und ich hoffe, es geht euch gut.

Deine Marlies

a) Wie lange haben sie gesucht?
b) Wie viele Zimmer hat die Wohnung?
c) Wie hoch ist die Miete?
d) Wo liegt die Wohnung?
e) Wie sind die Verkehrsverbindungen?

die Umgebung (sing.)	**die Verkehrsverbindungen** (pl.)
surroundings (pl.)	*transport (links)*
die Nebenkosten (pl.) *bills*	**relativ** *relatively*
	ziemlich *quite, rather*

9 Machen Sie eine Liste

Was für Nachteile?

Was für Vorteile hat die neue Wohnung? Make a list of the advantages and disadvantages of the new flat.

Vorteile (+)	Nachteile (–)
Die Wohnung ist sehr groß.	Bis zum nächsten Supermarkt ist es ein bisschen weit.
(…)	(…)

10 Wie heißt das Gegenteil?

außerhalb – antik – teuer – neu – klein – laut – dunkel – interessant

a) zentral – *außerhalb*
b) groß –
c) hell –
d) langweilig –

e) billig –
f) alt –
g) modern –
h) ruhig –

Nützliche Ausdrücke	
Ich wohne / Wir wohnen	in einem Reihenhaus, in einer Wohnung, in einem Studentenwohnheim, etc.
Die Wohnung / Das Haus hat	2/3/4 Zimmer.
Die Wohnung liegt relativ / ziemlich	zentral, außerhalb.
Die Zimmer sind relativ / sehr	klein, groß, laut, hell, etc.
Wir haben	viele, wenige, alte, neue, moderne, antike Möbel.
Die Umgebung ist nicht so / ziemlich	grün, ruhig, laut.
Die Verkehrsverbindungen sind	gut, schlecht.

11 Und jetzt Sie!

Übernehmen Sie die Rolle von Frau Martini. Schrieben Sie zuerst, was sie sagt. Beantworten Sie dann die Fragen auf der Audio-Aufnahme.

a) Wo wohnen Sie?
b) Wie viele Zimmer hat das Haus / die Wohnung?
c) Wie sind die Zimmer?
d) Haben Sie einen Garten?
e) Ist die Miete / die Hypothek teuer?
f) Wie ist die Umgebung?
g) Haben Sie gute Verkehrsverbindungen?
h) Wie lange fahren Sie zur Arbeit, in die Stadt?
i) Fahren Sie mit dem Auto / dem Bus / der U-Bahn?

Now go through the questions again, this time answer for yourself.

C Wo leben Sie lieber: auf dem Land oder in der Stadt?

12 Lesen und lernen

Read these arguments in favour of a) living in town and b) living in the country.

Argumente pro Stadt	Argumente pro Land
Die Stadt ist größer.	Die Luft ist besser.
Man kann mehr machen als auf dem Land.	Es ist ruhiger als in der Stadt.
Das Leben ist interessanter.	Auf dem Land ist es grüner als in der Stadt.

Sprachinfo: to make comparisons in English you simply add **-er** to short adjectives (e.g. *cheap*), or put *more* in front of longer ones (e.g. *interesting*):

> *This house is cheaper* (than that one).
> *This book is **more** interesting* (than that one).

Using adjectives in this way is called the *comparative*. In German the system is simpler. Only the **-er** form is used:

> Dieses Haus ist billig**er**.
> Dieses Buch ist interessant**er**.

Most words with an **a**, **o** or **u** take an umlaut:

> Im Winter ist es hier viel kälter.
> Deine Wohnung ist größer.

Note that the word for *than* is **als**:

> Auf dem Land ist die Luft besser **als** in der Stadt.

For more details see the **Grammatik** section, page 170.

13 Leben Sie lieber auf dem Land oder in der Stadt?

Read what these people have to say about living in town and living in the country.

STADT ODER LAND?
PRO UND CONTRA

Unsere Städte werden immer größer, lauter, hektischer. Ist es nicht besser, auf dem Land zu leben? Wir haben zwei Personen gefragt: ‚Leben Sie lieber auf dem Land oder in der Stadt? Und warum? Was ist besser?'

Manfred Teutschek, 27, Student	**Esther Reimann**,
‚Auf dem Land wohnen? Nie wieder! Ich habe als Kind dort gelebt, es ist viel zu langweilig. Ich lebe gern in der Stadt. Das Leben ist interessanter, bunter als auf dem Land. Die Leute sind offener und man kann mehr machen. Aber manchmal ist es auch stressiger als auf dem Land, der viele Verkehr zum Beispiel und die Anonymität. Aber dann die vielen Theater, Clubs, Restaurants… Ich liebe es hier, denn es ist so kosmopolitisch.'	45, Psychotherapeutin ‚Wir haben 15 Jahre in Berlin gelebt und sind vor einem Jahr aufs Land gezogen. Es ist viel grüner hier, die Luft ist besser, die Leute sind freundlicher. Es war die richtige Entscheidung, ich vermisse die Stadt nicht. Zum Einkaufen brauche ich jetzt länger, denn ich muss mit dem Auto fahren, aber alles ist so viel entspannter hier.'

---

14 Was fehlt hier?

Setzen Sie die fehlenden Wörter ein.

a) Herr Teutschek findet die Leute in der Stadt *offener* als auf dem Land.

b) Das Leben, sagt er, ist _____ und _____ .

c) Manchmal ist es aber auch _____ als auf dem Land.
d) Frau Reimann sagt, die Luft ist _____ und die Leute sind _____ .
e) Zum Einkaufen braucht sie _____ .
f) Aber das Leben ist _____ .

15 Was passt zusammen?

Kombinieren Sie.

> **Beispiel**   Das Leben auf dem Land ist ruhiger als in der Stadt.

Das Leben auf dem Land ist Das Leben in der Stadt ist	langweiliger interessanter entspannter kosmopolitischer ruhiger stressiger	als in der Stadt. als auf dem Land.

16 So ein Quatsch! Widersprechen Sie.

Contradict these false claims.

> **Beispiel**   Birmingham ist größer als New York.
> So ein Quatsch! Birmingham ist kleiner als New York.

So ein Quatsch!   *What nonsense/rubbish!*

a) Franz Beckenbauer ist jünger als Jürgen Klinsmann.
b) In Deutschland ist es wärmer als in Südafrika.
c) Das Essen im ‚Gourmet-Restaurant' ist schlechter als in der Mensa.
d) Der Volkswagen Polo ist teurer als der Porsche.
e) Tokio ist kleiner als Paris.
f) Der Ford Ka ist langweiliger als andere Autos.

Tips zur Aussprache

The **ch** sound in German is often difficult for English speakers who tend to close their throats and pronounce a **k**. In fact, if you keep your throat open and let the air continue to flow, you will make the right sound.

The pronunciation of **ch** depends on the kind of vowel in front of it. Listen to the audio and spot the differences.

ich	Rechnung	lächeln	Töchter	Bücher
machen	Sprache	kochen	Tochter	Buch
Mädchen	Mönche	München		

When the **ch** is followed by an **s**, it is pronounced as a **k**:

Sachsen   sechs   Fuchs

How would you pronounce these words? Nichte, Dach, Märchen, Lachs?

🎞 Grammatik

1 *Comparative*

As you saw earlier in this **Lektion**, making comparisons in German is straightforward and is very similar to the English, *cheap*, *cheaper* pattern:

	comparative
billig	billig**er**
interessant	interessant**er**

Most words with an **a**, **o** or **u**, like **warm** and **groß**, take an umlaut in the comparative forms:

Unsere alte Wohnung war groß.
Unsere neue Wohnung ist viel gr**ö**ßer.

Hier ist es schon im April ziemlich warm.
Im Mai ist es aber w**ä**rmer.

A few adjectives, like **gut** and **hoch**, are irregular:

Ich finde, dieses Auto ist gut.
Aber dieses Auto ist noch **besser**.

Das Matterhorn ist **hoch**.
Der Mount Everest ist aber **höher**.

The word **noch** (*even*) is often used with the comparative to provide emphasis, as in the first example above.

Another common word with irregular forms is **gern**:

| Ich spiele **gern** Fußball. | *I like playing football.* |
| Aber ich spiele **lieber** Tennis. | *But I prefer playing tennis.* |

Some words, like **teuer** and **dunkel**, often lose one **e** in the comparative form:

In Frankfurt sind Wohnungen ziemlich teuer. In München sind sie
  aber **teurer**.

Im Herbst ist es morgens dunkel. Im Winter ist es aber **dunkler**.

As you saw earlier in this **Lektion**, the equivalent of the English *than* in
comparisons is **als**:

Die Wohnungen in München sind teurer **als** die in Frankfurt.

2 Possessive adjectives

Words that indicate possession or who something belongs to are called
possessive adjectives. Here is an overview of the possessive adjectives in
German:

mein *my*	mein Freund, meine Mutter	unser *our*	unser Haus, unsere Wohnung
dein *your*	dein Auto, deine Schule	euer *your*	euer Vater, eure Mutter
Ihr *your*	Ihr Buch, Ihre Frau	Ihr *your*	Ihr Hotel, Ihre Wohnung
sein *his* ihr *her* sein *its*	sein Sohn, seine Tochter ihr Vater, ihre Mutter sein Essen, seine Milch	ihr *their*	ihr Sohn, ihre Tochter

3 The dative case

Here is a summary of the uses of the dative case that you have met so far:

a) after **an, auf, in** when the focus is on position or location.
  Wir haben auf **dem** Markt ein interessantes Buch gekauft.

In the next **Lektion** you will learn more prepositions of this kind.

b) always after **aus, bei, mit, nach, seit, von, zu**.
  Ich fahre immer mit **dem** Fahrrad **zur** Schule.

Remember, the dative endings are -**(e)m** for the masculine and neuter,
-**(e)r** for the feminine and -**(e)n** for the plural (all genders). This applies to
the definite article (**der**), the indefinite article (**ein**) and the possessive
adjectives (**mein, dein**, etc.).

☑ **Mehr Übungen**

1 Wie heißt der Komparativ?
a) klein – kleiner
b) groß – ___
c) alt – ___
d) gut – ___
e) teuer – ___
f) hoch – ___
g) billig – ___
h) interessant – ___

2 Ferienaustausch (*Holiday exchange*): Eine deutsche Familie aus Hamburg möchte im Sommer einen Wohnungsaustausch machen. Schreiben Sie einen Brief an Frau Löschmann und beschreiben Sie Ihre Wohnung.

Frau Löschmanns Fragen:
a) Wo liegt Ihre Wohnung? Zentral? Außerhalb?
b) Liegt sie ruhig, oder nicht so ruhig?
c) Wie weit ist es bis zum Supermarkt?
d) Wie sind die Verkehrsverbindungen?
e) Wie viele Schlafzimmer hat die Wohnung?
f) Und wie viele Badezimmer?
g) Ist die Küche groß oder ziemlich klein?
h) Haben Sie einen Fernseher? Wenn ja, kann man auch deutsche Programme bekommen?
i) Haben Sie einen Garten oder einen Balkon?
j) Gibt es in der Nähe einen Park?
Schreiben Sie mehr, wenn Sie wollen!

Liebe Frau Löschmann,

ich danke Ihnen für Ihren Brief vom _____ . Ich bin gerne bereit, Ihre Fragen zu beantworten.

Meine Wohnung liegt _____ , usw.

Mit freundlichen Grüßen

Ihr/Ihre _____

🔊 **der Austausch**   swap, exchange   **bereit**   ready, prepared

17 WELCHES HOTEL NEHMEN WIR?
Which hotel are we taking?

In this unit you will learn how to:
- book a hotel room
- compare different hotels
- describe the location of buildings

Language points:
- superlative
- more prepositions (+ acc./dat.)

A Haben Sie ein Zimmer frei?

1 Im Hotel

Lesen Sie den Dialog. Beantworten Sie dann die Fragen.

relexa hotels

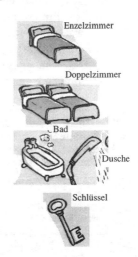

Enzelzimmer

Doppelzimmer

Bad

Dusche

Schlüssel

Herr Oetken	Guten Tag. Haben Sie ein Zimmer frei?
Empfangsdame	Ja, ein Einzelzimmer oder ein Doppelzimmer?
Herr Oetken	Ich möchte ein Doppelzimmer für zwei Personen, bitte.
Empfangsdame	Und für wie lange?
Herr Oetken	Für zwei Nächte.

Empfangsdame	Für zwei Nächte. Von heute, Montag bis Mittwoch?
Herr Oetken	Ja. Von Montag bis Mittwoch. Meine Frau und ich möchten nämlich auf die Antiquitätenmesse gehen.
Empfangsdame	Das ist bestimmt interessant. Möchten Sie ein Zimmer mit Bad oder mit Dusche?
Herr Oetken	Mit Bad, bitte.
Empfangsdame	Da habe ich Zimmer Nr. 14 zu 115,- Mark.
Herr Oetken	Ist das Zimmer ruhig?
Empfangsdame	Ja, das Zimmer liegt zum Park. Es ist sehr ruhig.
Herr Oetken	Gut. Dann nehme ich das Zimmer.
Empfangsdame	So. Hier ist der Schlüssel. Bitte tragen Sie sich ein.
Herr Oetken	Um wie viel Uhr gibt es Frühstück?
Empfangsdame	Zwischen sieben und zehn Uhr.
Herr Oetken	Vielen Dank.
Empfangsdame	Ich wünsche Ihnen einen angenehmen Aufenthalt.

die Antiquitätenmesse (-n)	*antiques fair*
Das Zimmer liegt zum Park.	*The room faces / looks out onto the park.*
Bitte tragen Sie sich ein.	*Please fill in your details.*
Ich wünsche Ihnen einen angenehmen Aufenthalt.	*I wish you a pleasant stay.*

Richtig oder falsch? Korrigieren Sie die falschen Aussagen.

a) Herr Oetken nimmt ein Einzelzimmer.

b) Er bleibt zwei Nächte.

c) Er möchte mit seiner Sekretärin auf eine Antiquitätenmesse gehen.

d) Herr Oetken nimmt ein Zimmer mit Dusche.

e) Das Zimmer kostet 90, - Mark.

f) Frühstück gibt es bis 10 Uhr.

Nützliche Ausdrücke

Haben Sie ein Zimmer frei?	*Have you got a room?*
Ist das Zimmer ruhig?	*Is the room quiet?*
Um wieviel Uhr gibt es Frühstück?	*What time is breakfast?*

Ein Einzelzimmer für	**Zwei Doppelzimmer für**
eine Nacht	**eine Person**
zwei Nächte	**zwei Personen**
drei Nächte	**drei Personen**

2 Welche Antwort passt zu welcher Frage?

a) Haben Sie ein Zimmer frei?
b) Haben Sie ein Doppelzimmer frei?
c) Ein Zimmer mit Bad oder Dusche?
d) Was kostet das Zimmer?
e) Ist das Zimmer ruhig?
f) Von heute bis Freitag?
g) Wann gibt es Frühstück?

i) Zwischen halb sieben und neun.
ii) Ja, genau. Bis Freitag.
iii) Ja, für wie viele Tage?
iv) Tut mir Leid, wir haben nur noch Einzelzimmer.
v) Ein Zimmer mit Dusche.
vi) 120,- Mark, inklusive Frühstück.
vii) Nein, leider nicht. Es liegt zur Straße.

3 Was sagt der Gast?

Schreiben Sie, was der Gast sagt.

3 Nächte

Sie	Guten Tag. Haben Sie ein a) _____?
Empfangsdame	Ein Einzelzimmer oder ein Doppelzimmer?
Sie	b) _____
Empfangsdame	Und für wie viele Nächte?
Sie	c) _____
Empfangsdame	Möchten Sie ein Zimmer mit Bad oder Dusche?
Sie	d) _____
Empfangsdame	Gut. Zimmer 14. Bitte tragen Sie sich hier ein.
Sie	e) _____
Empfangsdame	Zwischen halb sieben und halb neun. Ich wünsche Ihnen einen angenehmen Aufenthalt.

4 In der Touristeninformation.

Frau Johannsen sucht ein Zimmer. Hören Sie bitte und beantworten Sie die Fragen.

Richtig oder falsch?

a) Frau Johannsen sucht ein Zimmer für drei Tage.
b) Das Hotel Offenbach liegt im Zentrum.
c) Das Hotel Atlanta liegt 30 Minuten vom Zentrum entfernt.
d) Die Pension Schneider kostet 85 Mark pro Nacht.
e) Das Hotel Atlanta ist billiger als das Hotel Offenbach.
f) Sie nimmt das Zimmer im Hotel Offenbach.

5 Hatten Sie recht?

Lesen Sie jetzt bitte den Dialog und überprüfen Sie Ihre Antworten.
Now check your answers by reading the dialogue.

Frau Johannsen   Guten Tag, ich suche ein Hotelzimmer für zwei Tage. Haben Sie etwas frei?

Frau Izmir   Im Moment ist es ein bisschen schwierig, einen Augenblick – ja, ich habe hier drei Hotels gefunden: das Hotel Offenbach, das Hotel Atlanta und die Pension Schneider.

Frau Johannsen   Welches Hotel liegt denn am zentralsten?

Frau Izmir   Am zentralsten liegt das Hotel Offenbach, nur fünf Minuten vom Zentrum.

Frau Johannsen   Und am weitesten?

Frau Izmir   Am weitesten entfernt ist das Hotel Atlanta, etwas eine halbe Stunde.

Frau Johannsen   Und preislich, welches Hotel ist am billigsten?

Frau Izmir   Am billigsten ist die Pension Schneider, das Einzelzimmer für 75,- DM. Ein Einzelzimmer im Hotel Offenbach kostet 110,- DM und im Hotel Atlanta ist es am teuersten: 190,- DM.

Frau Johannsen   Und welches ist am komfortabelsten?

Frau Izmir   Am komfortabelsten ist das Hotel Atlanta, mit Swimming-Pool und Park. Das ist sehr schön.

Frau Johannsen   Ich glaube, ich nehme das Hotel Offenbach. Kann ich gleich bei Ihnen buchen?

Frau Izmir   Ja, kein Problem.

Sprachinfo: superlative – in English when you want to single out one item from among a group as being the cheapest or most interesting of all, you add -(e)st to a short adjective or put *most* in front of a longer one:

This house is the cheapest.
This book is the most interesting.

This form is called the *superlative*. In German it goes as follows:

Dieses Haus ist **am** billig**sten**.
Dieses Buch ist **am** interessant**esten**.

As you can see, the word **am** is added and the ending is -(e)**sten**.

For examples of irregular words see **Grammatik**, pages 180 and 181.

6 Welche Informationen fehlen hier?

Lesen Sie den Text noch einmal und finden Sie die fehlenden Informationen. Read the text again and fill in the missing information.

Hotels/Pension	Zimmer	Preis für Einzelzimmer	Entfernung	Pluspunkte
Offenbach	80	_____	_____	sehr zentral, gute Bar
Atlanta	120	190,- DM	_____	_____
Schneider	28	_____	20 Minuten vom Zentrum	familiäre Atmosphäre, ruhig

7 Ergänzen Sie

a) Das Hotel Offenbach ist größer als die Pension Schneider, aber das Atlanta-Hotel ist am _____ .

b) Das Hotel Offenbach ist _____ als das Hotel Atlanta, aber die Pension Schneider ist _____ .

c) Die Pension Schneider liegt _____ als Hotel Atlanta, aber das Hotel Offenbach liegt _____ _____ .

d) Die Pension Schneider ist ruhig.. als die Pension Schneider, aber das Atlanta-Hotel ist _____ _____ .

B Und wo ist das?

8 Lesen und Lernen

Sprachinfo: The following prepositions can help you to express where something is situated:

in	an	auf	hinter	neben	über	unter	vor	zwischen
in (to)	*at*	*on (to)*	*behind*	*next to*	*over*	*under*	*in front of*	*between*

When position or location is indicated all of them require the dative case. They answer the question **wo?** (*where, in what location*).

For more information: see **Grammatik** page 181.

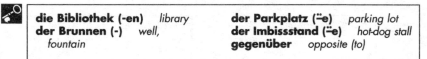

> **die Bibliothek (-en)** *library*
> **der Brunnen (-)** *well, fountain*
>
> **der Parkplatz (¨e)** *parking lot*
> **der Imbissstand (¨e)** *hot-dog stall*
> **gegenüber** *opposite (to)*

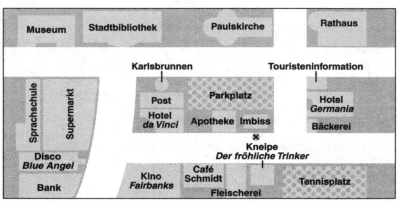

Wo ist was?

Wo steht die Paulskirche?
Rechts neben der Stadtbibliothek und gegenüber dem Karlsbrunnen.

Wo findet man die Apotheke?
Zwischen dem Hotel ‚da Vinci' und dem Imbiss und vor dem Parkplatz.

Und jetzt Sie. Answer the questions by making use of two of the following cues for each answer. There might be more than one possibility.

links neben – hinter – rechts neben – gegenüber – vor – zwischen

a) Wo ist das Rathaus?
b) Wo findet man den Karlsbrunnen?
c) Und wo ist die Post?
d) Wo findet man die Touristeninformation?
e) Wo ist das Kino ‚Fairbanks‘?
f) Wo steht die Disco ‚Blue Angel‘?
g) Und wo ist der Imbiss?
h) Und wo stehen Sie?

9 Was antwortet Herr Prinzmann?

Herr Prinzmann arbeitet in der Touristeninformation in Greifshagen. Was antwortet er auf die Fragen? Finden Sie die richtige Antwort zu jeder Frage.

Touristen fragen

a) Wo ist denn hier das Stadtmuseum?

b) Kann man hier italienisch essen?

c) Gibt es in der Nähe eine öffentliche Telefonzelle?

d) Wo ist denn das Rathaus?

e) Wo ist denn hier ein Parkplatz?

f) Gibt es hier in der Nähe ein Café?

g) Ich habe gehört, es gibt hier eine tolle Disco.

Herr Prinzmann antwortet

i) Direkt hier gegenüber.

ii) Ja, fahren Sie geradeaus, dann die erste Straße links, gegenüber dem ‚da Vinci‘.

iii) Fahren Sie geradeaus, dann links und immer geradeaus. Auf der linken Seite ist die Pizzeria Mario.

iv) Gehen sie links, nehmen Sie die erste Straße rechts. Es liegt zwischen der Fleischerei und dem Kino.

v) Direkt hier gegenüber.

vi) Ja, natürlich. Hier gegenüber, auf dem Parkplatz.

vii) Gehen Sie immer geradeaus. Es ist auf der rechten Seite neben der Bibliothek.

10 Und jetzt Sie!

Übernehmen Sie die Rolle von Herrn Prinzmann. Schreiben Sie zuerst ihre Antworten. Beantworten Sie dann die Fragen auf der Audio-Aufnahme.

Touristin	Guten Tag. Wo ist denn hier die Bibliothek?
Sie	*(Go straight ahead. The library is on the right hand side, next to the museum.)*
Touristin	Und gibt es hier auch eine Post?
Sie	*(Yes, of course. Go straight on and take the first street to your left. The post office is behind the fountain.)*
Touristin	Gibt es hier in der Altstadt eine Apotheke?
Sie	*(Yes, of course. Go to the left, then turn right. The pharmacy is between the hot-dog stall and the hotel "da Vinci".)*
Touristin	Und haben Sie hier auch einen Supermarkt?
Sie	*(Go straight on. The supermarket is opposite the museum.)*
Touristin	Vielen Dank. Kann man denn hier abends auch irgendwo ein schönes Bier trinken?
Sie	*(Of course. Go to the left, then left again. There you'll find a pub on the left hand side, next to the bakery. The pub is very good.)*

 Grammatik

1 *Superlative*

As you already saw in **Lektion 16** and also in this unit, making comparisons in German and using the superlative is very similar to the English *cheap, cheaper, cheapest* pattern:

Comparative		**Superlative**
billig	billig**er**	**am** billig**sten**
interessant	interessant**er**	**am** interessant**esten**

In the superlative the word **am** is added and the ending is -(e)sten.

Adjectives with an **a**, **o** or **u** which take an umlaut in the comparative form also need one in the superlative:

groß	größer	am größten
alt	älter	am ältesten

Here are some of the most important irregular adjectives:

hoch	höher	am höchsten
gut	besser	am besten
gern	lieber	am liebsten

Words, which lose one **e** in the comparative form, like **teuer** and **dunkel**, usually take one in the superlative:

teuer	teurer	am teuersten
dunkel	dunkler	am dunkelsten

2 Prepositions with the accusative or dative

The prepositions listed in the **Sprachinfo** on page 178 need either the accusative or the dative case, depending on whether the focus is on *movement* or on *location*.

Accusative	Wohin?	Dative	Wo?
	ins Kino.		im Kino.
	an den Tisch.		am Tisch.
Wir gehen	auf den Marktplatz.	Wir sitzen	auf dem Marktplatz.
	hinter das Hotel.		hinter dem Hotel.
	vor die Tür.		vor der Tür.

Note that there are several pairs of verbs that are used to indicate movement on the one hand and location on the other. The main verbs of this kind are:

legen	*to lay, to place (in a lying position)*	liegen	*to lie, to be*
stellen	*to put, to place (in a standing position)*	stehen	*to stand, to be*
hängen	*to hang, to place (in a hanging position)*	hängen	*to hang, to be*

In English the verbs *to put* and *to be* are frequently used to cover these functions, but German generally prefers to be more precise.

Er legt das Video ins Regal.	*He's putting the video onto the shelf.*
Das Video liegt im Regal.	*The video is on the shelf.*
Wir stellen das Buch auf den den Tisch.	*We're putting the book onto the table.*
Das Buch steht auf dem Tisch.	*The book is on the table.*
Susanne hängt das Picasso-Poster an die Wand.	*Susanne is hanging/putting the Picasso poster onto the wall.*
Das Picasso-Poster hängt an der Wand.	*The Picasso poster is (hanging) on the wall.*

Note the perfect forms of these verbs:

legen	Er hat das Video ins Regal **gelegt**.
liegen	Das Video hat im Regal **gelegen**.
stellen	Wir haben das Buch auf den Tisch **gestellt**.
stehen	Das Buch hat auf dem Tisch **gestanden**.
hängen	Sie hat das Poster an die Wand **gehängt**.
hängen	Das Poster hat an der Wand **gehangen**.

3 *Other prepositions*

In this **Lektion** you have also met two other prepositions. Both of these require the accusative case:

für *for*

Ist das Zimmer für Sie? Nein, es ist für meinen Bruder.

bis *until, till*

Although **bis** requires the accusative, it is often used with expressions that do not show an accusative ending:

Bis morgen! Bis heute Abend!

It is also often used together with the preposition **zu** (+ dative):

Gehen Sie bis zum Bahnhof, dann …

☑ Mehr Übungen

1   *Wohin haben sie die Möbel gestellt? Do you remember Herr and Frau Wichmann (from **Lektion 16**) moving house? Their furniture is now where they asked the removal men to put it. Write down where they put it, following the examples:*

Das Regal steht jetzt neben **dem Fernseher**.
→ Das Regal haben sie neben **den Fernseher** gestellt.
Die CDs stehen jetzt **im** Regal.
→ Die CDs haben sie **ins** Regal gelegt.

a)   Das Picasso-Poster hängt jetzt über dem Sofa.

b)   Der Tennisschläger liegt im Schlafzimmer unter dem Bett.

c)   Das Sofa steht jetzt zwischen dem Regal und der Stereoanlage.

d)   Das Foto von Oma Lisbeth hängt in der Küche an der Wand.

e)   Die Pflanze steht jetzt auf dem Boden.

f)   Die Gummiente steht jetzt im Badezimmer im Schrank.

g)   Die Waschmaschine steht jetzt in der Küche neben dem Kühlschrank.

18 IST MODE WICHTIG?
Is fashion important?

In this unit you will learn how to:
■ describe items of personal appearance
■ say what clothes you like wearing

Language points:
■ adjectival endings (II)
■ **etwas** + adjective

A Mode

1 Ist Mode wichtig für Sie?

Read what these four people have to say about their attitude to fashion and decide who it is important for and who not.

a) **Bettina Haferkamp**, 52, Lehrerin

,Jedes Jahr gibt es etwas Neues. Dieses Jahr kurze Röcke, nächstes Jahr lange Röcke. Die Leute sollen immer etwas Neues kaufen. Ich ziehe nur an, was ich mag. Am liebsten trage ich bequeme Sachen.'

b) **Johann Kurz**, 38, Journalist

,Ich finde, Mode ist ein wichtiger Ausdruck unserer Zeit. Sie zeigt, was Leute denken und fühlen. Zum Beispiel die Mode in den Fünfziger Jahren oder die Punk-Mode. Heute kann man doch anziehen, was man möchte. Das finde ich gut.'

c) **Boris Brecht**, 28, arbeitslos, Rock-Musiker

,Ich bin ein individueller Mensch. Ich kleide mich so, wie ich Lust habe. Schwarze Sachen finde ich am besten. Ich kaufe viel auf dem Flohmarkt oder in Secondhandshops ein. Modetrends finde ich langweilig.'

d) **Ulrike Maziere**, 20, Kosmetikerin

‚Mode bedeutet viel für mich. Ich bin ein sportlicher Typ und trage gern schöne Sachen. Ich möchte gut aussehen. Eine modische Frisur, ein modernes Outfit – das ist sehr wichtig für mich.‘

an|ziehen *to put on*	**Lust haben** *to want*
tragen *to wear*	**sportlich** (here) *smart*
bequem *comfortable*	**aus|sehen** *to look, appear*
sich kleiden *to dress (oneself)*	**die Frisur** *hairstyle*

Für welche Person ist Mode wichtig (✓) und für wen ist sie unwichtig (✗)?

	✓	✗
Bettina Haferkamp	☐	☐
Johann Kurz	☐	☐
Boris Brecht	☐	☐
Ulrike Maziere	☐	☐

2 Wer sagt das?

Wie steht das im Text? Look at the statements in **Übung 1** again and find the expressions which convey a similar meaning?

Ich bin sportlich.   →   *Ich bin ein sportlicher Typ.*

a) Mode zeigt, was Leute denken.
b) Die Leute sollen mehr Geld ausgeben.
c) Schwarz finde ich am besten.
d) Ich trage nur, was ich mag.
e) Mode ist sehr wichtig.

Sprachinfo: If you want to say *something new, something cheap,* etc., you use **etwas** + adjective + **-es**.
   etwas Neues, etwas Billiges

Note that you need a capital letter for the word after **etwas.**

Secondhandshops – this is a good example of the way in which German likes to import English words.

3 Was sagen die Leute pro Mode und contra Mode?

List the pros and cons of fashion according to the four people in **Übung 1**.

Pro (+)	Contra(-)
– Mode ist ein Ausdruck unserer Zeit	– die Leute sollen immer mehr kaufen

Sprachinfo: adjective endings in German are a bit more complicated than in English. So far we have dealt with the endings in the *accusative* after **ein, kein, dein**, etc.:

masc.	Werner hat einen mechanisch**en** Wecker gekauft.	**en**
fem.	Renate hat eine alt**e** Platte gekauft.	**e**
neut.	Annett hat ein neu**es** Hemd gekauft.	**es**

This is what happens to the endings when we use **sein** (*to be*).

masc.	Das ist ein billig**er** Rock.	**er**
fem.	Das ist eine modisch**e** Frisur.	**e**
neut.	Das ist ein modern**es** Outfit.	**es**

As you can see, these endings are the same as for the accusative, except for the masculine nouns. This case is called the *nominative*.

In the plural, when there is no article, the ending on the adjective is the same for both the nominative and the accusative:

nom.	Das sind toll**e** Sachen!	**e**
acc.	Ihr habt toll**e** Sachen auf dem Flohmarkt gekauft.	**e**

Reminder: endings are only required when the adjective goes in front of a noun.

4 Üben Sie die Adjektivendungen

Die Idee ist gut. → Das ist eine gute Idee.

a) Der Film war langweilig.
b) Der Kaffee ist stark.
c) Das Buch ist interessant.
d) Das Problem ist schwierig.
e) Der Computer ist neu.
f) Die Leute sind unfreundlich.
g) Das Hotel ist billig.
h) Die Frage ist kompliziert.

5 Frau Martens ist Verkäuferin in einem Kaufhaus

Was denkt sie über Mode? Hören Sie, was sie sagt. Was stimmt?

a) Sie sagt, Verkäuferin ist ein interessanter / anstrengender Beruf.
b) Die Arbeit im Haushalt ist langweilig / anstrengend.
c) Ihr Sohn findet Computer-Spiele interessant / langweilig.
d) Sie findet, sie ist ein modischer / kein modischer Typ.
e) Die Töchter von Frau Martens finden die Mode wichtig / unwichtig.
f) Kunden sind immer freundlich / manchmal unfreundlich / oft unfreundlich.

B Was tragen die Leute?

6 Wer trägt was?

die Farben	*colours*		
blau	*blue*	**rot**	*red*
braun	*brown*	**schwarz**	*black*
grau	*grey*	**weiß**	*white*
grün	*green*	**gelb**	*yellow*

Make yourself familiar with the German names for clothes, opposite. In the brackets after each item of clothing, you'll find the colours of the items you'll need for the following exercise (along with some imagination, as the colours all have to be shown in shades of black and white).

Richtig oder falsch? Korrigieren Sie die falschen Sätze.

a) Der Mann trägt einen dunkelbraunen Anzug und eine gelbe Krawatte.
b) Außerdem trägt er ein weißes Hemd, einen grauen Mantel und schwarze Schuhe.
c) Die Frau trägt eine gelbe Bluse und eine dunkelbraune Jacke.
d) Außerdem hat sie einen dunkelblauen Rock, weiße Strümpfe und weiße Schuhe an.
e) Das Mädchen trägt eine blaue Jeans, ein weißes T-Shirt, eine rote Baseball-Mütze und weiße Turnschuhe.
f) Der Junge trägt eine blaue Jeans, ein gelbes T-Shirt, eine grüne Baseball-Mütze und grüne Turnschuhe.

der Anzug (blau)

die Krawatte (rot)

das Hemd (weiß)

der Mantel (grau)

(rot)

die Mütze (gelb)

das T-Shirt (weiß)

die Hose

die Schuhe (schwarz)

(blau)

die Turnschuhe (weiß)

die Bluse (gelb)

die Jacke (braun)

der Gürtel

der Rock (braun)

die Strümpfe (gelb)

(grün)

die Jeans (schwarz)

(gelb)

Hose, Jeans:

Note that in English both *trousers* and *jeans* are plural, but in German **Hose** and **Jeans** are singular:

> Ich habe heute eine neue Hose gekauft.
> Wo ist meine alte Jeans?

7 Lesen und Lernen

Sagen Sie es eleganter! Instead of using **und** to list two items of clothing, there is a more elegant way in German to say what people are wearing, using **mit** (*with*). See in the following example how this works and how it affects the adjective:

Er trägt einen dunkelblauen Anzug mit	einem	grauen Mantel.
	einer	roten Krawatte.
	einem	weißen Hemd.
	–	schwarzen Schuhen.

Sprachinfo: as you know, certain words, like **mit** and **von** are followed by the dative case. Here are the adjective endings you need for the dative, after the indefinite articles.

Masc.	Werner trägt ein weißes Hemd mit einem schwarz**en** Anzug.	**en**
Fem.	Anna trägt einen braunen Rock mit einer gelb**en** Bluse.	**en**
Neut.	Florian trägt eine rote Jacke mit einem blau**en** Hemd.	**en**

In the dative plural you add **-(e)n** not just to the adjective, but also to the noun, if possible.

Er trägt einen schwarzen Anzug mit schwarz**en** Schuh**en**.   **en**

If you are listing a number of items, then the preposition determines the case not only of the first item but also of the following items as well:

Martin trägt ein blaues Hemd mit einer dunkelblau**en** Hose, einem schwarz**en** Mantel und schwarz**en** Schuh**en**.

As you can see, in this example all three items listed after **mit** are in the dative case.

8 Wie heißt es richtig?

Ergänzen Sie.

a) Die Frau trägt eine gelbe Bluse mit einer dunkelbraun.. Jacke und ein.. braun.. Rock.

b) Außerdem trägt sie braune Strümpfe mit braun.. Schuh.. .

c) Das Mädchen trägt eine blaue Jeans mit ein.. weiß.. T-Shirt, ein.. rot.. Baseball-Mütze und weiß.. Turnschuh.. .

d) Der Junge trägt eine schwarze Jeans mit ein.. grün.. T-Shirt, ein.. gelb.. Baseball-Mütze und gelb.. Turnschuh.. .

e) Der Mann trägt einen dunkelblauen Anzug mit ein.. rot.. Krawatte.

f) Außerdem trägt er ein weißes Hemd mit ein.. grau.. Mantel und schwarz.. Schuh.. .

9 Guter Geschmack, schlechter Geschmack

Lesen Sie den Text und beantworten Sie die Fragen in Übung 10.

Einladung zur Bad-Taste-Party

Liebe Freunde,

Wie jedes Jahr feiern wir diesen Juni wieder
unsere Geburtstage mit einer großen Party.
Und wie jedes Jahr haben wir auch ein besonderes
Motto! Nein, dieses Mal ist es nicht Dracula
(war das letztes Jahr nicht fantastisch?
All der Tomaten-Ketchup und das viele Knoblauch?).
Das Motto für dieses Jahr heißt: Bad-Taste. Wer kein
Englisch kann: das bedeutet ,Schlechter Geschmack'.
Also: holt die alten Hemden, Blusen, Röcke,
Sonnenbrillen aus dem Schrank. Je häßlicher,
schrecklicher, älter – desto besser.
Und wir haben auch einen tollen Preis für die Person,
die am schlechtesten, am häßlichsten aussieht.
Also – seid kreativ!
Und natürlich gibt es wie immer auch tolle
Musik zum Tanzen.

Also, bis zum 24.
Jutta und Christian

PS: Bringt etwas zum Trinken mit! Dosen-Bier von Aldi,
Lambrusco, Liebfrauenmilch?

Einladung (-en)	*invitation*	**das Knoblauch**	*garlic*
feiern	*to celebrate*	**häßlich**	*ugly*

10 Richtig oder falsch? Wie heißen die richtigen Antworten?

a) Jutta und Christian machen jeden Monat eine Party.

b) Das Motto für die letzte Party war Dracula.

c) *Bad taste* heißt auf Deutsch *schlechter Geschmack*.
d) Die Person, die am schönsten aussieht, bekommt einen Preis.
e) Die Gäste bringen etwas zum Essen mit.

11 Helfen Sie den Leuten

Was können die Gäste anziehen? See what ideas you can come up with to help guests prepare for the Bad-Taste-Party.

> Man kann eine alte grüne Hose mit einem braunen Hemd und einer gelben Krawatte tragen.

Try to be as creative as possible in your answers!

12 Was für Kleidung tragen die Leute?

Richard Naumann stellt die Fragen. Hören Sie zu und ergänzen Sie die Tabelle.

	bei der Arbeit, an der Uni	zu Hause	was sie gern tragen	was sie nicht gern tragen
Mareike Brauer **Günther Scholz**				

Nützliche Ausdrücke	
Bei der Arbeit …	trage ich meistens einen Rock mit einer Bluse, einen Anzug, ein weißes Hemd, etc.
Bei der Arbeit muss ich …	eine grüne / blaue Uniform tragen.
An der Universität …	trage ich gern eine Jeans mit einem weißen Hemd / einem dunklen Pullover.
Zu Hause …	trage ich am liebsten bequeme Kleidung.
Ich mag …	helle, dunkle Farben, bequeme Kleidung.
Ich trage nicht gern …	Jeans, Röcke, Blusen, Krawatten, etc.

13 Und jetzt Sie! Im Kaufhaus

Sie sind in Kaufhaus und suchen einen Anzug. Ein Verkäufer hilft Ihnen.
Bereiten Sie ihre Antworten vor und spielen Sie dann Ihre Rolle auf der
Audio-Aufnahme.

Verkäufer	Guten Tag. Wie kann ich Ihnen helfen?
Sie	*(Return his greeting and say that you are looking for a new suit.)*
Verkäufer	So, einen neuen Anzug suchen Sie? Und welche Farbe? Schwarz? Grau?
Sie	*(Say you'd like a **grey** suit – for a party.)*
Verkäufer	So, bitte schön. Hier haben wir graue Anzüge.
Sie	*(Say you're looking for something fashionable.)*
Verkäufer	Tja, wenn es um Mode geht – dann haben wir hier Anzüge von Armani und Versace.
Sie	*(Say fine, but Italian suits are very expensive.)*
Verkäufer	Ja, das stimmt. Aber die Qualität ist auch sehr gut.
Sie	*(Agree with him and say that it is a very fashionable party in New York.)*
Verkäufer	Dann nehmen Sie doch am besten einen Anzug von Armani.

Tips zur Aussprache

At the end of a word the letter **g** is in German pronounced more like an
English *k*:

Tag   Ausflug   Anzug   mag

At the end of a word **ig** is pronounced like **ich**:

billig   ruhig   zwanzig   langweilig   Honig

As soon as the **g** is no longer at the end of the word or syllable it is
pronounced as a **g**:

Tage   Ausflüge   Anzüge   mögen

■ How would you pronounce these words? sag, sagen, fünfzig, ledig.

📷 Grammatik

1 etwas, was / alles, was

To say *something that* or *everything that* in German, you need **etwas, was** and **alles, was**:

> Gibt es etwas, was Sie nicht gerne anziehen?
> *Is there something that you don't like wearing?*

> Ich trage alles, was bequem ist.
> *I wear everything that is comfortable.*

Sometimes you can leave out the word *that* in English – *Is there something you don't like wearing?* In German you always have to keep the word **was**.

Note that there is a comma before the word **was**.

2 Adjective endings

Here is a summary of the adjective endings that you have met in recent **Lektionen**:

	masculine	feminine	neuter	plural
nominative	Das ist ein teurer Mantel.	Das ist eine gute Idee.	Ist das ein neues Hemd?	Das sind tolle Sachen.
accusative	Er hat einen teuren Mantel.	Ich habe eine gute Idee.	Hast du ein neues Hemd?	Ihr habt tolle Sachen.
dative	... mit einem schwarzen Mantel.	... mit einer gelben Bluse.	... mit einem neuen Hemd.	... mit schwarzen Schuhen.

Note that all these endings apply when the adjective follows the indefinite article (**ein, eine**, etc.), **kein** or the possessive adjectives (**mein, dein, Ihr**, etc.).

The endings would be different if the adjectives followed the *definite* articles (**der, die, das**). More on this in the next **Lektion**!

◢ Mehr Übungen

1 Endungen. Ergänzen Sie bitte.

   a) **Verkäuferin** Ich arbeite in ein.. groß.. Kaufhaus in München. Bei d.. Arbeit trage ich ein.. schwarz.. Rock und ein.. weiß.. Bluse. I.. Winter trage ich zu.. schwarz.. Rock auch ein.. schwarz.. Jacke.

   b) **Student** Im Moment arbeite ich bei Burger King und muss ein.. häßlich.. Uniform tragen. An d.. Uni trage ich aber immer ein.. blau.. Levi-Jeans mit ein.. modisch.. T-Shirt. Mir gefallen am besten amerikanisch.. oder britisch.. T-Shirts. Alt.. Sachen vo.. Flohmarkt gefallen mir manchmal auch.

2 Beantworten Sie die Fragen. Write out your answers to these questions.

Beispiel Was tragen Sie normalerweise bei der Arbeit / an der Universität?

Bei der Arbeit trage ich normalerweise ...

   a) Was tragen Sie am liebsten zu Hause?

   b) Was tragen Sie gern, was tragen Sie nicht gern?

   c) Haben Sie eine Lieblingsfarbe?

   d) Ist Mode wichtig für Sie?

   e) Sie gehen zu einer Bad-Taste-Party. Was ziehen Sie an?

19 | UND WAS KANN MAN IHNEN SCHENKEN?
And what can we give them?

In this unit you will learn to:
- read invitations to various events
- say what is given to whom
- ask for help and advice

Language points:
- indirect objects
- various uses of the dative
- adjectival endings (III)

A Einladungen und Geschenke

1 Einladungen

Lesen Sie die Einladungen und finden Sie die deutschen Wörter für *birthday party, wedding, barbecue, house-warming party*.

Susanne Fröhlich   Michael Hartmann

Wir heiraten am Samstag, dem 8. Mai, um 14.30 Uhr in der Elisabethkirche, Marburg.

Zu unserer Hochzeit laden wir Sie herzlichst ein.

Ahornweg 31
35043 Marburg

Hauptstraße 48
35683 Dillenburg

Peter wird nächsten Samstag

8

Jahre alt.

Das wollen wir natürlich feiern mit
einer ganz tollen Kindergeburtstagsparty,
mit Kuchen und vielen Spielen.

Wir fangen um 15.00 Uhr an. Bringt auch eure Eltern mit.

Die Adresse: Familie Schäfer, Am Bergkampe 4

Lange haben wir gesucht und endlich unser Schloss gefunden. Darum
möchten wir euch, liebe Bärbel, lieber Georg zu unserer

HAUSEINWEIHUNGSFEIER

am 80. November, um 20.00 Uhr einladen.

Unsere neue Adresse: 90482 Nürnberg, Waldstraße 25.
Unsere neue Telefonnummer: 378159

Viele Grüße
Uschi und Matthias Hasenberg

Mareike und Jörg Schwichter   Krummer Weg 12   24939 Flensburg
Tel. 55 32 17

Liebe Susanne, lieber Gerd

bevor der Winter kommt, wollen wir noch einmal eine Grill-Party in
unserem Garten machen.
Der Termin: der letzte Samstag im Monat, der 27. September, ab 19.00
Uhr.
Könnt ihr kommen?
Natürlich gibt es nicht nur Fleisch, sondern wir haben auch Essen für
Vegetarier.
Bringt doch bitte einen Salat mit. Alles andere haben wir.

Alles Gute
Eure Schwichters

PS. Wie war es denn in Spanien? Habt ihr viel Spaß gehabt?

heiraten	to marry
einladen	to invite
feiern	to celebrate
das Schloss (¨er)	castle
die Feier (-n)	celebration

2 Lesen Sie den Text noch einmal und beantworten Sie die Fragen

Richtig oder falsch? Korrigieren Sie die falschen Aussagen.

a) Susanne und Michael heiraten am 28. Mai in Marbach.

b) Familie Schäfer feiert nächsten Samstag Peters achten Geburtstag.

c) Uschi und Matthias haben ihren idealen Garten gefunden.

d) Susanne und Gerd wollen in ihrem Haus eine Bad-Taste-Party machen.

e) Vegetarier müssen ihr Essen mitbringen.

Deutschland-info:

FEIERN *CELEBRATING*

Special occasions are generally celebrated with enthusiasm in Germany. Families make great efforts to get together for birthdays; some people travel long distances to be present.

Weihnachten, *Christmas*, is celebrated in the traditional way. Christmas markets throughout Germany provide seasonal decorations, food and drink. The **Christkindlmarkt** in Nuremberg is perhaps the most famous of these markets.

Silvester, *New Year's Eve,* is celebrated with fireworks and **Sekt** (a champagne-like fizzy wine). New Year's Day is a public holiday in Germany – some people need this in order to get over their **Kater** (*hangover*).

The period before Lent is celebrated in Germany – especially in the Catholic areas – as **Karneval** (in the Rheinland), **Fastnacht** (around Mainz) and **Fasching** (in Bavaria). People disguise themselves in fancy-dress costumes and generally lose their inhibitions. The main parties and processions take place on **Rosenmontag**, the Monday before Shrove Tuesday and Ash Wednesday. The world-famous carnival procession in Cologne is well worth seeing.

3 Und was kann man schenken?

Read how giving something to someone is expressed in German. Can you find out what case is needed and what the equivalents of **ihr**, **ihm** and **ihnen** are in English?

Sie bringt Blumen mit.
Sie bringt der Frau Blumen mit.
Sie bringt ihr Blumen mit.

Er schenkt eine Flasche Kognak.
Er schenkt dem Mann eine Flasche Kognak.
Er schenkt ihm eine Flasche Kognak.

Sie schenken einen Luftballon.
Sie schenken dem Kind einen Luftballon.
Sie schenken ihm einen Luftballon.

Sie haben ein Poster mitgebracht.
Sie haben den Leuten ein Poster mitgebracht.
Sie schenken ihnen ein Poster.

Sprachinfo: direct and indirect objects – you already know that the dative case is used after words like **mit** and **von**. It is also used after many verbs to indicate *to whom* something is being given or done. This part of the sentence is often referred to as the *indirect object*.

We now need to distinguish between *direct* and *indirect objects*. In the sentence:

> Frau Semmelbein schenkt ihrem Sohn einen Hund.

einen Hund is said to be the *direct object* of the verb **schenken** because it is directly associated with the act of giving, and **ihrem Sohn** is said to be the *indirect object* because it indicates *to whom* the object was given.

The direct object or the indirect object can also come in first place:

> Einen Hund schenkt Frau Semmelbein ihrem Sohn.
> Ihrem Sohn schenkt Frau Semmelbein einen Hund.

The basic meaning of these sentences remains the same; there is merely a change of emphasis. Note that in these examples the verb stays in the same place: as second idea in the sentence.

Sprachinfo: indirect object pronouns – words like **ihm** (*to*) *him* and **ihr** (*to*) *her* are called *indirect object pronouns*.

Wir schenken **ihm** eine CD.	*We're giving him a CD.*
Ihr schenken wir ein Buch.	*We're giving her a book.*

You have actually met some of these pronouns before in expressions such as

Wie geht es **Ihnen**?	Lit. *How goes it **to you**?*
Danke, **mir** geht's gut.	Lit. ***To me** it goes well.*

For a full list of these pronouns, see the **Grammatik** section.

4 Ihr, ihm oder ihnen?

Setzen Sie die fehlenden Wörter ein.

a) Beate hat Geburtstag. Marcus schenkt ___ eine CD.
b) Frank macht eine Party. Susi bringt ___ eine Flasche Sekt mit.
c) Steffi und Caroline haben Hunger. Ihre Mutter kauft ___ Pommes frites.
d) Svenja fährt nach Österreich. Ihr Bruder gibt ___ einen guten Reiseführer.

e) Christina und Robert heiraten. Herr Standke schenkt ___ eine neue Stereoanlage.

f) Herr Fabian wird 65. Seine Kollegen haben ___ eine Geburtagskarte geschrieben.

5 Was bringen wir der Familie mit?

Saskia und ihre Schwester Sys waren für drei Wochen in New York. Morgen fahren Sie nach Deutschland zurück. Große Panik: Sie müssen noch Geschenke für ihre Familie kaufen!

Hören Sie: Was schenken sie ihrer Mutter, ihrem Vater, der Großmutter, Tante Heide und Onkel Georg? Warum?

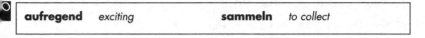

| **aufregend** | *exciting* | **sammeln** | *to collect* |

Die Geschenke: eine Schallplatte von Frank Sinatra, ein U-Bahn-Plan, ein Bademantel, Turnschuhe, eine Baseball-Mütze.

Wem?	Was bringen sie mit?	Warum?
Mutter	Sie bringen ihr eine Platte von Frank Sinatra mit.	Sie ist ein großer Fan von Sinatra.
Vater	Sie bringen ihm …	_____ ?
Oma	_____ ?	_____ ?
Tante Heidi	_____ ?	_____ ?
Onkel Georg	_____ ?	_____ ?

B Können Sie mir etwas empfehlen?

6 Mehr nützliche Ausdrücke mit dem Dativ. Read the following useful expressions in which the dative occurs.

Können Sie mir helfen?	*Can you help me?*
Könnten Sie mir etwas empfehlen?	*Could you recommend me something?*
Gefällt Ihnen / dir das T-Shirt?	*Do you like the T-shirt?*
Gefallen Ihnen / dir die Hemden?	*Do you like the shirts?*
Können Sie mir sagen, wie spät es ist?	*Can you tell me what the time is?*
Wie geht es Ihnen / dir?	*How are you?*

🔲 **Sprachinfo**: **useful phrases using the dative** – apart from the direct object the dative is also after certain verbs in German (like **helfen**, **gefallen**), which are automatically followed by the dative case:

> Sie hilft der Frau. Sie hilft ihr.

Furthermore, it occurs in some expressions, where often the meaning of *to* is expressed:

> Können Sie mir sagen, wie spät es ist?   *Can you say **to me** (i.e. tell me) …?*
>
> Können Sie mir etwas empfehlen?   *Can you recommend something **to me**?*

7 Was passt zusammen?

Welche Antwort passt zu welcher Frage?

a) Können Sie mir helfen?	1 Es gefällt mir nicht. Es ist zu teuer.
b) Gefällt Ihnen das Hotel?	2 Ihm geht es nicht so gut.
c) Können Sie mir ein Buch für meine Tochter empfehlen?	3 Die gefallen mir nicht. Die sind schrecklich.
d) Gefällt dir Berlin?	4 Natürlich helfe ich Ihnen.
e) Wie geht es Frau Hansen?	5 Das kann ich Ihnen sagen, fünf nach vier.
f) Können Sie mir sagen, wie spät es ist?	6 Es ist eine tolle Stadt.
g) Wie geht es Sven?	7 Ihr geht es wieder besser.
h) Gefallen dir die Bilder?	8 Ich empfehle Ihnen ‚Winnie, der Bär'.

🎧 8 In der Parfümerie ‚Alles für die Frau'. Hören Sie zu.

Lesen Sie den Dialog und beantworten Sie die Fragen.

a) Wem möchte Herr Kern etwas schenken?
b) Wie teuer sind die Parfüms?
c) Warum nimmt er keine Tasche?
d) Gefällt ihm der weiße Schal?
e) Welchen Schal nimmt er?

Herr Kern	Guten Tag. Können Sie mir helfen?
Verkäuferin	Ja, natürlich.
Herr Kern	Ich suche ein Geschenk für meine Frau. Können Sie mir etwas empfehlen?

Verkäuferin	Hier haben wir zum Beispiel das neue Parfüm von L'Oreal ‚Ägyptischer Mond' oder das bezaubernde ‚Ninette'. Beide kosten nur 99,99 DM.
Herr Kern	Mmh, Parfum ... das ist immer schwierig. Was gibt es denn sonst noch?
Verkäuferin	Nun, wir haben hier zum Beispiel diese wunderbaren Damen-Taschen im Angebot.
Herr Kern	Sie meinen die braunen Taschen hier?
Verkäuferin	Gefallen sie Ihnen?
Herr Kern	Nun ja, die kleine Tasche hier ist schön, aber meine Frau hat schon eine.
Verkäuferin	Wie ist es denn mit einem Schal? Diese hier sind alle aus echter Seide. Beste Qualität.
Herr Kern	Der weiße Schal gefällt mir nicht. Der sieht ein bisschen zu altmodisch aus. Aber der rote hier gefällt mir. Und der blaue ist auch sehr schön.
Verkäuferin	Nun, welche Haarfarbe hat denn Ihre Frau?
Herr Kern	Blond.
Verkäuferin	Dann nehmen Sie lieber den blauen Schal. Das sieht besser aus.
Herr Kern	Wenn Sie meinen. Vielen Dank für Ihre Hilfe.
Verkäuferin	Gern geschehen. Bitte zahlen Sie da drüben an der Kasse.

Sprachinfo: you might have realised that in this dialogue there are a number of adjective endings after definite articles (**der, die, das**) and that these are different from the pattern you met in the previous unit. Once you have mastered the endings after **ein** and **kein** these new endings will perhaps seem less challenging.

In the nominative singular all adjectives take an -**e**, regardless of their gender:

Der rot**e** Schal (*scarf*) ist schön. (masc.)
Die klein**e** Tasche gefällt mir. (fem.)
Das neu**e** Buch ist fantastisch. (neut.)

In the accusative singular all feminine and neuter forms take an -**e**, and the masculine -**en**:

Ich kaufe den rot**en** Schal. (masc.)
Ich möchte die braun**e** Tasche. (fem.)
Ich lese das neu**e** Buch von Follett. (neut.)

All forms in the dative take **-en**, as do all plural forms. For more examples see the **Grammatik** on page 204.

9 Adjektivendungen

Ergänzen Sie.

a) Die grün... Jacke finde ich toll.
b) Ja, aber die rot... Jacke finde ich noch besser.
c) Der neu... Film mit Julia Roberts ist katastrophal.
d) Ja, aber den neu... Film mit George Clooney finde ich fantastisch.
e) Das neu... Album von den Stones ist gut.
f) So? Die alt... Songs finde ich aber besser.

10 Ordnen Sie bitte zu

Here is a conversation between a salesperson and a customer. The salesperson's role is in the correct order, but the role of the customer needs rearranging.

Verkäufer	Kunde
a) Kann ich Ihnen helfen?	1 Ja, das gelbe gefällt mir. Das ist besser.
b) Ja, wie alt ist er denn?	2 Auf Wiedersehen.
c) Gefällt Ihnen das blaue T-Shirt?	3 Und was kostet es?
d) Gefällt Ihnen das gelbe hier besser?	4 Ja, gerne. Ich suche ein T-Shirt für meinen Enkelsohn.
e) Na, das ist schön.	5 Gut, das nehme ich dann.
f) 25,- DM.	6 Vorne links. Vielen Dank.
g) Ja, bitte zahlen Sie an der Kasse. Da vorne links.	7 Mmh, das ist ein bisschen langweilig. Haben Sie nicht etwas Modernes?
h) Auf Wiedersehen.	8 Acht Jahre. Können Sie mir etwas empfehlen?

11 Und jetzt Sie! In der Buchhandlung

Sie suchen ein Buch über New York. Ein Verkäufer hilft Ihnen. Bereiten Sie Ihre Antworten vor und spielen Sie dann die Rolle auf der Audio-Aufnahme.

Verkäufer	Guten Tag.
Sie	*(Return his greetings and ask if he can help you.)*
Verkäufer	Ja, natürlich. Was kann ich denn für Sie tun?
Sie	*(Say you are looking for a book about New York. Could he recommend something?)*
Verkäufer	Ja, hier haben wir zum Beispiel den neuen Reiseführer von Merian. Sehen Sie einmal. Gefällt er Ihnen?
Sie	*(Say no. You don't like it.)*
Verkäufer	Hier ist das neue New York Buch von Hans Fischer.
Sie	*(Say you like that. Ask how much it costs?)*
Verkäufer	24,80 DM.
Sie	*(Say you'll take the book. Ask if they've got the new book by Umberto Eco?)*
Verkäufer	Ja, natürlich. Ich hole es Ihnen.
Sie	*(Say thank you and ask where the cash point is?)*
Verkäufer	Gern geschehen. Die ist gleich hier vorne. Auf Wiedersehen.

🪗 Grammatik

1 *The dative case*

Here is a summary of the three main uses of the dative case:

■ After certain prepositions
  a) after **an**, **auf**, **hinter**, **in**, **neben**, **über**, **unter**, **vor**, **zwischen** when the focus is on position or location.
    Wir haben auf **dem** Markt ein interessantes Buch gekauft.
  b) always after **aus**, **bei**, **mit**, **nach**, **seit**, **von**, **zu**.
    Ich fahre immer mit **dem** Fahrrad **zur** Schule.

■ To indicate to whom something is being given, done, etc. In other words to indicate the indirect object.
  Meinem Freund schenke ich einen neuen CD-Spieler zum Geburtstag.

■ Verbs such as **helfen**, **empfehlen** and **gefallen** are followed by the dative.
  Kann ich **Ihnen** helfen? Können Sie **mir** etwas empfehlen? Hat es **dir** gefallen?

2 Personal pronouns in the dative

Here is a summary of the personal pronouns in the dative case:

Singular		Plural	
ich → mir	**Mir** geht's gut.	wir → uns	**Uns** geht's sehr gut.
du → dir	Wie geht's **dir**?	ihr → euch	Wie geht's **euch**?
Sie → Ihnen	Hoffentlich geht's **Ihnen** morgen besser.	Sie → Ihnen	Wir wünschen **Ihnen** allen eine gute Reise.
er → ihm (masc.)	**Ihm** geht's heute nicht so gut.		
sie → ihr (fem.)	**Ihr** geht's jetzt viel besser.	sie → ihnen	**Ihnen** geht's wirklich sehr gut.
es → ihm (neut.)	**Ihm** (dem Kind) geht's leider nicht so gut.		

3 Adjective endings after der, die, das

■ nominative

masc.   Der neue Film mit de Niro ist sehr gut.
fem.   Die neue CD von Oasis ist fantastisch.
neut.   Ist das neue Buch von Eco wirklich gut?
plural   Die neuen Modelle von BMW sind sehr modern.

■ accusative

masc.   Hast du den neuen Film mit de Niro gesehen?
fem.   Hast du schon die neue CD von Oasis gehört?
neut.   Hast du das neue Buch von Eco gelesen?
plural   Hast du schon die neuen Modelle von BMW gesehen?

■ dative

masc.   In dem neuen Film spielt auch John Travolta.
fem.   Er hat mit der alten Band von Dylan gespielt.
neut.   In dem neuen Buch gibt es ein Happy-End.
plural   Er ist mit den neuen Modellen von BMW gefahren.

✅ Mehr Übungen

1 Was kann man den Personen schenken? Write down what one could give these people as a present. Choose an appropriate gift from the list or find one yourself.

- eine Flasche Wein
- ein Computer-Spiel
- ein Buch über Indien
- eine CD von Maria Callas
- Turnschuhe
- ein Buch über Blumen und Pflanzen

a) Herr Koch, 65 (liebt klassische Musik).
b) Gisela Anders, 25 (geht gern ins Kino, findet Indien toll).
c) Gerd Schmücke, 40 (ist ein großer Fußballfan, joggt viel).
d) Heinz und Martha Schmidt, 53 und 50 (essen und trinken gern).
e) Heide, 12 (liest gern, mag Natur).
f) Peter, 12 (arbeitet viel am Computer).

Beispiele

a) Man kann ihm eine CD von Maria Callas schenken.
b) Man kann ihr _____ , etc.

2 Wer bekommt was? *Markus is giving up his student flat to study for a year in America. Who should he give these things to?*

Tip: der → den im Akkusativ; siehe auch oben im Grammatik-Teil (Direct and Indirect Objects).

Beispiel

a) → 4 **Den** teuren CD-Spieler schenkt er sein**em** älter**en** Bruder.

a) der teure CD-Spieler	1 Seine neue Freundin mag junge, amerikanische Film-Stars.
b) die alte Katze	
c) das informative Buch über englische Grammatik	2 Sein jüngerer Bruder mag Computer-Spiele.
d) der alte Computer	3 Seine Großmutter mag Tiere.
e) das tolle Poster von Brad Pitt	4 Sein älterer Bruder mag Musik.
f) der schöne Hibiskus	5 Seine Mutter mag Hauspflanzen.
	6 Sein guter Freund, Jörg, mag Fremdsprachen.

20 | GESUNDHEIT!
Health!

In this unit you will learn how to:

discuss health
name parts of the body
report on aches and pains

Language points:

modal verbs
wenn + verb at end of clause

A Leben Sie eigentlich gesund?

1 Was glauben Sie: Was ist gesund? Was ist ungesund?

Ordnen Sie zu. Write down what you consider to be healthy and unhealthy.

viele Hamburger essen ✩ regelmäßig joggen ✩ Salate essen ✩ fernsehen und Kartoffelchips essen ✩ zweimal in der Woche schwimmen gehen ✩ ein Glas Rotwein pro Tag trinken ✩ Fahrrad fahren ✩ jeden Tag vier Flaschen Bier trinken ✩ fünf Stunden ohne Pause vor dem Computer sitzen ✩ lange spazieren gehen

gesund	ungesund
regelmäßig joggen	■ *viele Hamburger essen*
_____	■ _____
_____	■ _____
_____	■ _____

Können Sie mehr Beispiele finden? Was ist noch gesund und ungesund?

2 Wie kann man es sagen? Benutzen Sie wenn.

Beispiele Ich denke, es ist gesund, wenn man regelmäßig joggt.
Ich finde, es ist ungesund, wenn man viele Hamburger isst.

Schreiben Sie noch sechs andere Sätze mit den Beispielen aus der Tabelle.

Read the **Sprachinfo** and then write six more sentences using the same pattern as the example. Use the table in Übung 1 for ideas.

Sprachinfo: **wenn** can mean *if* or *when*. It sends the verb to the end of that part of the sentence which begins with **wenn**:

Ich denke, es ist gesund, **wenn** man jeden Tag spazieren **geht**.

Note the comma in front of **wenn**.

Wenn can also come at the beginning of a sentence. Look what happens to the verbs when this happens:

Wenn das Wetter schlecht **ist**, **fahre** ich mit dem Bus zur Arbeit.

In this case the two verbs need to be separated with a comma.

3 Was denken Sie?

Schreiben Sie Ihre Meinung. Write down what you personally think. Of course, opinions may differ on the answers!

Beispiel Ist es gesund, wenn man 12 Stunden pro Tag vor dem Computer sitzt?
Nein, es ist nicht gesund, wenn man 12 Stunden pro Tag vor dem Computer sitzt.

a) Ist es gut, wenn man manchmal einen Schnaps trinkt?
b) Ist es schlecht, wenn man zu viel Fernsehen sieht?
c) Ist man altmodisch, wenn man keine Jeans trägt?
d) Ist es ungesund, wenn man jeden Tag fünf Tassen Kaffee trinkt?
e) Ist es gesund, wenn man viermal pro Woche ins Fitness-Center geht?
f) Ist es schlecht, wenn man den ganzen Sonntag im Bett bleibt?

4 Tun Sie genug für Ihre Gesundheit?

krank	*ill, sick*	**der Rücken**	*back*
das Gewicht	*weight*	**das Tauchen**	*diving*
das Fett	*fat*		

Vier Leute erzählen, ob sie genug für Ihre Gesundheit tun. Lesen Sie die folgenden Texte und beantworten Sie die Fragen:

a) Wer joggt abends?
b) Wer möchte mehr relaxen?
c) Wer hat früher Volleyball gespielt?
d) Wer lebt sehr gesund?
e) Wer treibt viel Sport?
f) Wer darf nicht mehr Ski fahren?

Tun Sie genug für Ihre Gesundheit?

Gabriela Tomascek, 21, Designerin
Ich treibe viel Sport, spiele Fußball, Handball, ein bisschen Tennis. Ich rauche nicht, trinke sehr wenig Alkohol. Außerdem esse ich gesund, viel Salate und Obst. Ja, ich denke ich tue genug. Ich fühle mich sehr fit und bin nur selten krank. Nächstes Jahr will ich vielleicht einen Fitness-Urlaub machen.

Michael Warnke, 45, Computer-Programmierer
Ich habe Probleme mit dem Herz und meinem Gewicht. Der Arzt sagt, ich darf nicht mehr rauchen und soll auch weniger Fett essen. Außerdem soll ich auch mehr Sport treiben, denn ich sitze den ganzen Tag am Computer. Im Moment jogge ich abends, aber am Wochenende will ich auch mehr mit dem Rad fahren.

Marianne Feuermann, 49, Bankkauffrau
Ich habe im Moment Rückenprobleme und soll viel schwimmen gehen. Meistens schwimme ich vier- bis fünfmal pro Woche. Früher habe ich oft Volleyball gespielt. Meine Ärztin hat mir gesagt, ich darf nicht mehr Volleyball spielen. Ich darf leider auch nicht mehr Ski fahren. Ich hoffe, es geht mir bald wieder besser, denn ich treibe sehr gerne Sport und will wieder aktiver leben.

Egbert Schmidt-Tizian, 53, Verkäufer
Meine Frau ist eine Sport-Fanatikerin. Im Sommer Windsurfen und Tauchen im Roten Meer, im Winter Ski fahren in den Alpen und ich muss immer mit. Mein Arzt hat schon gesagt, ich soll nicht mehr so viel Sport machen, denn das ist nicht gut für mich. Ich glaube, ich tue zu viel im Moment. Ich will mehr relaxen. Ich brauche mehr Freizeit.

Sprachinfo: modal verbs. In **Lektion 11** you met the modal verbs **können** and **müssen**. Here are some more verbs of this kind:

wollen (*to want to, to plan to*)

> Wir wollen nächstes Jahr in die Schweiz fahren.
> *We plan to go to Switzerland next year.*

dürfen (*to be allowed to*)

> Darf ich noch Volleyball spielen?
> *Am I still allowed to play volleyball?*
> Ich darf nicht mehr rauchen.
> *I'm not allowed to smoke any more.*

sollen (*should*)

> Mein Arzt sagt, ich soll weniger Fett essen.
> *My doctor says I should eat less fat.*

Like **können** and **müssen**, these new modal verbs are quite irregular. To check the right forms, look at the **Grammatik**, page 217, where you can also revise **können** and **müssen**.

5 Wie geht es den Personen? Was sollen sie tun?

	Was tun sie im Moment?	Was dürfen sie nicht tun?	Was sollen sie tun?	Was wollen sie tun?
Gabriela	——	✕	✕	will vielleicht einen Fitness-Urlaub machen
Michael	_____	darf nicht mehr rauchen	_____	_____
Marianne	geht vier-bis fünfmal schwimmen	_____	_____	_____
Egbert	_____	✕	soll nicht mehr so viel Sport machen	_____

6 Verbinden Sie:

	darf nicht mehr Ski fahren.
Gabriela Tomascek	will mehr Freizeit haben.
Michael Warnke	fühlt sich sehr fit.
Marianne Feuermann	soll mehr Sport treiben.
Egbert Schmidt-Tizian	darf nicht mehr rauchen.
	soll weniger Sport treiben.

7 Sollen, wollen, dürfen

Was passt am besten?

a) Herr Kaspar ist zu dick. Die Ärztin sagt, er ___ weniger essen.

b) Frau Meier liebt Italien. Sie ___ nächstes Jahr nach Neapel fahren.

c) Peter ist morgens immer müde. Seine Mutter sagt, er ___ früher ins Bett gehen.

d) Beate Sabowski hat Herzprobleme. Der Arzt sagt, sie ___ nicht mehr rauchen.

e) Kinder unter 16 Jahren ___ den Film nicht sehen.

f) Man ___ nicht zu viel Kaffee trinken.

g) Im Sommer fahre ich nach Argentinien. Vorher ___ ich ein wenig Spanisch lernen.

B Wehwehchen

8 Lesen und Lernen Körperteile

der Kopf

die Haare

die Nase

die Zähne

der Mund

die Lippen

das Auge

das Gesicht

die Zunge

das Ohr

der Hals

die Brust

der Busen

der Arm

der Bauch

der Rücken

der Finger

die Hand

das Bein

das Knie

der Fuß

die Zehe

die Ferse

9 Was tut hier weh?

wehtun	*to hurt, ache*
Mein Kopf tut weh.	*My head hurts / aches.*
Meine Augen tun weh.	*My eyes are aching / hurt.*

Sprachinfo: to say *her arm, my head*, etc. in German you can simply use **ihr Arm**, **mein Kopf**, etc.

Sometimes with verbs like **wehtun** a different structure is used:

Ihr tut der Arm weh.	*Her arm hurts.*
Mir tut der Kopf weh.	*My head aches.*

Welche Sätze passen zu welchem Bild? Ordnen Sie bitte zu:

a)

b)

c)

d)

e)

f)

g)

h)

1 Die Augen tun weh. Sie hat 10 Stunden am Computer gearbeitet.
2 Sein Rücken tut weh. Er hat im Garten gearbeitet.
3 Der Hals tut weh. Er ist dick.
4 Sie hat eine Grippe: Kopfschmerzen und Fieber.
5 Der Zahn tut weh. Er muss zum Zahnarzt.
6 Ihm tut nichts weh. Er ist topfit.
7 Ihr Arm tut weh. Sie hat zu viel Tennis gespielt.
8 Ihr Kopf tut weh. Sie hat zu viel Wein getrunken. Sie hat einen Kater.

Nützliche Ausdrücke   Wie kann man es anders sagen?

Mein Zahn tut weh.	→	Ich habe Zahnschmerzen.
Sein Rücken tut weh.	→	Er hat Rückenschmerzen.
Ihr Hals tut weh.	→	Sie hat Halsschmerzen.
Meine Ohren tun weh.	→	Ich habe Ohrenschmerzen.

---

10 Beim Arzt

Frau Philipp ist bei ihrer Ärztin. Lesen Sie den Dialog.

Richtig oder falsch? Was ist richtig?
a) Frau Philipp hat Rückenschmerzen.
b) Die Schmerzen hat sie schon seit sechs Wochen.
c) Sie arbeitet viel am Computer.
d) Die Ärztin verschreibt ihr 10 Massagen.
e) Frau Philipp darf nicht mehr schwimmen.
f) Die Ärztin sagt, es ist sehr gefährlich.

Dr. Scior	Guten Tag, Frau Philipp, was kann ich für Sie tun? Was fehlt Ihnen?
Frau Philipp	Frau Scior, ich habe ziemlich starke Rückenschmerzen.
Dr. Scior	Oh, das tut mir Leid. Wie lange haben Sie die Schmerzen denn schon?
Frau Philipp	Fast vier Wochen, aber es wird immer schlimmer.
Dr. Scior	Arbeiten Sie denn viel am Schreibtisch?
Frau Philipp	Ja, wir haben ein neues Computer-System, und jetzt arbeite ich fast die ganze Zeit am Computer.
Dr. Scior	Kann ich bitte einmal sehen ... Also, der Rücken ist sehr verspannt. Treiben Sie denn Sport?

Frau Philipp	Nicht sehr viel. Im Moment spiele ich nur ein bisschen Volleyball.
Dr. Scior	Also Frau Philipp, ich glaube, es ist nichts Schlimmes. Ich verschreibe Ihnen 10 Massagen und auch etwas gegen die Schmerzen. Und Sie dürfen in den nächsten Wochen nicht Volleyball spielen, gehen Sie lieber zum Schwimmen.
Frau Philipp	Kann ich denn sonst noch etwas tun?
Dr. Scior	Ja, sie müssen bei der Arbeit bequem sitzen und der Schreibtisch muss die richtige Höhe haben. Das ist sehr wichtig.
Frau Philipp	Gut, vielen Dank.
Dr. Scior	Gern geschehen. Und gute Besserung, Frau Philipp.

Was fehlt Ihnen?   *What's the matter with you?*
verspannt   *seized up, in spasm*
verschreiben   *to prescribe*
Gern geschehen.   *You're welcome*
Gute Besserung!   *Get well quickly!*

Nützliche Ausdrücke		
Ich habe …	Magenschmerzen, Kopfschmerzen (etc.)	
Ich habe die Schmerzen …	seit zwei Tagen, seit einer Woche, seit einem Monat (etc.)	
Kann ich / Darf ich …	zur Arbeit gehen, aus dem Haus gehen … (etc.)	
Muss ich …	im Bett bleiben, ins Krankenhaus … (etc.)	?
Wie oft muss ich …	die Tabletten / die Tropfen nehmen … (etc.)	
Was kann ich / darf ich / darf ich nicht /soll ich …	essen, trinken, machen … (etc.)	

Deutschland-Info:

KRANKENVERSICHERUNG

In Britain you go to a GP first for almost any complaint and then get referred on to a specialist if necessary. In Germany you tend to choose a doctor appropriate for a given condition. You simply take along a **Krankenversichertenkarte** (*health insurance card*) and get the doctor to sign a form. This is then sent to your **Krankenkasse** (*health insurance fund*) who makes a payment on your behalf.

The **Allgemeine Ortskrankenkassen** (AOK) provide statutory health care for large numbers of people who are not insured privately or with their firm's insurance scheme.

As a British resident travelling to Germany you are insured for most treatments if you take your E111 form with you.

11 Verschiedene Ärzte

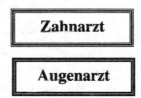

Zahnarzt

Augenarzt

Facharzt für Hals-Nasen-Ohren-Krankheiten

Arzt für Allgemeinmedizin

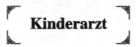

Kinderarzt

Ergänzen Sie bitte.

> **Beispiel**   Wenn man Zahnschmerzen hat, geht man zum **Zahnarzt**.

a) Mit den Kindern geht man zum _____ .
b) Wenn man Probleme mit dem Rücken hat, geht man _____ .
c) Wenn man Probleme mit den Augen hat, geht man zum _____ .
d) Wenn man Ohrenschmerzen hat, geht man zum _____ .
e) Wenn man zum Beispiel eine Grippe oder Fieber hat, geht man
    zum _____ .

12 Und jetzt Sie!

Spielen Sie die Rolle der Patientin / des Patienten.

Dr. Amm	Guten Tag. Wie kann ich Ihnen helfen? Was fehlt Ihnen?
Patient/in	*(Say that you've got quite bad throat pains.)*
Dr. Amm	Oh, das tut mir Leid. Wie lange haben Sie die Schmerzen denn schon?
Patient/in	*(Tell him for about three days and that it's getting worse.)*
Dr. Amm	Was sind Sie von Beruf, wenn ich fragen darf?
Patient/in	*(Say that you're a teacher.)*
Dr. Amm	Ach so! Lehrer haben oft Probleme mit dem Hals. In der Klasse müssen Sie oft zu viel sprechen, das ist nicht gut für den Hals.
Patient/in	*(Say yes, but what should you do?)*
Dr. Amm	Also ich verschreibe Ihnen Tabletten. Essen Sie auch viel Eis und trinken Sie viel Wasser. Fahren Sie bald in Urlaub?
Patient/in	*(Say yes, next week you're flying to Florida.)*
Dr. Amm	Gut, dann müssen Sie versuchen, ein bisschen zu relaxen. Und Sie dürfen nicht zu viel sprechen!
Patient/in	*(Say, all right and thanks very much.)*
Dr. Amm	Gern geschehen. Und gute Besserung.

Tips zur Aussprache

At the end of a word or syllable the letter **b** in German is pronounced more like an English *p*:

> gib   hab   Urlaub   halb   abholen   Obst

When the **b** is no longer at the end of the word or syllable it is pronounced as a *b*:

> geben   haben   Urlaube   halbe

■ How would you pronounce these words? ob, Ober, Herbst, schreibt, schreiben.

Grammatik

1 *Modal verbs*

You have now met all the main modal verbs. Here is a grid showing their present tense forms.

	dürfen *may*	**können** *can*	**müssen** *must*	**sollen** *should*	**wollen** *want (to)*
ich	darf	kann	muss	soll	will
du	darfst	kannst	musst	sollst	willst
Sie	dürfen	können	müssen	sollen	wollen
er/sie/es	darf	kann	muss	soll	will
wir	dürfen	können	müssen	sollen	wollen
Ihr	dürft	könnt	müsst	sollt	wollt
Sie	dürfen	können	müssen	sollen	wollen
sie	dürfen	können	müssen	sollen	wollen

Note that the **ich**-form does not end in -e like normal verbs (**ich komme, ich spiele**, etc.). And the **er / sie / es**- form does not end in -t (cf. **er kommt, sie spielt**, etc.).

Modal verbs are occasionally used on their own:

Ich kann sehr gut Englisch.	*I can speak English very well.*
Wir wollen morgen nach München.	*We want to go to Munich tomorrow.*

But they nearly always need a second verb and this is sent to the end of the sentence or clause:

Hier	darf	man leider nicht	parken.
Jetzt	müssen	wir nach Hause	gehen.
Wir	wollen	morgen nach Berlin	fliegen.
	(*modal*)		(*second verb*)

2 Wenn

As you saw earlier in this **Lektion**, **wenn** can mean *if* or *when* and it sends the verb to the end of the **wenn**-clause:

Mir gefällt es,   **wenn** die Sonne *scheint.*
                      wenn es im Winter *schneit.*
                      wenn es im Herbst windig *ist.*

Wenn es morgen Nachmittag *regnet,*
Wenn ich nicht zu viel Arbeit *habe,*   gehe ich ins Kino.
Wenn meine Freundin mitkommen *kann,*

The **wenn**-clause needs a comma either at the beginning or at the end, as in the examples given above.

☑ Mehr Übungen

1   **Dürfen** oder **können**? Bitte ergänzen Sie.
    Beispiel   Hier ___ man Luft und Wasser für das Auto bekommen.
                   Hier **kann** man Luft und Wasser für das Auto bekommen.

a) Werktags zwischen 7 und 19 Uhr ___ man bis zu 60 Minuten hier parken.
b) In diesem Geschäft ___ man Tee, Kaffee und Milch kaufen.
c) Wie alt sind Sie, wenn ich fragen ___ ?
d) Vor dieser Tür ___ man nicht parken.
e) In dieser Straße ___ man nur langsam fahren.
f) In diesem Theater ___ man nicht rauchen.

2   Join the pairs of sentences together, using **wenn**.
    Beispiel   Du willst länger schlafen? Dann musst du früher ins Bett gehen.
    Wenn du länger schlafen willst, musst du früher ins Bett gehen.

a) Du möchtest Englisch lernen? Dann musst du in eine Sprachschule gehen.
b) Bodo möchte ein altes Buch über Deutschland finden? Dann muss er auf dem Flohmarkt suchen.
c) Ihr wollt nächste Woche nach New York fliegen? Dann müsst ihr bald eure Tickets buchen.
d) Florian möchte am Wochenende zu Heikes Party gehen? Dann muss er nett zu ihr sein.
e) Marcus möchte ein Jahr in Madrid arbeiten? Dann muss er ja Spanisch lernen.
f) Sie haben kein Geld und keine Kreditkarte? Dann müssen Sie mit einem Scheck bezahlen.

21 | **WETTER UND URLAUB**
Weather and holiday

In this unit you will learn how to:

■ report on weather conditions
■ talk about past holidays

Language points:

■ revision of perfect tense
■ prepositions
■ past tense of the modal verbs

A Das Wetter

1 Lesen und Lernen

Die vier Jahreszeiten (*the four seasons*).

Der Frühling   Der Sommer   Der Herbst   Der Winter

2 Lesen und Lernen

Read these descriptions of weather conditons. Note the perfect tense forms of the verbs in the sentences in italics.

Die Sonne.

Heute scheint die Sonne.

Gestern hat die Sonne geschienen.

Der Regen.

Im Moment regnet es.

Letzten Herbst hat es viel geregnet.

Der Schnee.

Jetzt schneit es.

Im Winter hat es viel geschneit.

Der Wind.

Es ist heute windig.

Im Herbst war es windig.

Der Nebel.

Es ist morgens oft neblig.

In London war es früher sehr neblig.

Die Temperatur.

Hier beträgt die Temperatur 24 Grad.

Die Temperatur hat 10 Grad betragen.

3 Was für Wetter hatten Sie im Urlaub?

Hören Sie zwei Interviews. Wo waren die Leute im Urlaub? In welcher Jahreszeit waren sie dort? Wie hoch waren die Temperaturen? Wie war das Wetter: Hat es geregnet? Hat die Sonne geschienen? Hat es geschneit?

	Wo sie waren?	**Jahreszeit**	**Temperaturen**	**Wetter**
Bärbel Specht				
Jutta Weiss				

Was können Sie noch über die Personen sagen? Was haben sie gemacht?

4 Das Wetter in Europa

> **Nützliche Ausdrücke**
> **In Madrid ist es heiter, wolkig,**   *In Madrid it's fine, cloudy,*
>   **bedeckt...**   *overcast...*
> **In London gibt es Schauer, Gewitter**   *In London there is / are showers,*
>   **Schnee, Regen, Nebel...**   *thunderstorms, snow, rain, fog...*

Sehen Sie sich die Wetterkarte an und beantworten Sie die Fragen.

a) Wo ist es wärmer: in London oder in München?
b) Wie hoch sind die Temperaturen in Dublin?
c) Regnet es in Berlin?
d) Regnet es in Wien?
e) Wo gibt es in Europa Gewitter?
f) Wie ist das Wetter in Kairo?

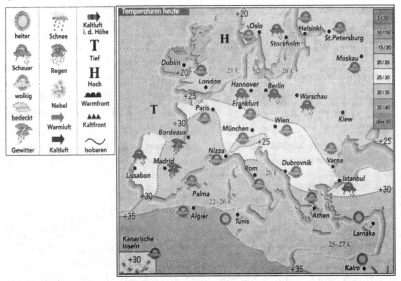

5 Der Wetterbericht im Radio

Welche Antwort stimmt?

a) Nachts sind es 8 bis 0 Grad / 0 bis minus 8 Grad.
b) Tagsüber sind es im Südosten 21 / 22 / 23 Grad.
c) Montag gibt es im Norden und Osten Wolken und Regen / Wolken, aber keinen Regen.
d) Dienstag gibt es in ganz Deutschland Sonne / Regen.
e) Am Mittwoch ist es schlechter / besser.

übrig *remaining*	**die Aussicht (-en)** *prospect,*
das Gebiet (-e) *area, region*	*outlook*

B Wie war Ihr Urlaub?

6 Wo waren Sie dieses Jahr im Urlaub?

Vier Leute erzählen, wo sie im Urlaub waren und was sie gemacht haben. Lesen Sie die Texte und beantworten Sie dann die Fragen.

liegen *to lie* (in the sun, etc.)	**die Ostsee** *the Baltic*
wiederkommen *to come again,*	**beenden** *to finish*
come back	**der Traum (¨e)** *dream*
der Berg (-e) *mountain*	

Wolfgang Schmidt, 47

Ich bin auf Mallorca gewesen, ein richtiger Strandurlaub. Ich habe tagsüber lange in der Sonne gelegen und bin ein bisschen geschwommen. Abends habe ich gut gegessen und bin manchmal in die Hotel-Bar gegangen. Man konnte auch richtiges deutsches Bier kaufen. Wie zu Hause. Das hat mir gut gefallen. Nächstes Jahr möchte ich wiederkommen.

Sieglinde Bosch, 42 und **Renate Bosch**, 47

Im Winter machen meine Schwester und ich jedes Jahr einen Skiurlaub und fahren in die Berge. Dieses Jahr waren wir in Kitzbühel, in Österreich, fantastisch. Der Schnee war gut, die Pisten ausgezeichnet. Wir sind jeden Tag mehrere Stunden Ski gelaufen. Nach dem Urlaub haben wir uns total fit gefühlt. Nächstes Jahr wollen wir vielleicht mal in die Schweiz fahren.

Gerlinde Wagner, 64 und **Hans-Jürgen Wagner**, 67

Dieses Jahr sind mein Mann und ich an die Ostsee gefahren, nach Travemünde. Das Wetter war eine Katastrophe. Wir hatten meistens Regen. Außerdem war es sehr kalt und wir konnten nur selten schwimmen gehen. Und teuer war es auch. Nein, nie wieder an die Ostsee. Nächstes Jahr fliegen wir lieber in den Süden, nach Spanien oder Griechenland.

Peter Kemper, 25

Nein, dieses Jahr habe ich keinen Urlaub gemacht. Ich habe gerade mein Studium beendet und suche jetzt einen Job. Das ist nicht einfach im Moment. Ich hoffe, nächstes Jahr habe ich mehr Geld. Dann würde ich gern nach New York fliegen. Das ist mein Traum. Ich liebe große Städte. Am liebsten mache ich Städtereisen. Vor zwei Jahren bin ich nach Mexiko-City geflogen.

a) Was hat Wolfgang Schmidt abends gemacht?

b) Konnte er nur spanisches Bier kaufen?

c) Wie oft machen Sieglinde und Renate Bosch einen Skiurlaub?

d) Wohin wollen sie nächstes Jahr im Urlaub fahren?

e) Wie war das Wetter für Gerlinde und Hans-Jürgen Wagner in Travemünde?

f) Wollen sie nächstes Jahr wieder nach Travemünde fahren?

g) Hat Peter Kemper nach seinem Studium schon einen Job gefunden?

h) Was hat er vor zwei Jahren gemacht?

Sprachinfo:

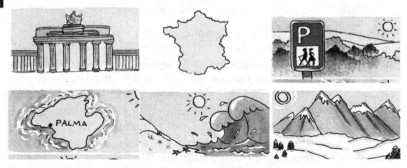

What prepositions do you use in German to say that you are going *to* a country or, for instance, *to* an island? These examples provide you with an overview of which prepositions to use and when.

a) Städte	Ich fahre **nach** Berlin.	Ich bin **in** Berlin.
b) Länder	Sie fährt **nach** Frankreich.	Sie ist **in** Frankreich.
	Aber:	Aber:
	Sie fährt **in** die Schweiz / **in** die Türkei.	Sie ist **in** der Schweiz / **in** der Türkei.
	Sie fährt **in** die USA.	Sie ist **in** den USA.
c) Land	Sie sind **aufs** Land gefahren.	Sie waren **auf** dem Land.
d) Insel	Sie sind **nach** Mallorca geflogen.	Sie waren **auf** Mallorca.
e) Meere	Er fährt **ans** Meer / **an** die Ostsee / **an** den Atlantik.	Er war **am** Meer / **an** der Ostsee / **am** Atlantik.
f) Berge	Sie fahren **in** die Berge.	Sie sind **in** den Bergen.
	Sie steigen **auf** den Berg.	Sie sind **auf** dem Berg.

7 Verben + Bewegung

Was passt am besten?

    Beispiel   in der Nordsee → schwimmen

a)	mit dem Flugzeug	schwimmen
b)	auf den Berg	laufen
c)	zu Fuß	fliegen
d)	mit dem Auto	spazieren gehen
e)	im Meer	steigen
f)	Ski	gehen
g)	im Park	fahren

8 Wie heißt das im Perfekt?

Tip: Remember when talking about past events in German you usually have to use the perfect tense form, using either **haben** or **sein** plus the past participle of the verb (**gemacht, gefahren,** etc.). Did you notice that in **Übung 6** many of the verbs indicate movement (**schwimmen, gehen, laufen,** etc.) and therefore take **sein**? Furthermore, there are also quite a few so-called strong verbs which usually show a vowel change in the past participle (e.g. **schwimmen → geschwommen**).

If you would like to remind yourself about the perfect tense, you could go back and have another look at **Lektion 15**.

Üben Sie bitte:

Beispiel Familie Grothe **ist** mit dem Auto nach Frankreich **gefahren**.

a) Er ___ zu Fuß nach Hause _____ .
b) Petra und Ulrike ___ jeden Tag vier Stunden im Meer _____ .
c) Frau Müller ___ fast jeden Tag Ski _____ .
d) Seppl Dreier ___ auf den Mount Everest _____ .
e) Diesmal ___ ich mit der Lufthansa nach London _____ .
f) Annette ___ viel mit dem Fahrrad _____ .
g) Er ___ im Stadtpark spazieren _____ .

Deutschland-Info

URLAUB UND FEIERTAGE

Many Germans nowadays are entitled to six weeks' paid holiday a year. They also enjoy numerous public holidays (**Feiertage**), most of which are religious in origin. The total number of **Feiertage** differs from **Land** to **Land**, but it tends to be among the highest in Europe. One public holiday, the **Buß- und Bettag** (*day of repentance and prayer*) was abolished in 1994 in every **Land** except Sachsen to help pay for a new insurance scheme aimed at caring for the disabled. German reunification is celebrated on 3 October with the **Tag der deutschen Einheit** (*day of German unity*).

---

9 Sie treffen einen alten Freund

Der Freund fragt Sie, was Sie letztes Jahr im Urlaub gemacht haben. Hier ist Ihre Geschichte:

> ‚Sie waren **letztes Jahr** in Heidelberg im Urlaub. **Sie** sind nur drei Tage geblieben. Sie haben **dort** in einer Jugendherberge gewohnt. Sie sind **abends** in eine Karaoke-Kneipe gegangen. Sie haben **in der Kneipe** ein Lied von Elvis Presley gesungen. Ein Produzent hat Sie **dort** gehört. Ihre Stimme hat **ihm** sehr gut gefallen. Sie sind **am nächsten Tag** mit ihm nach Berlin geflogen. Sie haben **in einem Studio** eine neue CD gemacht. Sie haben **dann** im Fernsehen und im Radio gesungen. Sie wollen **nächstes Jahr** in Las Vegas singen.‘

Write out your story, as you might have told it to your friend. Begin each sentence with the item in bold.

Beispiel **Letztes Jahr** war ich in Heidelberg im Urlaub.
　　　　　　　Ich bin nur ..., etc.

10   Und wie war dein Urlaub?

Lesen Sie, was Susanne im Urlaub gemacht hat. Sind die Aussagen richtig oder falsch?

a) Ihr Urlaub war wunderbar.
b) Die ersten Tage konnte sie nicht Ski fahren.
c) Dann hat es sehr viel geschneit.
d) Sie ist gegen einen anderen Skifahrer gefahren.
e) Sie musste eine Woche im Krankenhaus bleiben.
f) Jetzt geht es ihr wieder besser.

Peter	Hallo Susanne. Na, wie war dein Skiurlaub?
Susanne	Ach, Peter. Eine einzige Katastrophe.
Peter	Wieso, was ist denn passiert?
Susanne	Ach, die ersten Tage hatten wir viel zu wenig Schnee. Wir konnten also überhaupt nicht Ski fahren.
Peter	Oh, das ist ja ärgerlich. Und dann?
Susanne	Dann hat es so viel geschneit, dann durften wir zwei Tage nicht auf die Piste. Der Schnee war zu hoch.
Peter	Und dann?
Susanne	Dann konnten wir fahren, es war ideales Wetter. Aber weißt du, was mir passiert ist? Ich wollte einen neuen Hang ausprobieren, aber er war zu schnell für mich. Tja, und dann bin ich gegen einen Baum gefahren.
Peter	Gegen einen Baum? Wie schrecklich. Und musstest du ins Krankenhaus?
Susanne	Ja. Meine Beine haben mir wehgetan, aber es war nichts Schlimmes. Ich musste nur drei Tage im Krankenhaus bleiben. Aber Ski fahren durfte ich dann nicht mehr. Ich konnte nur noch spazieren gehen.
Peter	Das tut mir Leid. Und wie geht es dir jetzt?
Susanne	Jetzt geht es mir wieder gut. Aber nächstes Jahr, weißt du, da fahre ich im Winter lieber nach Teneriffa.

---

einzig	(here) complete, absolute	**aus|probieren**	to try out
überhaupt nicht	not at all	**gegen** + acc.	against
ärgerlich	annoying	**der Baum (⁻e)**	tree
der Hang (⁻e)	slope		

Sprachinfo: simple past tense – you may have noticed that in the last dialogue and in **Übung 6 war / waren** were used to mean *was / were*:

Das Wetter **war** eine Katastrophe.
Der Schnee **war** gut.
Dieses Jahr **waren** wir in Kitzbühel.

War / waren are the *simple past tense* forms of the verb **sein**.

The simple past forms of the verb **haben** – **hatte / hatten** – are also often used:

Ich **hatte** kein Geld.
Wir **hatten** meistens Regen.

Modal verbs are often found in the simple past tense:

können
Ich **konnte** einfach nicht wegfahren.
Man **konnte** auch richtiges deutsches Bier kaufen.
Wir **konnten** nur selten schwimmen gehen.

müssen
Ich **musste** nur drei Tage im Krankenhaus bleiben.
Er **musste** nach Köln fahren.

dürfen
Ich **durfte** dann nicht mehr Ski fahren.
Die Frau **durfte** sehr lange nicht mehr Volleyball spielen.

For an overview of these forms see the **Grammatik** section.

11 Und jetzt Sie! Wie war Ihr Urlaub?

Sie kommen aus dem Urlaub zurück. Ein Kollege fragt Sie, wie Ihr Urlaub war. Bereiten Sie Ihre Antworten vor und beantworten Sie dann die Fragen auf der Audio-Aufnahme.

Kollege	Ach, da sind Sie wieder! Und wie war Ihr Urlaub?
Sie	(*Tell him an absolute catastrophe.*)
Kollege	Wieso, was ist denn passiert?
Sie	(*Say that the first three days you had rain. So you couldn't go for walks.*)
Kollege	Oh, das war ja ärgerlich. Und dann?
Sie	(*Say that a friend and you drove into a tree with the car.*)
Kollege	Gegen einen Baum? Wie schrecklich. Und mussten Sie ins Krankenhaus?

Sie	*(Say yes, your legs hurt, but it was nothing bad.)*
Kollege	Und wie lange mussten Sie im Krankenhaus bleiben?
Sie	*(Say only two days, but you then had to come back home.)*
Kollege	Das tut mir Leid. Und wie geht es Ihnen jetzt?
Sie	*(Say that you're OK again now.)*

12 Trend: Kurztrip statt Strandurlaub

Die Deutschen machen oft Urlaub. Aber häufig fahren Sie nur für ein paar Tage weg. Wohin fahren Sie dann? Lesen Sie bitte den Text und beantworten Sie dann die Fragen.

Von je 100 Befragten, die in den letzten Jahren eine 2- bis 4tägige Städtereise unternommen haben, wählten als Reiseziel:

Paris	19
Berlin	17
München	12
Wien	10
Hamburg	10
London	10
Prag	8
Rom	6
Dresden	6
Amsterdam	5
Venedig	4
Köln	3
Budapest	2
Florenz	2
Kopenhagen	2
Istanbul	2

Trend: Kurztrip statt Strandurlaub

Lieber häufiger im Jahr für einige Tage wegfahren, als im Urlaub 3 Wochen lang an einem Ferienort bleiben. 22 Millionen Deutsche finden Kurztrips (vor allem Städtereisen mit dem Bus) spannender als eine große Reise. Das Ergebnis der „Gesamtdeutschen Tourismus-Analyse '97" zeigt auch: Absoluter Renner bei den Zielen für Wochenende-Trips ist immer noch Paris. Dann folgen Berlin, München, Wien und Hamburg.

Richtig oder falsch?

a) Immer mehr Deutsche machen kurze Urlaube.
b) 22 Millionen finden lange Urlaube besser.
c) Die meisten Kurztrips sind mit dem Bus.
d) Die meisten Städtereisenden fahren nach Paris.
e) Es fahren mehr Leute nach Amsterdam als nach London.

Grammatik

1 *Simple past tense*

As you saw earlier in this **Lektion**, the simple past tense forms are sometimes used instead of the perfect tense forms. This applies especially to **sein** and **haben** and to the modal verbs.

a) **sein and haben**

Here are the simple past tense forms of **sein** and **haben**, together with their perfect tense forms. There is really little or no difference in the meaning between the two forms:

Ich war letzten Sommer in Österreich.
Ich bin letzten Sommer in Österreich gewesen.
I was in Austria last summer.

Peter hatte diesen Sommer kein Geld.
Peter hat diesen Sommer kein Geld gehabt.
Peter had no money this summer.

	SEIN		HABEN	
	simple past	perfect	simple past	perfect
ich	war	bin gewesen	hatte	habe gehabt
du	warst	bist gewesen	hattest	hast gehabt
Sie	waren	sind gewesen	hatten	haben gehabt
er / sie / es	war	ist gewesen	hatte	hat gehabt
wir	waren	sind gewesen	hatten	haben gehabt
ihr	wart	seid gewesen	hattet	habt gehabt
Sie	waren	sind gewesen	hatten	haben gehabt
sie	waren	sind gewesen	hatten	haben gehabt

b) **modal verbs**

Modal verbs, too, are often used in the simple past tense. Here are the simple past tense forms of the modal verbs. For their meanings see the examples given beneath the grid.

	dürfen	können	müssen	sollen	wollen
ich	durfte	konnte	musste	sollte	wollte
du	durftest	konntest	musstest	solltest	wolltest
Sie	durften	konnten	mussten	sollten	wollten
er / sie / es	durfte	konnte	musste	sollte	wollte
wir	duften	konnten	mussten	sollten	wollten
ihr	durftet	konntet	musstet	solltet	wolltet
Sie	durften	konnten	mussten	sollten	wollten
sie	durften	konnten	mussten	sollten	wollten

Note that the umlaut found in the infinitive forms of **dürfen**, **müssen** and **können** is not found in the simple past tense forms.

Here are some examples of the modal verbs being used in the simple past tense:

dürfen

past tense meaning: *was / were allowed to*

Als Kind **durfte** ich nur eine Stunde pro Tag fernsehen.

*As a child **I was allowed to** watch TV for only one hour a day.*

können

past tense meaning: *could, was / were able to*

Im Winter **konnten** wir Ski laufen.

*In winter **we were able** to go skiing.*

müssen

past tense meaning: *had to*

Bernd **musste** gestern um 6 Uhr aufstehen.

*Bernd **had to** get up at 6 o'clock yesterday.*

sollen

past tense meaning: *was / were supposed to*

Ich **sollte** heute meine Eltern besuchen.

*I **was supposed to** visit my parents today.*

wollen

past tense meaning: *wanted to*

Hans und Inge **wollten** ins Kino mitkommen.

*Hans and Inge **wanted to** come to the cinema with us.*

Mehr Übungen

1   Welche Präpositionen fehlen?

München, am 3. September

Liebe Inga,

na, wie geht's? Dieses Jahr sind wir nicht _____ Indien geflogen oder _____ die Berge gefahren. Nein, wir haben Urlaub _____ der Ostsee gemacht, _____ der Insel Rügen. Rügen liegt im Norden, in der ehemaligen DDR. Das Wetter war gut, wir sind viel geschwommen. Es gibt sogar Berge, und wir sind _____ die Berge gestiegen. Außerdem haben wir einen Ausflug _____ Berlin gemacht. Dort war es natürlich auch sehr interessant. So viel hat sich verändert. Wir sind _____ Pergamon Museum gegangen und waren auch _____ Museum für Deutsche Geschichte.

Wie ist deine neue Wohnung?

Ich hoffe, es geht dir gut.

Bis bald und grüß alle!

Deine Martina

---

die ehemalige DDR   *the former GDR (German Democratic Republic, 1949–90)*

2   Setzen Sie die Modalverben in die richtige Form.

a)   Eigentlich ___ (wollen) ich gestern Abend ins Kino gehen, aber ich ___ (müssen) lange arbeiten.

b)   Im Hotel ___ (können) wir noch nach Mitternacht etwas zu trinken bekommen,

c)   Frau Schmidt ___ (sollen) schon letzte Woche zum Arzt gehen, aber leider ___ (können) sie nicht.

d)   Früher ___ (dürfen) man hier in der U-Bahn rauchen.

e)   ___ (müssen) Sie früher in der Schule Latein lernen?

22 TELEFONIEREN UND DIE GESCHÄFTSWELT
Telephoning and the business world

In this unit you will learn how to:

■ make and answer phone calls
■ say what belongs to whom

Language points:

■ revision of pronouns in the dative
■ various uses of the genitive

A Telefonieren

1 Lesen und Lernen

Was kann man sagen?

a) Sie sprechen direkt mit der Person:

Hallo, Bernd, bist du es?

Na klar, bin ich's.

Guten Tag, Herr Preiß. Hier spricht Frau Weber.

Ah, Frau Weber. Wie geht's?

Spreche ich mit Frau Schmidt?

Nein, hier ist Frau Lorch am Apparat.

b) Sie sprechen **nicht** direkt mit der Person:

Bist du es?	*Is that you?*	**verbinden**	*to connect, to put through*

2 Formell oder informell?

Welche Fragen sind formell, welche informell? Machen Sie eine Liste.

informell	**formell**
– Hallo, Bernd, bist du es?	– Guten Tag, Herr Preiß.
–	–
	–

Sprachinfo: you will have noticed that the word **Herr** has an **n** at the end in some of the examples. This is because **Herr** belongs to a group of nouns (called *weak nouns*) that add -**(e)n** in the accusative and dative:

Das ist Herr Schmidt.	*Nominative*
Kennen Sie Herrn Schmidt schon?	*Accusative*
Ich möchte mit Herrn Schmidt sprechen.	*Dative*

Other nouns that belong to this group include: **der Mensch, der Name, der Student**:

Bitte sagen Sie Ihren Namen.	*Accusative*
Können Sie diesem Studenten helfen?	*Dative*

3 Telefonanrufe

In welchen Dialogen (**1, 2** or **3**) sagen die Leute die Sätze? Hören Sie bitte und kreuzen Sie an.

Die Leitung ist besetzt.	*The line is busy / engaged.*		
zurückrufen	*to call back*		
eine Nachricht hinterlassen	*to leave a message*		
jemandem etwas ausrichten	*to give a message to someone*		

	1	**2**	**3**
Sie ist beim Zahnarzt.	☐	☒	☐
Die Leitung ist besetzt.	☐	☐	☐
Er ist auf Geschäftsreise.	☐	☐	☐
Soll sie zurückrufen?	☐	☐	☐
Wollen Sie warten?	☒	☐	☐
Wollen Sie eine Nachricht hinterlassen?	☐	☐	☐
Er möchte mich morgen zurückrufen.	☐	☐	☐
Ich bin zu Hause.	☐	☐	☐
Ich rufe später noch mal an.	☐	☐	☐

Hören Sie die Dialoge noch einmal.

a) Was macht Frau Dr. Martens gerade? (Dialog 1)
b) Wo ist Sandy und wann kommt sie wieder nach Hause? (Dialog 2)
c) Wo ist Peter Fink und wann ist er wieder im Büro? (Dialog 3)
d) Was möchte ihm Corinna geben? (Dialog 3)

4 Frage und Antwort

Was passt zusammen?

a) Ist Corinna da?

b) Können Sie Herrn Grün etwas ausrichten?

c) Spreche ich mit Frau Kemper?

d) Können Sie Julia sagen, ich habe angerufen?

e) Kann ich bitte mit Herrn Martin sprechen?

f) Bist du es, Renate?

1) Natürlich kann ich ihm etwas ausrichten.

2) Einen Moment. Ich verbinde.

3) Tut mir Leid, sie ist nicht zu Hause.

4) Natürlich bin ich es. Meine Stimme ist ein bisschen tief.

5) Ja, hier ist Kemper am Apparat.

6) Natürlich kann ich ihr das sagen.

> **Deutschland-Info:**
>
> ### TELEFONIEREN
>
> German speakers often answer the phone by saying their surname: **Schmidt** or **Schmidt am Apparat**. Even women will refer to themselves by their surname, as in the **Frage und Antwort** example: Ja, hier ist Kemper am Apparat.
>
> Using **du** or first names on the phone to someone you do not know is considered inappropriate.
>
> **Telefonkarten**, which were introduced in Germany in 1986, are widely available and, because they are produced in such great variety, are collectors' items.

5 Erinnern Sie sich?

Heißt es *ihr*, *ihm* oder *ihnen*? Setzen Sie das richtige Pronomen ein. Wollen Sie die Formen wiederholen? Dann gehen Sie zu **Lektion 19**.

Soll ich **Frau Martini** etwas sagen? → Soll ich **ihr** etwas sagen?

a) Ich sage es Herrn Lobinger. → Ich sage es ___.

b) Ich richte es meinem Sohn aus. → Ich richte es ___ aus.

c) Soll ich Susi und Tim eine Nachricht geben? → Soll ich ___ eine Nachricht geben?

d) Soll ich Frau Martens etwas ausrichten? → Soll ich ___ etwas ausrichten?

e) Sag Mutti bitte, ich bin um 5 Uhr da. → Sag ___ bitte, ich bin um 5 Uhr da.

Können Sie die Sätze ins Englische übersetzen?

6 Anrufbeantworter

Hören Sie den Anrufbeantworter von Familie Schweighofer. Welche Wörter fehlen?

Guten Tag. ___ ist der telefonische Anrufbeantworter von Evelyn und Michael Schweighofer. Wir sind im Moment ___ nicht da. Sie können uns aber gerne nach dem Pfeif-Ton eine ___ hinterlassen. Bitte sagen Sie uns Ihren ___ und Ihre ___ und wir ___ Sie dann so schnell wie möglich ___.

7 Wortspiel

Setzen Sie die fehlenden Wörter ein.

In der Mitte erscheint dann (fast) ein zwölftes Wort. Was ist es?

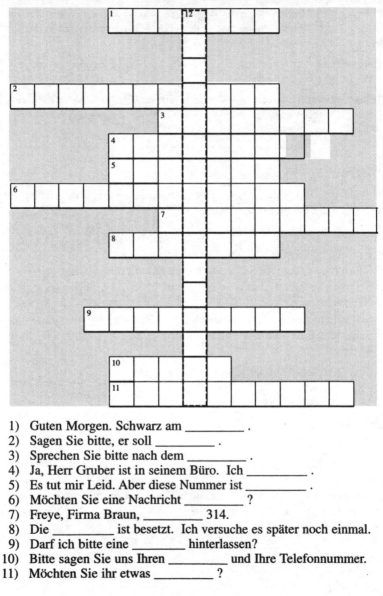

1) Guten Morgen. Schwarz am _____ .
2) Sagen Sie bitte, er soll _____ .
3) Sprechen Sie bitte nach dem _____ .
4) Ja, Herr Gruber ist in seinem Büro. Ich _____ .
5) Es tut mir Leid. Aber diese Nummer ist _____ .
6) Möchten Sie eine Nachricht _____ ?
7) Freye, Firma Braun, _____ 314.
8) Die _____ ist besetzt. Ich versuche es später noch einmal.
9) Darf ich bitte eine _____ hinterlassen?
10) Bitte sagen Sie uns Ihren _____ und Ihre Telefonnummer.
11) Möchten Sie ihr etwas _____ ?

B Arbeit im Büro

8 Der erste Tag in der neuen Firma
The first day in the new company

Frau Paul hat heute ihren ersten Tag in der Werbefirma ‚Pleinmann'. Herr Riha zeigt ihr die Firma. Lesen Sie, was er sagt und finden Sie heraus, wer in welchem Büro arbeitet. Schreiben Sie die Nummer der Büros auf.

der Raum (¨)e *room, space*	**der Grafiker (-)** *graphic artist*
der Texter (-) *copy-writer*	**der Chef (-s) / die Chefin (-nen)**
die Sekretärin (-nen) *secretary*	*head, boss*
daneben *next to that*	

a) Hier vorne rechts ist der Raum des Designers, Bernd Buck. Er hat in New York studiert.   Büro Nr. ___

b) Daneben ist das Büro der Texter, Michaela und Günther. Beide sind fantastisch, manchmal ein bisschen temperamentvoll.
                                                                        Büro Nr. ___

c) Hier vorne links ist das Büro der Sekretärin, Frau Schüller. Sie ist wirklich sehr nett.   Büro Nr. ___

d) Daneben ist das Büro des Grafikers, Herrn Meier-Martinez.
                                                                        Büro Nr. ___

e) Und ganz hinten links ist das Büro des Managers, Guido Kafka. Ein sehr intelligenter Mensch.   Büro Nr. ___

f) Gegenüber ist das Zimmer der Chefin, Frau Conrad.
                                                                        Büro Nr. ___

3		**4**
2		**5**
1	Frau Paul und Herr Riha ✗	**6**

Sprachinfo: Genitive – you might have been a bit surprised to find in **Übung 8** yet another new structure. This one is, however, relatively straightforward. It is the fourth and last of the cases in German, the so-called **genitive** case.

You have probably already worked out from the examples that the genitive indicates some kind of possession or ownership. The definite article in the genitive can be roughly translated as *of the*. So, **das Büro der Sekretärin** is *the office of the secretary* – in other words, *the secretary's office*. Here is an overview of the genitive case using the definite article.

Masc.	der Designer	Hier rechts ist der Raum **des** Designers.
Fem.	die Sekretärin	Hier vorne links ist das Büro **der** Sekretärin.
Neut.	das Büro	Herr Kafka ist der Manager **des** Büros.
Plural	die Texter	Daneben ist das Büro **der** Texter.

Note that with masculine and neuter nouns the definite article is **des** and the noun also adds an **-s**. In the feminine and all genders in the plural the definite article is **der**.

9 Am Abend versucht sich Frau Paul zu erinnern

When she gets home, Frau Paul tries hard to remember the layout of the office. How did she do?

Richtig oder falsch? Korrigieren Sie die falschen Aussagen.

Vorne rechts war das Büro der Sekretärin.
Antwort: Nein, vorne rechts war das Büro des Designers,

a) Links vorne war das Büro des Designers. Er hat in New York studiert.
b) Daneben befindet sich das Büro des Grafikers, Maier-Martinez.
c) Auf der rechten Seite in der Mitte war das Zimmer der Chefin, Frau Conrad.
d) Und ganz hinter rechts war der Raum des Managers, Guido Kafka.
e) Ganz hinten links war dann das Zimmer der Texter, Michaela und Günther.

10 Ergänzen Sie

Note that masculine and neuter nouns will need an **-s** and feminine nouns will not.

Der Name der Firma… ist Inter-Design.

a) Ich habe den Namen d... Designerin... vergessen.
b) Die Telefonnummer d... Kundin... ist 45 76 98.
c) Die Rechnung d... Hotel... war astronomisch.
d) Die Reparatur d... Computer... hat 3 Wochen gedauert.
e) Mir gefällt die Farbe d... neuen Firmenauto... nicht.
f) Die Anzahl d... Leute... ohne Arbeit beträgt über 4 Millionen.

Nützliche Ausdücke mit dem Genitiv
am Anfang der Woche	*at the beginning of the week*
Mitte der Woche	*in the middle of the week*
am Ende des Monats	*at the end of the month*
wegen einer Geschäftsreise	*because of a business trip*
trotz der Party	*in spite of the party*

Note that **wegen** (*because of*) and **trotz** (*despite*) are both prepositions.
They are both followed by the genitive case.

11 Ein Gespräch zwischen Frau Muth und Herrn Schneider

Sind die Aussagen richtig oder falsch?
a) Frau Muth hat im Moment viel zu tun.
b) Herr Schneider hatte am Anfang der Woche einen Termin mit ihr.
c) Er fährt auf Urlaub in die USA.
d) Am Donnerstag der nächsten Woche hat Frau Muth eine Launch-Party.
e) Sie machen einen Termin für Ende der Woche, für Freitag.

Lesen Sie den Text.

Herr Schneider   Guten Tag, Frau Muth. Hier ist Konrad Schneider von der Firma B.A.T.-Grafiks.

Frau Muth   Ja, Herr Schneider. Wie geht es Ihnen?

Herr Schneider   Danke, ganz gut. Und Ihnen?

Frau Muth   Sehr gut. Danke. Im Moment haben wir sehr viel Arbeit, wegen der Messe im Februar.

Herr Schneider   Frau Muth, wir hatten am Ende der Woche einen Termin. Es tut mir Leid, aber ich muss ihn wegen einer dringenden Geschäftsreise in die USA absagen.

Frau Muth   Ja, natürlich. Das ist kein Problem. Sollen wir gleich einen neuen Termin ausmachen?

Herr Schneider   Ja, gerne. Ich hole meinen Terminkalender.

Frau Muth	Passt es Ihnen denn Anfang der nächsten Woche?
Herr Schneider	Am Anfang der Woche habe ich schon einige Termine. Besser ist es Mitte der Woche oder am Ende. Vielleicht am Donnerstag.
Frau Muth	Donnerstagvormittag ist es schlecht, wegen einer Launch-Party für unser neues Produkt. Aber am Nachmittag, da geht es. Um 14.00 Uhr?
Herr Schneider	Das passt mir gut. Aber sind Sie sicher, trotz der Party am Vormittag?
Frau Muth	Kein Problem, Herr Schneider. Und wenn Sie Zeit haben, kommen Sie doch ein bisschen früher.

---

dringend	*urgent*	**Passt es Ihnen …?**	*Does it suit you …?*
ab|sagen	*to cancel*		
einen Termin ausmachen	*to make an appointment*	**Das passt mir gut.**	*It suits me very well.*

 ## 12 Und jetzt Sie!

Sie müssen einen Termin mit Frau Conrad von der Werbeagentur Pleinmann absagen. Schreiben Sie zuerst Ihre Antworten auf und benutzen Sie dann die Audio-Aufnahme.

Frau Schüller	Werbeagentur Pleinmann. Guten Tag.
Sie	*(Say good day and that you would like to talk to Frau Conrad.)*
Frau Schüller	Ja, einen Moment bitte. Ich verbinde.
Sie	*(Say thank you very much.)*
Frau Conrad	Conrad. Guten Tag.
Sie	*(Say your name. Tell Frau Conrad that you had an appointment for the beginning of the week.)*
Frau Conrad	Ja, das stimmt. Das war Montag, um 15.00 Uhr.
Sie	*(Say that you are very sorry, but you have to cancel the appointment.)*
Frau Conrad	Nun, das ist kein Problem. Wollen Sie gleich einen neuen Termin ausmachen?
Sie	*(Say yes and ask if the end of the week suits her.)*
Frau Conrad	Ja, das passt mir gut. Sagen wir Freitagmorgen um 10.00 Uhr?
Sie	*(Say you don't have any appointments for Friday morning. That suits you well. Say goodbye.)*

Tips zur Aussprache

In German the letter **a** is pronounced long in some words and short in others. Listen first to words that contain a short **a** and then to words that contain a long **a**:

an	machen	was	Dank	man
nach	Name	war	haben	sagen

You will probably find that you develop a feel for whether **a** should be long or short in a given word.

■ How would you pronounce these words – all of which you have met in the course? Hand, Nase, das, Grad, Tante, Hamburg.

Grammatik

1 *Genitive case*

The genitive case is used:

   a) to indicate possession or ownership and
   b) after certain prepositions.

Earlier in this **Lektion** you met the genitive forms of the definite article: **das Büro des Managers**, **die Telefonnummer der Kundin**, etc.

You also need to know the genitive forms of the indefinite article. Fortunately, the pattern is very similar to the one you already know. It is (**e**)**s** for masculine and neuter nouns and **-er** for feminine nouns. The same pattern also applies to the possessive adjectives (**mein, dein, Ihr**, etc,) and to **kein**.

masc.	eines	Was ist die Rolle eines Mannes in der heutigen Welt?
	meines	Das ist das Haus meines Lehrers.
fem.	einer	Herr Breitling ist Manager einer Firma in München.
	meiner	Das ist der Computer meiner Kollegin.
neut.	eines	Das Leben eines Kindes kann manchmal schwierig sein.
	meines	Die Nebenkosten meines Zimmers sind sehr günstig.
plural	------	
	meiner	Darf ich die Mutter meiner Kinder vorstellen?

As you can see from the examples, nouns of one syllable (like **Mann** and **Kind**) tend to add **-es** in the genitive and not just **-s**.

2 Adjective endings in the genitive

The ending on adjectives in the genitive is nearly always **-en**.

> Die Mutter mein**es** neu**en** Freund**es**. *The mother of my new (boy)friend.*
> Der Vater sein**er** neu**en** Freundin. *The father of his new girlfriend.*
> Das Büro unser**er** neu**en** Kollegen. *The office of our new colleagues.*

3 Prepositions + genitive

In this **Lektion** you met two prepositions that require the genitive: **wegen** (*because of*) and **trotz** (*despite, in spite of*).

Here are some more of the most commonly used prepositions + genitive followed by a few examples:

angesichts	*in view of*
(an)statt	*instead of*
ausschließlich / exklusiv	*exclusive of*
außerhalb	*outside of*
beiderseits	*on both sides of*
bezüglich	*concerning, with regard to*
diesseits	*on this side of*
einschließlich / inklusive	*inclusive of*
innerhalb	*inside of*
jenseits	*on the other side of*
laut	*according to*
während	*during*

Angesichts sein**er** schlecht**en** Gesundheit	*In view of his bad health*
Bezüglich Ihr**es** letzt**en** Brief**es**	*Concerning your last letter*
Inklusive all**er** Nebenkosten	*Inclusive of all extra costs*
Innerhalb unser**es** klein**en** Zimmers	*Inside the small room*
Während ihr**es** lang**en** Lebens	*During her long life*

☑ Mehr Übungen

1   Ordnen Sie bitte zu. Herr Kunz möchte mit Frau Nadolny sprechen. Was sagt Herr Kunz? *Herr Kunz wants to talk to Frau Nadolny. His role needs rearranging, but the role of the person at the other end of the line is in the correct order.*

Herr Kunz	**Sekretärin**
a) Einen kleinen Moment. Ich verbinde.	1 Guten Tag, Kunz. Ich möchte gern mit Frau Nadolny sprechen.
b) Es tut mir Leid, Frau Nadolny ist gerade in einem Meeting.	2 Wenn das möglich ist, gerne.
c) Das ist schwer zu sagen. Möchten Sie eine Nachricht hinterlassen?	3 Können Sie ihr sagen, sie möchte mich bitte zurückrufen.
d) Natürlich. Was soll ich ihr ausrichten?	4 Auf Wiederhören.
e) Gut. Hat sie Ihre Nummer?	5 Herr Kunz, Firma Bötticher, Anschluss 212.
f) Das ist vielleicht eine gute Idee.	6 Wie lange geht das Meeting denn?
g) Und wie lange sind Sie heute im Büro?	7 Ich bin bis 16:00 Uhr an meinem Schreibtisch.
h) Ich richte es ihr aus, Herr Kunz. Vielen Dank und auf Wiederhören.	8 Ich denke schon, aber ich kann sie Ihnen noch mal geben.

2   Sagen Sie es anders.

Beispiel   Die Schwester von meinem neuen Freund ist sehr arrogant.
Die Schwester **meines neuen** Freundes ist sehr arrogant.

a) Der Computer von meiner Kollegin ist fantastisch.
b) Das Auto von meinem Bruder fährt sehr schnell.
c) Die Firma von meinem alten Schulfreund war letztes Jahr sehr erfolgreich.
d) Die Kollegen von meinem Mann sind alle schrecklich langweilig.
e) Die Managerin von der exquisiten Boutique ‚La dame' kommt aus Krefeld.
f) Das Büro von unserem neuen Designer ist sehr chic.
g) Der Laptop von meinem Sohn hat auch einen Internet-Anschluss.
h) Die Ehepartner von meinen Kollegen sind alle furchtbar nett.

23 | STELLENANGEBOTE UND LEBENSLÄUFE
Job applications and CVs

In this unit you will learn how to:
■ read job advertisements
■ write a CV

Language points:
■ more on the simple past tense

A Stellenangebote

1 Lesen und Lernen

Suchen Sie eine Stelle? Lesen Sie zunächst die Stellenangebote und finden Sie heraus, was für Jobs es gibt.

A

Studentin / Student mit guten PC-Kenntnissen studien-begleitend für 2-3 Tage/Woche, für unsere PR-Agentur gesucht. Sie müssen journalistisches Talent sowie Büroerfahrung und PC-und Englischkenntnisse haben. Bewerbungen an: mail@joestpr. de oder anrufen bei **Unternehmensberatung Joest** Tel.:08806/92300

B

Musiker-Eltern (Bayer. Staatsoper u. Symphonieorch. des BR) suchen **engagierte Kinderfrau,** die zeitlich flexibel, 2-3 Vormittage u. 2–3 Abende, Nähe Westpark, 2 Kinder, ab Mai betreut. Der Junge ist Diabetiker u. braucht eine besondere Betreuung.

**Tel.: 089/54379004
Fr. Heidt**

C

Wegen einer plötzlichen Vakanz sucht das **MALLORCA MAGAZIN,** die deutsche Wochenzeitung auf Mallorca, möglichst per sofort versierten **LOKALREDAKTEUR** mit perfekten Spanischkenntnissen und mehrjähriger Berufserfahrung (andere Bewerbungen zwecklos). Eilangebote an: **MALLORCA MAGAZIN,** Redaktionsdirektion, Apartado de Correos 304, E- 07012 Palma de Mallorca, **Fax: 003471/714533**

D

Suche **lebenslustigen Koch,** ab April, für Café-Restaurant in Prenzlau/Brandenburg, der feine Fisch- u. vegetarische Gerichte mit Hingabe kocht.

Bewerbung bitte unter

Chiffre: ZS2073098 an SZ

E

Wir suchen zum sofortigen Eintritt rüstigen **Rentner / Frührentner,** auch weiblich, als **Nachtportier** Arbeitszeit nach Vereinbarung. Bewerbungen bitte an: **Hotel Mayer, Augsburger Str. 45, 82110 M ü n c h e n - G e r m e r i n g Tel.: 089/844071**

a) Office work for (female) students; b) a child minder; c) a magazine editor; d) a cook; e) a night porter.

2 Ordnen Sie zu.

Wie heißen die Sätze auf Englisch?

a) Er braucht eine besondere - - - - - ┐ *You have to have office*
   Betreuung.   ┊ *experience.*
b) Arbeitszeit nach Vereinbarung.   ┊ *Because of a sudden vacancy.*
c) Sie müssen Büroerfarung haben.   ┊ *To start immediately.*
d) Andere Bewerbungen zwecklos.   ▼ *He needs special care.*
e) Zum sofortigen Eintritt.   *Other applications (are) pointless.*
f) Wegen einer plötzlichen Vakanz.   *Working hours by agreement.*

3 Welches Stellenangebot ist es?

Lesen Sie die folgenden Sätze und finden Sie heraus, welcher Satz zu welchem Stellenangebot passt. Versuchen Sie, neue Wörter aus dem Kontext zu verstehen.

Beispiel Man sucht jemanden ab April. Er muss Spaß am Leben haben.

a) Wenn Sie diesen Job nehmen, müssen Sie nachts arbeiten. ___

b) Hier arbeiten Sie für ein deutschsprachiges Magazin, aber Sie müssen auch Spanisch sprechen. ___

c) Bei diesem Job müssen Sie zwei Kinder betreuen. Die Eltern spielen bei der bayerischen Staatsoper. ___

d) Wenn Sie vegetarisch kochen können, gefällt Ihnen vielleicht dieser Job. ___

e) Wenn Sie in einem südlichen europäischen Land arbeiten wollen, passt Ihnen vielleicht dieser Job. ___

f) Wenn Sie Englisch sprechen, mit einem Computer arbeiten können und Studentin sind, passt Ihnen dieser Teilzeit-Job. ___

die Kenntnis (-se) *knowledge*
begleiten *to accompany*
die Erfahrung (-en) *experience*
die Bewerbung (-en) *application*
engagiert *committed*
betreuen *to care for*
versiert *well versed*
der Redakteur / die Redakteurin *editor*

lebenslustig *full of the joys of life*
die Hingabe *devotion, dedication*
der Eintritt (-e) *entrance, start*
rüstig *sprightly*
der Frührentner / die -renterin *someone who has taken early retirement*

4 Wer bewirbt sich um welche Stelle?

Who is applying for which job? Match these people with the most suitable job in the advertisements above.

a) **Bernd Schulte**, 63, ist noch sehr fit. Er möchte einen Teilzeit-Job haben, und vielleicht nachts arbeiten.

b) **Bettina Hartmann**, 24, ist Studentin und muss nebenbei Geld verdienen. Sie spricht sehr gut Englisch und hat schon in verschiedenen Büros gearbeitet.

c) **Martina Wustermann**, 35, hat jahrelang bei Lokal-Zeitungen als Redakteurin gearbeitet. Sie spricht mehrere Fremdsprachen (Englisch, Französisch, Spanisch) und möchte jetzt im Ausland arbeiten.

d) **Jochen Kinsky**, 25, hat gerade eine Kochlehre beendet. Er ist Vegetarier und möchte für ein Restaurant in der Nähe von Berlin arbeiten.

e) **Silke Zehnder**, 28, interessiert sich für Kinder. Sie möchte einen Teilzeit-Job, der ihr Zeit für ihre Hobbys lässt. Sie geht auch gern mal ins Konzert.

B Lebensläufe

5 Lebenslauf I: Peter Frankenthal

Lesen Sie die den Lebenslauf von Peter Frankenthal.

der Werdegang *development, career*	**Die Lehre** *apprenticeship*
die Grundschule *primary school*	**der Bankkaufmann** *qualified bank clerk*
der Realschulabschluss *roughly equivalent to GCSE in the UK*	**der Filialleiter** *branch manager*
	fließend *fluent*

```
                          Lebenslauf
Name:            Peter Frankenthal
geboren:         29.07.1960 in  Frankfurt/Main
Nationalität:    deutsch
Familienstand:   verheiratet, 2 Kinder
Wohnort:         Mainz


Werdegang
1966 - 1970      Grundschule in Frankfurt
1970 - 1976      Schiller-Schule in Offenbach
                 Abschluss: Realschulabschluss
1976 - 1979      Bank-Lehre bei der Dresdner Bank in Offenbach
1979 - 1983      Bankkaufmann bei der Dresdner Bank
                 in Offenbach
1983 - 1992      Bankkaufmann bei der Commerzbank, Frankfurt
                 Besuch von Sprachkursen in Englisch
                 und Französisch
seit 1992        Filialleiter Commerzbank in Mainz-Süd


Besondere Kenntnisse
Englisch und Französisch fließend
Sehr gute Computerkenntnise
```

Richtig oder falsch? Korrigieren Sie die falschen Aussagen.

a) Herr Frankenthal ist ledig.
b) Er ist in Frankfurt geboren.
c) In Frankfurt hat er auch seinen Realschulabschluss gemacht.
d) Nach der Schule hat er gleich eine Lehre gemacht.
e) Seinen ersten Job hatte er bei der Commerzbank.
f) Von 1983 bis 1992 hat er wieder in Frankfurt gearbeitet.
g) Seit 1992 ist er Filialleiter.

Deutschland-Info:

LEBENSLÄUFE

The tabular format illustrated in Peter Frankenthal's CV is very widely used in Germany. What you are given here is the basic structure for a German CV. Some dictionaries (such as **The Oxford Duden German Dictionary**) offer help with the writing of a CV and of a letter of application for a job.

It is common pratice in German CVs to include the school you went to and the qualifications you gained. The system in Germany is slightly different. All pupils go to the **Grundschule** when they are about six, and then four years later, according to their attainment / abilities, transfer to one of various types of schools, where they do different courses and attend for different lengths of time: the **Hauptschule**, a bit like the British Secondary Modern School, where courses lead to the **Hauptschulabschluss**, the **Realschule**, leading to the **Realschulabschluss**, a bit like GCSEs in Britain; and the **Gymnasium** or grammar school, leading to the **Abitur**, which is roughly comparable to A-Levels.

6 Lesen und Lernen

Der Werdegang Peter Frankenthals. This time Peter has written out in full the details of his career. Read through his CV and underline all the verbs which you think are in the past tense. Don't worry if you find this difficult – you can check your answers below.

> Ich bin am 29. Juli 1960 in Frankfurt am Main geboren. Von 1966 bis 1970 ging ich in die Grundschule in Frankfurt. Danach wechselte ich auf die Schiller-Schule in Offenbach. 1976 machte ich dort den Realabschluss.
>
> Von 1976 bis 1979 machte ich eine Bank-Lehre bei der Dresdner Bank in Offenbach. Anschließend bekam ich eine feste Stellung als Bankkaufmann bei der gleichen Bank, wo ich dann bis 1983 arbeitete.
>
> 1983 wechselte ich auf die Commerzbank in Frankfurt, wo ich bis 1992 als Bankkaufmann tätig war. Von 1985 bis 1992 besuchte ich auch Sprachkurse in Englisch und Französisch.
>
> Seit 1992 bin ich Filialleiter bei der Commerzbank in Mainz-Süd.

7 Verben

Here are the simple past tense verbs that you might have underlined in Peter's CV. Can you figure out what the infinitive of these verbs might be?

Beispiel   ging ← **gehen**

a) wechselte ← _____
b) machte ← _____
c) bekam ← _____
d) arbeitete ← _____
f) war ← _____
g) besuchte ← _____

In the **Sprachinfo** you will learn more about these forms.

Sprachinfo: all the verbs in **Übung 6** are in the simple past form. This form is commonly used in German when people *write* about the past, whereas the perfect tense which you are probably quite familiar with by now is used more for the *spoken* language.

In **Lektion 21** you met the simple past tense forms of **sein, haben** and of **modal verbs**, which can be used for both the spoken and the written language.

In this **Lektion** you will learn about the simple past tense forms of other verbs. As you already know from **Lektion 15**, there are three main types of verb – weak, strong and mixed verbs. Here are the simple past tense forms for all three categories.

Note that for weak (regular) verbs a **-t** is added to the stem plus the endings you can find in the table.

Strong verbs usually change their vowel (gehen → ging, trinken → trank), which in many cases is similar to English (*drink → drank*), where this vowel change is also common.

A number of verbs (mixed verbs) change their vowel, but have the t-endings like the weak verbs, e.g bringen → **brachte** which is rather like the English *bring → brought*.

Note that the **ich** and **er, sie, es** forms of strong verbs add no endings.

For more about the simple past tense, see the **Grammatik** section.

8 Lebenslauf (II): Claudia Schulte

Claudia Schulte, von Beruf Journalistin, erzählt über ihr Leben. Hören Sie zu und versuchen Sie die Fragen zu beantworten:

a) In welchem Jahr ist sie geboren?
b) Was machte sie nach der Schule?
c) Wann machte sie ihr Praktikum?
d) Wo studierte sie?
e) Wie lange arbeitete sie bei *Der Tageszeitung*?
f) Seit wann arbeitet sie beim *Spiegel*?

Lesen Sie jetzt den Lebenslauf von Claudia Schulte. Hatten Sie recht?

```
Lebenslauf
Name:          Claudia Schulte
geboren:       1.6.1968 in Bremen
Nationalität:  deutsch
Familienstand: ledig
Wohnort:       Hamburg
Werdegang
1974—1978      Grundschule in Bremen
1978—1987      Heinrich-Heine Gymnasium in Bremen
               Abschluss: Abitur
1987—1988      Reisen durch Asien
1988—1989      Praktikum bei der Hamburger Zeitung
1989—1994      Studium der Journalistik an der Universität
               Hamburg
               Abschluss: MA phil
1994—1998      Journalistin bei der Tageszeitung in Berlin
seit 1998      Journalistin bei Der Spiegel in Hamburg
Besondere Kenntnisse
Englisch, Spanisch und Französisch fließend
```

9 Frau Schulte schreibt ihren Lebenslauf.

Helfen Sie ihr setzen die fehlenden Wörter ein.

arbeitete	**ging**	**machte**	**studierte**	**wechselte**
	reiste	**machte**	**zog**	**machte**

Ich bin am 1. Juni in Bremen geboren. Von 1974 bis 1978 _____ ich in die Grundschule in Bremen. Danach _____ ich auf das Heinrich-Heine

Gymnasium. 1987 _____ ich mein Abitur. Nach der Schule _____ ich durch Asien.

Von 1988 bis 1989 _____ ich ein Praktikum bei der *Hamburger Zeitung*.

Anschließend _____ ich Journalistik an der Universität Hamburg und 1994 _____ ich meinen Abschluss.

Nach dem Studium _____ ich von 1994 bis 1998 bei *der Tageszeitung* in Berlin.

1998 _____ ich wieder nach Hamburg und ich arbeite seitdem beim Nachrichtenmagazin *Der Spiegel*.

10 Und Ihr Lebenslauf?

Schreiben Sie einen tabellarischen Lebenslauf wie Herr Frankenthal oder Frau Schulte (**Übung 5** and **8**).

Scheiben Sie dann einen Lebenslauf wie Frau Schulte (**Übung 9**).

🖋 Grammatik

1 Zahlen (Wiederholung)

Numbers can be difficult to understand and produce, particularly when they are said quickly. Here is a reminder of a few points about German numbers.

The numbers 21–99 are 'back-to-front' compared with English numbers:

21 einundzwanzig, 37 siebenunddreißig, 98 achtundneunzig

The numbers 101–120 tend not to have an **und** to link them together:

101 hunderteins, 111 hundertelf, 120 hundertzwanzig

All numbers up to one million are written all as one word:

2 843   zweitausendachthundertdreiundvierzig
10 962   zehntausendneunhundertzweiundsechzig

Numbers after a million are written as follows:

4 800 543 vier Millionen achthunderttausendfünfhundertdreiundvierzig

Note that a comma is used in German where a decimal point would be used in English:

81,5 Millionen   man spricht: einundachtzig komma fünf Millionen.

2 Simple past tense

■ **Forms:** you learned about the various forms of the simple past tense in the **Sprachinfo** earlier in this **Lektion**. There are, however, still a couple of points to note.

■ **Weak verbs:** when the stem of an infinitive ends in a **-d**, **-t** or **-gn**, an extra **-e-** is needed before the endings are added:

antworten → ich antwortete; reden → ich redete;
begegnen (*to meet*) → ich begegnete

■ **Strong verbs:** an extra **-e-** is needed to 'oil the works' in the **du** and **ihr** forms when the **ich**-form end in a **-t** or a **-d**:

raten (*to advise*) → ich riet, du rietest, ihr rietet
finden → ich fand, du fandest, ihr fandet

■ **Uses:** you already know that the simple past tense is more often found in the written language than in the spoken language. This is because written language tends to be more formal than spoken language and the simple past tense does have a more formal flavour to it. A chatty letter to a friend, for instance, might well be written in the perfect tense which would be better suited to the less formal language.

Generally speaking, the simple past tense is mainly used in narrative fiction and non-fiction and in newspaper reporting. You will for instance find that German fairy tales, such as those of the Brothers Grimm, are all in the past simple.

But bear in mind that these are general rules. You will certainly find examples that seem to contradict what we have said here. For instance, the first sentence in newspaper reports is usually in the perfect tense, the rest is then in the simple past. Furthermore, it is sometimes claimed that the simple past tense is used in the ordinary spoken language more frequently in Northern Germany than it is in the South.

■ **Principal parts:** the forms of weak verbs are the only one you can predict. For strong and mixed verbs the forms have to be learned. When you learn a new strong or mixed verb, you really need to learn its so-called *principal parts*:

For a list of commonly found strong and mixed verbs see page 267.

☑ Mehr Übungen

1 Ergänzen Sie die Geschichte. *Complete this romantic story in which a 15-year-old has his first date.*

war	dachte	trank	sah	sagte	wartete
stand	kam	ging	schlug	waren	fuhr

An diesem vielleicht wichtigsten Dienstag in seinem Leben a)_____ Thomas (15) wie immer um 6.45 auf, b)_____ schnell einen Cappuccino, c)_____ zu seiner Mutter ‚Tschüs, Mutti' und d)_____ mit der U-Bahn zum Kurfürstendamm. Er e)_____ nämlich dort Schüler auf dem Gymnasium. An diesem Dienstag f)_____ er aber nicht in die Schule, sondern in die Kantstraße, wo er vor dem ‚Theater des Westens' auf Yazda g)_____. Er h)_____ an seine Mitschüler und Lehrer, die jetzt in der Schule i)_____. Dann j)_____ er sie um die Ecke kommen. Ihm k)_____ das Herz bis zum Hals. Sie l)_____ also doch.

2 Das Leben von Heinrich Böll. Schreiben Sie einen Lebenslauf des Schriftstellers Heinrich Böll. *Look back to Lektion 15, page 154 and use the information given to write a report of the famous German author in the past simple. For some strong verbs you might need to look up the correct forms in the list on page 267. Note that the first sentence stays the same in both versions:*

a) 1917 ist Heinrich Böll am 21. Dezember in Köln geboren.

b) Von 1924 bis 1928 besuchte er die Volksschule Köln-Raderthal.

Formation of the Simple Past Tense

Weak verbs spielen		**Strong verbs** gehen	
ich spielte	**-te**	ich ging	**-**
du spieltest	**-test**	du gingst	**-(e)st**
Sie spielten	**-ten**	Sie gingen	**-en**
er, sie, es spielte	**-te**	er, sie, es ging	**-**
wir spielten	**-ten**	wir gingen	**-en**
ihr spieltet	**-tet**	ihr gingt	**-(e)t**
Sie spielten	**-ten**	Sie gingen	**-en**
sie spielten	**-ten**	sie gingen	**-en**

24 | GESCHICHTE UND ALLGEMEINWISSEN
History and general knowledge

In this unit you will learn how to:

■ talk about German-speaking countries
■ talk about historical events

Language points:

■ subordinate clauses (with **dass**)
■ passive

A Was wissen Sie über Deutschland, Österreich und die Schweiz?

1 Lesen und Lernen

Ein Reporter fragt Leute über Deutschland, Österreich und die Schweiz. Lesen Sie die Interviews. Was passiert mit den Verben (**hat, kommen, liegt**), wenn die Leute **dass** benutzen?

Sprachinfo: the word **dass** can be useful when you want to introduce an opinion in German. It is very similar to that in English, except that **dass** sends the verb to the end of the sentence or clause, something you probably figured out yourself from the sentences in Übung 1:

Ich denke, **dass** St. Moritz in der Schweiz **liegt**.

When you use **dass** with the perfect tense, the **haben** or **sein** verb goes right at the end:

Ich glaube, **dass** Frau Schulte in Hamburg studiert **hat**.
Ich glaube, **dass** Frau Schulte nach dem Abitur durch Asien gereist **ist**.

Note that the **dass** part of the sentence starts with a comma.

You can leave out the word **dass** if you want to. The verb then comes earlier in the sentence:

Ich denke, Augsburg **liegt** in Süddeutschland.
Ich glaube, Frau Schulte **hat** in Hamburg studiert.
Ich glaube, Frau Schulte **ist** nach dem Abitur durch Asien gereist.

Nützliche Verben

meinen	*to think, to mean*	**denken**	*to think*
glauben	*to believe*		

2 Sagen Sie es komplizierter und benutzen Sie *dass*

Beispiel Ich denke, viele Touristen fahren nach Heidelberg.
→ Ich denke, **dass** viele Touristen nach Heidelberg **fahren**.

a) Ich meine, Frankfurt ist das Finanzzentrum von Deutschland.
b) Ich glaube, es gibt in Wien viele alte Kaffeehäuser.
c) Ich denke, München ist eine sehr schöne Stadt.
d) Ich glaube, die Schweizer haben viel Humor.
e) Ich denke, die Deutschen trinken viel Bier.
f) Ich meine, Deutschland ist ein sehr interessantes Land.

3 Haben Sie es gewusst?

Können Sie die folgenden Fragen beantworten? Before you read the text, try to answer the following questions using **dass** and the verbs from the previous exercises – **meinen, denken, glauben.** If you are absolutely sure you can say **Ich bin sicher, dass** … If you don't have any idea, use **Keine Ahnung**, a very useful expression.

Beispiel   Welches ist die größte Stadt in Deutschland?
             Ich bin sicher, dass Berlin die größte Stadt in Deutschland ist.
             Ich glaube, dass Berlin die größte Stadt in Deutschland ist.
             Keine Ahnung.

Now go through all the questions saying the answers out aloud, so that you get the feel of the verb coming at the end of the dass clause.

a) Welches Land ist größer: Österreich oder die Schweiz?
b) Wie heißt die Hauptstadt der Schweiz?
c) Wie viele offizielle Sprachen gibt es in der Schweiz?
d) Wie viele Städte kennen Sie in Österreich?
e) Wer ist in Salzburg geboren?
f) Wie viele Einwohner hat die Bundesrepublik Deutschland?
g) Wie heißt die Hauptstadt der Bundesrepublik?
h) Welche Stadt ist größer: Hamburg oder München?
i) Wo und wann findet das Oktoberfest statt?
j) Welche Stadt in Deutschland ist am multikulturellsten?

Lesen Sie jetzt den Text und überprüfen Sie Ihre Antworten. Versuchen Sie, die Vokabeln aus dem Kontext zu verstehen.

4 Fakten über Deutschland, Österreich und die Schweiz

Mehr als Lederhosen und Kuckucksuhren

Deutschland, Österreich und die Schweiz: das sind die drei Länder, wo man Deutsch als Muttersprache spricht. Aber es gibt auch noch einige andere Regionen, wo die Leute Deutsch sprechen, zum Beispiel in Belgien an der Grenze mit Deutschland, in Luxemburg, im Fürstentum Liechtenstein und in Südtirol, Italien. Deutschsprachige Minderheiten findet man auch in Kanada, den USA, Rumänien, und sogar in Namibia! Insgesamt sprechen etwa 110 Millionen Deutsch als Muttersprache.

Von den drei Ländern ist die Schweiz das kleinste: Sie umfasst 41 293 km² und hat 7,2 Millionen Einwohner. Die Hauptstadt ist Bern, nicht Zürich, aber Zürich ist die größte Stadt mit 361 000 Einwohnern. Interessant ist, dass man in der Schweiz vier Sprachen spricht: Deutsch, Französisch, Italienisch und Räteromanisch. Bekannt ist die Schweiz für ihre Uhren, Arzneimittel und für die Berge: ideal für einen Wanderurlaub im Sommer und einen Skiurlaub im Winter.

Österreich ist etwa doppelt so groß wie die Schweiz und umfasst 83 853 km² und hat 8,0 Millionen Einwohner. Die Hauptstadt ist Wien, mit 1,8 Millionen Einwohnern und Sehenswürdigkeiten wie das Schloss Schönbrunn, die Hofburg oder das Sigmund Freud-Haus. Andere Städte in Österreich sind Linz, Graz, Innsbruck und Salzburg. Salzburg ist die Geburtsstadt von Wolfgang Amadeus Mozart und viele Leute besuchen die Stadt im Sommer. Sehr beliebt sind die Mozart-Kugeln, eine Süßigkeit aus Marzipan.

Seit der Wiedervereinigung 1989 umfasst die Bundesrepublik Deutschland ingesamt 356 974 km² und hat 81,5 Millionen Einwohner. Seit dem 3. Oktober 1990 ist Berlin die neue Hauptstadt. Davor war es Bonn für die Bundesrepublik und Ost-Berlin für die chemalige DDR (Deutsche Demokratische Republik).

Berlin ist auch die größte Stadt in Deutschland, jetzt mit 3,46 Millionen Einwohnern.

Nach Berlin ist Hamburg die zweitgrößte Stadt mit 1,7 Millionen Einwohnern vor München mit 1,3 Millionen. München ist aber von allen Städten am beliebtesten: Die meisten Deutschen wollen hier leben, denn das Wetter ist meistens schön im Sommer und im Winter sind die Alpen nicht weit. Vielleicht gehen aber auch viele Leute gern in die Biergärten oder (im September!) aufs Oktoberfest.

Deutschland ist aber auch schon längst eine multikulturelle Gesellschaft: hier leben insgesamt 7,2 Millionen Ausländer, die meisten aus der Türkei (rund 2 Millionen), aber auch Menschen aus dem früheren Jugoslawien, Griechenland, Spanien, Italien, Irland, und aus der ehemaligen Sowjetunion. Unter den Ausländern gibt es auch Asylanten aus Ländern wie Afghanistan, Sri Lanka, Irak, Iran, usw. Prozentual hat Frankfurt am Main mit 29,1 Prozent die meisten Ausländer und ist am multikulturellsten.

die Grenze (-n) *border*	**die Sehenswürdigkeit (-en)**
das Fürstentum (¨er) *principality*	*sight (worth seeing)*
die Minderheit (-en) *minority*	**beliebt** *popular*
insgesamt *in total*	**die Wiedervereinigung**
um l fassen *to comprise*	*reunification*
bekannt *famous, well known*	**ehemalig** *former*
die Uhr (-en) *clock*	**der Ausländer (-)** *foreigner*
das Arzneimittel (-) *medicine*	**der Asylant (-en)** *asylum-seeker*

Ordnen Sie zu:

- Wiedervereinigung
- Mozart-Kugeln
- Uhren
- 81,5 Millionen Einwohner
- Oktoberfest
- vier Sprachen
- neue Hauptstadt
- 7,2 Millionen Einwohner

- Sigmund Freud-Haus
- Biergärten
- Arzneimittel
- Schloss Schönbrunn
- viele Leute aus der Türkei
- 8,0 Millionen Einwohner
- multikulturelle Gesellschaft
- etwa doppelt so groß wie die Schweiz

Beispiel

Schweiz	Österreich	Deutschland
Uhren	**Sigmund Freud-Haus**	**Wiedervereinigung**
(...)	(...)	(...)

5 Finden Sie die Zahlen

Beispiel Fläche der Bundesrepublik Deutschland: **356 974 km²**

a) Fläche von Österreich: ___
b) Fläche der Schweiz: ___
c) Einwohnerzahl von Deutschland: ___
d) Einwohnerzahl von Österreich: ___
e) Einwohnerzahl der Schweiz: ___
f) Deutsche Wiedervereinigung: ___
g) Seit wann Berlin Hauptstadt ist: ___
h) Ausländeranteil in Frankfurt: ___%

B Aus der Geschichte

6 Die Geschichte Deutschlands nach 1945

1945 wird der 2. Weltkrieg beendet.

Deutschland wird in 4 Zonen geteilt.

1948 wird die D-Mark eingeführt.

1949 wird in den 3 Westzonen die Bundesrepublik Deutschland
gegründet. In der Ostzone wird die Deutsche Demokratische
Republik gegündet.

1961 wird die Berliner Mauer gebaut.

1989 wird die innerdeutsche Grenze und die Berliner Mauer
geöffnet.

1990 wird Deutschland offiziell wiedervereinigt und tritt die DDR
der Bundesrepublik bei. Berlin wird als neue Hauptstadt
gewählt.

---

der Weltkrieg (-e) *World War*
teilen *to divide*
ein I führen *to introduce*
gründen *to establish, to found*
die Mauer (-n) *wall*

bauen *to build*
die innerdeutsche Grenze *the
  border between the two Germanies*
öffnen *to open*

Sprachinfo: the passive – there are usually two ways of looking at an
action. The sentence *The cat ate the mouse.* is said to be in the *active
voice*, whereas *The mouse was eaten by the cat.* is in the *passive voice*.

In the **Lesen und Lernen** section, **Die Geschichte Deutschlands nach
1945**, there are several examples of the present passive. For instance:

> 1945 **wird** der 2. Weltkrieg **beendet**.
> Deutschland **wird** in 4 Zonen **geteilt**.

How many more examples can you spot? You should be able to find seven
more.

The passive is also frequently used in the past, for instance to talk about inventions or historical events.

In German the passive is constructed by using the verb **werden** together with the past participle of the main verb.

Present passive	**1945 wird** Deutschland in vier Zonen **geteilt.**
	In 1945 Germany is divided into four zones.
Simple past passive	Am 13. August 1961 **wurde** die Berliner Mauer **gebaut.**
	On 13 August 1961 the Berlin Wall was built.
Perfect passive	1990 **ist** Berlin wieder als Hauptstadt **gewählt worden.**
	In 1990 Berlin was again chosen as the capital city.

7 Was passierte noch in der Welt?

Benutzen Sie das Passiv.

Beispiele   1945 unterzeichneten Stalin, Truman und Attlee das
              Potsdamer Abkommen.
         1945 **wurde** das Potsdamer Abkommen von Stalin,
              Truman und Attlee **unterzeichnet.**
         1963 ermordete man John F. Kennedy.
         1963 **wurde** John F. Kennedy **ermordet.**

1947   kündigte US-Außenminister Marshall ein Hilfsprogramm für
       Westeuropa an.
1949   Mehrere westlichen Staaten gründeten die NATO.
1961   umkreiste Yuri Gagarin die Erde.
1968   ermordete man Martin Luther King.
1973   beendete man den Vietnam-Krieg.
1990   entließ man Nelson Mandela nach 27 Jahren aus der Haft.
1997   unterzeichneten 15 europäische Staaten die Verträge von
       Amsterdam.

Versuchen Sie, die Wörter aus dem Kontext zu verstehen. Wenn Sie Hilfe brauchen, hier ist eine Liste!

unterzeichnen	*to sign*	**umkreisen**	*to orbit*
ermorden	*to assassinate*	**die Erde**	*the Earth*
ankündigen	*to announce*	**entlassen**	*to release*
das Hilfsprogramm (-e)	*aid*	**die Haft**	*imprisonment, custody*
programme		**der Vertrag (¨e)**	*treaty*

Sprachinfo: another way that is often used to talk about historical events is through the use of the genitive.

die Gründung der Bundesrepublik *the foundation of the Federal Republic*
der Bau der Mauer *the building of the Wall*
die Wiedervereinigung Deutschlands *the reunification of Germany*

8 Testen Sie Ihr Allgemeinwissen

Wissen Sie die Antworten?
Machen Sie Sätze. Create appropriate sentences from these components.

Beispiel Die Dampfmaschine wurde von James Watt erfunden.

a) Die neunte Symphonie		James Watt	geschrieben
b) Die Fußballwelt-meisterschaft 1966		Alexander Fleming	gesungen
c) Die Dampfmaschine		Ludwig van Beethoven	gemalt
d) ‚Frankenstein'	wurde von	England	komponiert
e) ‚Guernica'		Madonna	erfunden
f) Das Penizillin		Pablo Picasso	gespielt
g) ‚Waterloo'		Mary Shelley	gewonnen
h) Eva Peron		Abba	entdeckt

malen *to paint*   **entdecken** *to discover*
erfinden *to invent*

9 Ein Radioprogramm

Hören Sie das folgende Radioprogramm über Johann Wolfgang von Goethe und beantworten Sie die Fragen.

berühmt *famous*   **übersetzen** *to translate*
die Leiden *sorrows*   **benennen** *to name*
der Teufel (-) *devil*

Richtig oder falsch? Korrigieren Sie die falschen Aussagen.

a) Goethe wurde 1747 in Weimar geboren.
b) Er studierte in Leipzig und Straßburg.
c) Mit seiner Novelle *Die Leiden des jungen Werthers* wurde er in Europa bekannt.
d) 1780 ging er nach Weimar.
e) 1786 reiste er für zwei Jahren nach Italien und Griechenland.
f) Faust ist eines seiner wichtigsten Werke.
g) Das Goethe-Institut wurde nach seinem Sohn benannt.

Hören Sie die Audio-Aufnahme noch einmal und ergänzen Sie dann die Sätze

a) Johann Wolfgang von Goethe wurde… .
b) Er studierte … .
c) In ganz Europa berühmt wurde er durch … .
d) 1775 ging er … .
e) 1786 reiste Goethe … .
f) 1808 erschien … .
g) Ein Philosoph verkauft seine Seele … .
h) 1832 starb er … .
i) Seine Werke wurden … .
j) Das Goethe-Institut wurde … .

10 Und nun Sie

Now you can show off your knowledge in this TV quiz show! Schreiben Sie zuerst Ihre Antworten und arbeiten Sie dann mit der Audio-Aufnahme.

Frage   Wissen Sie denn, wie viele offizielle Sprachen in der Schweiz gesprochen werden?
Sie   (*Say yes. In Switzerland … languages are spoken.*)
Frage   Wann wurde denn die D-Mark in Westdeutschland eingeführt.
Sie   (*Say the Mark was introduced in … .*)
Frage   Und in welchem Jahr wurde die Berliner Mauer gebaut?
Sie   (*Say the Berlin Wall was built in … .*)
Frage   Ausgezeichnet. Aber an welchem Tag wurde Deutschland offiziell wiedervereinigt?
Sie   (*Say Germany was reunited on the … .*)
Frage   Aber wissen Sie auch, von wem *Faust* geschrieben wurde?

Sie	(*Say:* Faust *was written by* … .)
Frage	Phänomenal! Aber Sie wissen bestimmt nicht, in welchem Jahr es veröffentlicht wurde.
Sie	(*Say, of course.* It was published in … .)
Frage	Unglaublich! Aber wissen Sie auch, welche Institution nach Goethe benannt wurde?
Sie	(*Say, of course.* The Goethe-Institut was named after him.)

Tips zur Aussprache

At the end of a word or syllable the letter **d** in German is pronounced more like an English **t**:

Abend, Freund, Geld, Fahrrad, Land
abendlich, Freundschaft, Geldschein, Radfahrer, Landschaft

When the **d** is no longer at the end of the word or syllable it is pronounced as a **d**:

Abende, Freunde, Gelder, Fahrräder, Länder

■ How would you pronounce these words? Lied, Lieder, Bad, Bäder, Hund, Hunde.

Grammatik

1 Dass

In this **Lektion** you have learned that **dass** can be used to introduce thoughts and opinions. It can also be used to report what someone has said:

Bitte sagen Sie ihr, **dass** ich angerufen habe.	*Please tell her that I phoned.*

Dass can also be used to give an indirect command:

Bitte sag ihm, **dass** er mich anrufen soll.	*Please tell him to phone me.* (Lit. *that he should phone me*).

In these examples, too, the **dass** may be omitted:

Bitte sagen Sie ihr, ich habe angerufen.
Bitte sag ihm, er soll mich anrufen.

Don't forget to include the comma, whether the **dass** is used or not.

2 Conjunctions

Words like *that*, *because*, *although* which join two sentences or clauses together are known as conjunctions:

> I am learning German   I often go to Germany.
> I am learning German *because* I often go to Germany.

In German **dass** is an example of conjunctions that change the word order. Other examples are **weil** (*because*) and **obwohl** (*although*):

> Ich lerne Deutsch, **weil** ich oft nach Deutschland **fahre**.
> Ich fahre oft nach Italien, **obwohl** ich kein Wort Italienisch spreche.

3 Passive

As you saw earlier in this **Lektion**, most actions can be expressed either in the active voice or in the passive voice:

> Alexander Fleming endeckte 1928 das Penizillin.
> Das Penizillin wurde 1928 von Alexander Fleming endeckt.

Both sentences have more or less the same meaning, but it is possible in most passive sentences to omit the agent, the initiator of the action:

> Das Penizillin wurde 1928 entdeckt.

In this case, Alexander Fleming was the initiator of the discovery, but he does not get a mention in this passive sentence.

This structure therefore lends itself particularly well to:

a) scientific and technical processes:

> Die Lösung wird in einem   *The solution is heated in a*
>   Reagenzglas geheizt.   *test tube.*
> Die Bremsen werden in der   *The brakes are tested in*
>   Werkstatt geprüft.   *the workshop.*

b) historical events:

> Die Bundesrepublik Deutschland wurde 1949 gegründet.

Here are examples of the passive in the present tense, the simple past tense and the perfect tense.

■ Present tense of **werden** + past participle of the main verb.
Here is a reminder of the present tense of **werden**:

ich werde	wir werden
du wirst	ihr werdet
er / sie / es wird	sie werden

Der Text **wird** in unserem Büro **übersetzt**.	*The text is being translated in our office.*
In der Schweiz **werden** vier Sprachen **gesprochen**.	*In Switzerland four languages are spoken.*

■ Simple past tense of **werden** + past participle of the main verb.

Here is a reminder of the simple past tense of **werden**:

ich wurde	wir wurden
du wurdest	ihr wurdet
er / sie / es wurde	sie wurden

Die Berliner Mauer **wurde** 1961 **gebaut**.	*The Berlin Wall was built in 1961.*
Wann **wurden** diese Werke **geschrieben**?	*When were these works written?*

■ Perfect tense of **werden** + past participle of the main verb.
The past participle of **werden** is normally **geworden**, but when it is used together with another past participle, as in the passive, then the **ge-** is dropped:

Die DM ist 1948 eingeführt **worden**.	*The DM was introduced in 1948.*
Nach dem 2 Weltkrieg **sind** viele neue Wohnungen gebaut **worden**.	*After the Second World War many new dwellings were built.*

Note that **werden** on its own means *to become*:

Goethe **wurde** in ganz Europa bekannt.	*Goethe became famous in the whole of Europe.*

☑ Mehr Übungen

1   Sagen sie es komplizierter: benutzen Sie **dass**.

Beispiel   Sagen Sie ihm, ich möchte ihn sprechen.
    *Sagen Sie ihm, **dass** ich ihn sprechen **möchte**.*

Sagen Sie ihm,
a)   ... ich habe angerufen.
b)   ... ich bin heute Nachmittag an meinem Schreibtisch.
c)   ... er soll zurückrufen.
d)   ... ich möchte heute Abend mit ihm essen gehen.
e)   ... er soll seine Freundin mitbringen.
f)   ... wir wollen nachher in die Disco gehen.

2   Setzen Sie die Sätze ins Passiv:

Beispiel   1945 Ende des Krieges; Teilung Deutschlands in vier Zonen
    *1945 **wurde** der Krieg beendet. Deutschland **wurde** in vier
    Zonen **geteilt**.*

a)   1948 Einführung der neuen Währung, der D-Mark
b)   1949 Gründung der Bundesrepublik Deutschland und der Deutschen Demokratischen Republik
c)   1961 Am 13. August – Bau der Berliner Mauer
d)   1989 Öffnung der innerdeutschen Grenze und der Berliner Mauer
e)   1990 Offizielle Integration der DDR in die Bundesrepublik Deutschland;
f)   Wahl Berlins als Hauptstadt des wiedervereinigten Deutschlands

3   Wissenswertes über Ihr Land

Lesen Sie noch einmal den Text *Wissenwertes über die Schweiz, Österreich und Deutschland*. Was können Sie über Ihr Land sagen? Schreiben Sie, wie groß Ihr Land ist, wie viele Einwohner es hat, wie die Hauptstadt heißt, was für Sehenswürdigkeiten es gibt, etc.

List of common strong and mixed verbs

infinitive	simple past tense (er/sie form)	past participle	Vowel changes: present tense er/sie form
anfangen *to start, begin*	fing an	angefangen	fängt an
anrufen *to call up*	rief an	angerufen	
aufstehen *to get up*	stand auf	aufgestanden*	
beginnen *to begin*	begann	begonnen	
bleiben *to start*	blieb	geblieben*	
bringen *to bring*	brachte	gebracht	
denken *to think*	dachte	gedacht	
einladen *to invite*	lud ein	eingeladen	lädt ein
empfehlen *to recommend*	empfahl	empfohlen	empfiehlt
essen *to eat*	aß	gegessen	isst
fahren *to go (by vehicle)*	fuhr	gefahren*	fährt
finden *to find*	fand	gefunden	
fliegen *to fly*	flog	geflogen*	
geben *to give*	gab	gegeben	gibt
gefallen *to be pleasing*	gefiel	gefallen	gefällt
haben *to have*	hatte	gehabt	hat
halten *to hold; to stop*	hielt	gehalten	hält
heißen *to be called*	hieß	geheißen	
helfen *to help*	half	geholfen	hilft
kennen *to know, be acquainted with*	kannte	gekannt	
lesen *to read*	las	gelesen	liest
nehmen *to take*	nahm	genommen	nimmt
raten *to advise; to guess*	riet	geraten	rät
schlafen *to sleep*	schlief	geschlafen	schläft
schreiben *to write*	schrieb	geschrieben	
schwimmen *to swim*	schwamm	geschwommen*	
sehen *to see*	sah	gesehen	sieht
sein *to be*	war	gewesen*	ist
singen *to sing*	sang	gesungen	
sitzen *to sit*	saß	gesessen	
sprechen *to speak*	sprach	gesprochen	spricht
tragen *to carry; to wear*	trug	getragen	trägt
treffen *to meet*	traf	getroffen	trifft
trinken *to drink*	trank	getrunken	
tun *to do*	tat	getan	
umsteigen *to change (transport)*	stieg um	umgestiegen*	
verbinden *to connect, put through*	verband	verbunden	
vergessen *to forget*	vergaß	vergessen	vergisst
verlassen *to leave*	verließ	verlassen	verlässt
verlieren *to lose*	verlor	verloren	
verstehen *to understand*	verstand	verstanden	
waschen *to wash*	wusch	gewaschen	wäscht
werden *to become*	wurde	geworden*	wird
wissen *to know (a fact)*	wusste	gewusst	weiß
ziehen *to go, move; to pull, draw*	zog	gezogen*	

*These verbs normally form their perfect tense with **sein**.

KEY TO THE EXERCISES

Lektion 1

Guten Tag

2 a) Wie heißen Sie? (*What are you called?*) b) Wie ist Ihr Name? (*What is your name?*)

3 a) Gertrud Gruber; b) Martin Braun; c) Boris Schulz.

Begrüßungen

5 a) 4; b) 2; c) 3; d) 1.

6 Six greetings. Guten Abend; Guten Morgen (x2); Gute Nacht (x2); Guten Tag.

Woher kommen Sie?

7 a) True; b) False; c) True; d) True.

8

Name	Geburtsort	Wohnort
Ich heiße…	Ich komme aus…	Ich wohne in…
Jochen Kern	Aachen	Bonn
Dana Frye	Stuttgart	Hannover

9 *Sample answer*: Ich heiße… Ich komme aus Manchester. Ich wohne jetzt in London.

Mehr Übungen

1 a) ii; b) iii; c) iii; d) ii. **2** a) Wie; b) Wo; c) Woher; d) Wie. **3** a) Ich heiße Simone Becker. Wie heißen Sie? b) Ich wohne in Berlin. Wo wohnen Sie? c) Ich komme aus Großbritannien. Woher kommen Sie? **4** a) Wie; b) Ich; c) woher; d) aus; e) Wo; f) jetzt / hier.

Lektion 2

Wie geht es Ihnen?

2

	ausgezeichnet	sehr gut	gut	es geht	nicht (so) gut	schlecht
Frau Renger			✓			
Frau Müller		✓				
Herr Schulz					✓	
Frau Koch				✓		
Herr Krämer	✓					
Herr Akdag				✓		

3 e), c), b). **4** a) Danke, mir geht's wirklich sehr gut. b) Mir geht's schlecht.
c) Ach, es geht. d) Mir geht's heute nicht so gut. **5** mein, in, sie, geht, es, prima,
aus, ausgezeichnet, wirklich, wir, noch, heute, er, nicht, danke, sehr gut. *Did you
find any others? Let us know if you did!*

Er kommt aus ...

6 a) **richtig** b) **falsch**; Zürich liegt nicht in Österreich, sondern in der Schweiz.
c) **richtig** d) **falsch**; Susanne Vermeulen kommt nicht aus Delft in den
Niederlanden, sondern aus Brüssel, in Belgien. e) **richtig** f) **falsch**; Michael
Naumann kommt nicht aus Dresden, sondern aus Leipzig. Er wohnt jetzt nicht in
Linz, sondern in Salzburg, Österrreich.
7 Belgien; Dänemark; Deutschland; Frankreich; Griechenland; Großbritannien;
Irland; Italien; Luxemburg; die Niederlande; Österreich; Polen; Portugal;
Schweden; die Schweiz; Spanien; die Türkei; Ungarn. *The first syllable is most
often stressed.* **Großbritannien, Italien** *and* **die Türkei** *do not fit into this
category.*
a) **richtig**; b) **falsch**; Heidelberg liegt nicht in Österreich, sondern in
Deutschland. c) **falsch**; Köln liegt nicht in den Niederlanden, sondern in
Deutschland. d) **richtig**; e) **falsch**; Amsterdam liegt nicht in Belgien, sondern in
den Niederlanden.
8 *These are some of the possible answers.*
a) Naomi Campbell kommt aus Großbritannien und arbeitet jetzt in den USA.
b) Jürgen Klinsmann kommt aus Deutschland und wohnt jetzt in Großbritannien.
c) Steffi Graf kommt aus Deutschland und wohnt noch in Deutschland. Sie
arbeitet in Deutschland, in den USA, in Großbritannien ...
d) Michael Schuhmacher kommt aus Deutschland. Er wohnt jetzt in Österreich
Er arbeitet in Deutschland, in Italien, in Großbritannien ...
e) Arnold Schwarzenegger kommt aus Österreich und wohnt jetzt in den USA.
f) Claudia Schiffer kommt aus Deutschland und arbeitet in den USA.

9 **Sheena** Guten Tag! Ich heiße Sheena McDonald.
   Sheena Ich komme aus Edinburg in Schottland. Und Sie? Wo wohnen Sie?
   Sheena München ist schön.

Mehr Übungen

1 a) aus; b) aber; c) jetzt; d) Belgien; e) arbeitet (wohnt). **2** a) Wie heißen Sie?
b) Woher kommen Sie? c) Wo wohnen Sie jetzt? d) Wie geht es Ihnen heute?

Lektion 3

Zahlen 1–10

1 9, 3, 8, 4, 6, 2. **2** Hamburg Dortmund: 2 zu 1; Bochum Sankt Pauli: 6 zu 0;
Duisburg Mönchengladbach: 4 zu 2; Bielefeld Rostock: 1 zu 3; Schalke
Freiburg: 0 zu 2; Karlsruhe 1860 München: 3 zu 0; Bremen Düsseldorf: 1 zu 0.

Das Alphabet

4	Baumgart, Waltraud	✓ 1
	Henning, Sebastian	
	Hesse, Patrick	✓ 3
	Hoffmann, Silke	

Ludwig, Paul
Schanze, Martin   ✓ 2
Schidelowskaja, Tanja   ✓ 4
Schulte, Christel

5 AEG, BMW, DG-Bank, VW

Zahlen 11–100

7 99 neunundneunzig; 48 achtundvierzig; 87 siebenundachtzig; 26
sechsundzwanzig; 52 zweiundfünfzig **8** Winning numbers Lotto: 6 8 14 23 26
46 Bonus number 22 Super number 0. Spiel 77: 0 3 8 8 6 3 0. Super 6: 3 8 3 7 1
8. **9** a) Schulz 040 - 30 07 51; b) Marhenke 040 - 73 45 92. **10** Telefon 0711-
23 38 41 Fax 0711-24 89 02 Haus 193

Wir, sie

11 The two couples come from Jena and Stuttgart respectively. Jochen and Katja
speak no French. Marga and Peter speak only a little French. a) **richtig**; b)
falsch; Sie sprechen kein Französisch. c) **falsch**; Marga und Peter sind aus Jena.
d) **falsch**; Sie arbeiten bei Carl Zeiss. e) **richtig**; f) **falsch**; Sie sprechen ziemlich
gut Englisch.

Mehr Übungen

1 a) Heißen Sie wirklich Brunhilde Bachmeyer-Goldhagen? / Heißt du
wirklich Brunhilde Bachmeyer-Goldhagen? b) Kommen Sie wirklich aus
Buxtehude? Kommst du wirklich aus Buxtehude? c) Wohnen Thomas und
Johanna wirklich in München? d) Arbeitet Johanna wirklich in Nürnberg? e)
Spricht Thomas wirklich ein wenig Spanisch? f) Kommen Sie wirklich aus
Innsbruck? Kommst du wirklich aus Innsbruck?

2 Visitenkarte A Ich heiße Matthias Peters.
Ich wohne in Hamburg. Meine Telefonnummer ist 040-300526.
Meine E-Mail-Adresse ist m.peters@delta.com
Visitenkarte B Mein Name ist Hartmut Klausthaler.
Ich wohne in Gera. Meine Telefonnummer ist 6173. Meine Faxnummer ist
26798.
Visitenkarte C Ich heiße Dorothea Johannsen. Ich wohne in Münster. Meine
Telefonnummer ist 0251 - 514386

Lektion 4

Ich spreche Deutsch

1 a) H; b) N; c) N; d) N; e) H; f) N. – Guten Abend! Mein Name ist Norbert
Schicker und ich bin Deutscher. Ich komme aus Potsdam in der Nähe von
Berlin, aber ich wohne jetzt hier in Leipzig. Ich spreche Deutsch und ich kann
auch sehr gut Französisch. Ich bin ledig und ich bin seit drei Jahren pensioniert.
– Hallo! Ich heiße Heike Berger und bin Deutsche. Ich bin ledig und komme aus
Merseburg, nicht weit von Dresden. Ich spreche natürlich Deutsch und ein wenig
Englisch. Ich verstehe auch ziemlich gut Spanisch. Ich arbeite hier in Leipzig.
Seven differences.

2 Noch zwei Abendkursstudenten

Name	Gür Yalezan	Susi Merkl
Nationalität	Türke	Österreicherin
Geburtsort	Berlin	Innsbruck
Wohnort	Taucha	Rötha
Sprachen	Türkisch, Deutsch, Englisch	Deutsch, Englisch, Spanisch
Familienstand	ledig	verheiratet
Arbeit? Studium?	studiert in Leipzig	arbeitet in Leipzig

Nationalitäten und Sprachen

3 Michael speaks German, English and French. He understands a bit of Spanish and is learning Japanese. a) Nein, er ist Österreicher. b) Nein, er ist Student. / Nein, er studiert. c) Nein, er studiert in Wien. d) Ja, er spricht Deutsch. / Ja, Deutsch ist seine Muttersprache. e) Nein, er spricht Englisch und Französisch. f) Ja, er versteht ein wenig Spanisch. g) Nein, er lernt im Moment Japanisch.
4 Most of the female versions of nationalities end in -in. Most languages end in -isch. **6** Mein Name ist ... . Ich komme aus ... . Ich wohne jetzt in ... . Ja, ich bin Amerikaner / Amerikanerin. / Nein, ich bin ... / ... . Ja, meine Muttersprache ist Englisch. / Nein, meine Muttersprache ist ... . Ja, ich verstehe ein bisschen Deutsch. Ja, ich bin verheiratet. / Nein, ich bin ledig / geschieden / verwitwet. Ja, ich studiere. / Nein, ich arbeite. / Nein, ich bin arbeitslos.

Du, ihr

7

Markus	Guten Tag! Ich heiße Markus Klein. Wie heißen Sie?
Christian	Ich bin Christian Meyer. Woher kommen Sie?
Markus	Aus München. Kommen Sie auch aus München?
Christian	Nein, aus Nürnberg. Sprechen Sie Englisch?
Markus	Ja, ziemlich gut. Und Sie?
Christian	Na ja, es geht.

Mehr Übungen

1   Jürgen Krause
Ich heiße Jürgen Krause.
Nein, ich bin Österreicher.
Ich komme aus Wien.
Ich wohne jetzt in Salzburg.
Ich spreche Deutsch und Englisch.
Nein, ich bin seit drei Jahren verwitwet.
Ja, ich arbeite in Salzburg.

2 a) iii); b) v); c) i); d) ii); e) vi); f) iv). **3** i) a) Wie heißt du? b) Woher kommst du? c) Und wo wohnst du jetzt? d) Wie geht's dir heute? e) Sprichst du Englisch? f) Bist du verheiratet? g) Wie ist deine Zimmernummer?
ii) a) Wie heißt ihr? b) Woher kommt ihr? c) Und wo wohnt ihr jetzt? d) Wie geht's euch heute? e) Sprecht ihr Englisch? f) Seid ihr verheiratet? g) Wie ist eure Zimmernummer?

Lektion 5

Was ist das?

2 a) Das ist eine Kneipe. Die Kneipe heißt ‚Bierstübl'. / Sie heißt ‚Bierstübl'.
b) Das ist ein Biergarten. Der Biergarten heißt ‚Mönchbräu'. / Er heißt ‚Mönchbräu'.
c) Das ist eine Kirche. Die Kirche heißt Jakobskirche. / Sie heißt Jakobskirche.
d) Das ist ein Hotel. Das Hotel heißt ‚Bahnhofshotel'. / Es heißt ‚Bahnhofshotel'.
e) Das ist ein Café. Das Café heißt ‚Café Krause'. / Es heißt ‚Café Krause'.
f) Das ist ein Markt. Der Markt heißt Buttermarkt. / Er heißt Buttermarkt.

3

ᵃ B	Ä	C	ᵉ K	E	R	E	I
ᵇ B	A	H	N	H	O	F	
ᶜ H	O	T	E	L			
			ᵈ K	I	R	C	H	E
			ˀ P				
	ᶠ B	I	E	R			

4 a) ein Kino b) Das Hotel c) eine Bäckerei d) Ihr Vorname e) das Bahnhofshotel f) ein Café g) deine Telefonnummer h) Die Kneipe

5 a) Sie ist in München. b) Die Stadt ist sehr schön. c) Das Stadtzentrum und der ‚Englische Garten' sind besonders schön. d) Die Sprachschule heißt ‚Superlang'. e) Das Bier ist auch sehr gut in München. g) die Woche, das Stadtzentrum, der Garten, die Sprachschule, das Bier

Zahlen 101 und aufwärts

6 Dreitausendsiebenhundertsechsundfünfzig Mark **8** 1 b); 2 c); 3 a); 4 c); 5 b); 6 a).

9

Heidelberg	147.000	hundertsiebenundvierzigtausend
Dresden	470.000	vierhundertsiebzigtausend
Frankfurt am Main	650.000	sechshundertfünfzigtausend
München	1.236.000	eine Million zweihundertsechsunddreißigtausend
Hamburg	1.708.000	eine Million siebenhundertachttausend
Berlin	3.471.000	drei Millionen vierhunderteinundsiebzigtausend

Mehr Übungen

1 a) Ihr, Mein; b) Ihre, Meine; c) Ihr, Mein; d) Ihre, Meine; e) Ihr, Mein.
2 geht's; fantastisch; eine; Die; schön; das; der; eine; Die; heißt; spreche; bald.

Lektion 6

Berufe

1 a) Das ist Peter Meier. Er ist Taxifahrer. b) Das ist Werner Neumann. Er ist Automechaniker. c) Das ist Heike Müller. Sie ist Sekretärin. d) Das ist Manfred Lustig. Er ist Tischler. e) Das ist Karin Leutner. Sie ist Kellnerin. f) Das ist Ulrike Wagner. Sie ist Ärztin. g) Das ist Marc Straßburger. Er ist Koch.

2 i) a) She is German. b) That's how long she has lived in England. ii) a) They both work. b) Ingrid's husband.

a) **falsch**; Ingrid ist Deutsche. b) **richtig** c) **richtig** d) **falsch**; Jutta ist Krankenschwester. e) **falsch**; Herr Sammer ist Mechaniker bei Opel. f) **richtig**

3 a) Deutscher; b) Engländerin; c) 24 Jahren; d) Tischler von Beruf.

4 *Gudrun's responses:*
Ja, ich bin Deutsche.
Nein, er ist Ire.
Ich wohne seit 17 Jahren in Münster.
Ja, ich bin Sekretärin bei Mannesmann.
Er ist Taxifahrer.

5 a) Lehrerin; b) Maurer; c) Journalist; d) Sekretärin.

Was studierst du?

6 a) **falsch**; Sie kommen aus Gießen. b) **richtig** c) **falsch**; Sie studiert Romanistik. d) **richtig** e) **richtig** f) **falsch**. Sie finden es ein bisschen langweilig.

7	Paul	Daniel	Heike	Martina
Namen	Paul	Daniel	Heike	Martina
Wohnort	Bremen	Hamburg	Düsseldorf	Köln
Studienort	Bremen	Bremen	Aachen	Aachen
Studienfach	Germanistik	Anglistik	Informatik	Mathematik

Mehr Übungen

1 e) b) c) f) a) d) g). **2** a) Engländer; b) Ire; c) Schottin; d) Studenten; e) Studentin; f) Journalist; g) Sekretärinnen; h) Verkäuferin; i) Kellnerin.

Lektion 7

Gibt es hier in der Nähe ein Café?

1 Dialog 1 This woman is looking for a bank. She is told to take the first street on the left. It's about 5 minutes' walk.
Dialog 2 This woman is looking for a supermarket. She is told to keep going straight ahead. It's about 400 metres.
Dialog 3 This man is looking for a nice café. He is told to go around the corner. It's not far away. **2** a) der Nähe eine; b) es hier in der Nähe ein Café; c) hier in der Nähe einen; d) gibt es hier in der Nähe einen. **3** a) ein Restaurant; b) ein Kino; c) einen Supermarkt. **4** a) eine; b) einen; c) ein; d) ein; e) einen; f) einen.

Im Café

5 a) **richtig**; b) **falsch**; Er möchte ein Bier. c) **richtig**. d) **richtig**. e) **falsch**;
Sie bestellt ein Mineralwasser und einen Kaffee. f) **richtig**. g) **falsch**; Er
bekommt einen Orangensaft. h) **richtig**. **6** a) bekommen, möchten; b) bekomme,
möchte. **7** a iii) das; iv) das; v) der; vii) der. **8** *There are several possibilities.*
Here is just one: a) bekommen; bekomme; -en; -en; möchten; möchte; - ;
nehmen; nehme; -en. b) nehmen Sie; nehme; - ; bekommen Sie; bekomme; -en;
trinke; -. **9** a) **falsch**; b) **richtig**; c) **falsch**; d) **falsch**.

Mehr Übungen

1 a) -en; b) -; c) -en, -e. **2** a) vii; b) i) / vi; c) viii; d) iii; e) ii; f) vi/i; g) v; h) iv.

Lektion 8

Lebensmittel und Einkaufen

1 *Here are just some of the items you might have included in your list*

Lebensmittel	Obst	Gemüse	Getränke
das Brot	die Äpfel	der Blumenkohl	das Bier
das Brötchen	die Tomaten	die Karotten	die Cola
das Ei		die Kartoffeln	der Kaffee
das Fleisch		die Pilze	die Limonade
das Müsli		der Salat	die Milch
das Öl			das Mineralwasser
der Reis			der Orangensaft
das Salz			der Schnaps
das Würstchen			der Sekt
der Zucker			der Tee
			der Tomatensaft
			das Wasser
			der Wein
			der Wodka

3 *These are just some of the possibilities:* a) Gemüse und Käse; b) Fleisch; c)
Bier, Wein und Orangensaft; d) und Zucker. **4** a) Tomaten; b) Wein; c)
Cornflakes; d) Bonbons; e) Salami. **5** a) Sie kauft zehn Brötchen. b) Ein Kilo
kostet 2,80 DM. c) Sie kauft den Riesling. d) Sie bezahlt 22,70 DM. e) Wie teuer
sind die Tomaten? f) Wie teuer ist der Käse? g) Was kosten die Äpfel?
h) Wie teuer ist der Wein? **6** (i) c (iii) a (v) f (ii) b (iv) d (vi) e.

8

a K	Ä	S	E						
b K	A	R	T	O	F	F	E	L	N
c W	Ü	R	S	T	C	H	E	N	
		d B	R	Ö	T	C	H	E	N
		e T	O	M	A	T	E	N	
			f T	E	E				
	g S	A	L	A	T				
				h W	E	I	N		
		i B	O	N	B	O	N	S	

Im Restaurant

9 a) richtig. b) falsch; c) falsch; d) falsch; e) falsch. **10** b) –v - e) –ii - c) – i - f) –vi -a) – iv -d) –iii. **11** Ich möchte bitte bestellen./ Als Vorspeise möchte ich eine französische Zwiebelsuppe./Als Hauptgericht nehme ich das Schnitzel mit Pommes frites. Und ich möchte auch einen gemischten Salat./Ich möchte ein Glas Weißwein. Und zum Nachtisch (als Dessert) nehme ich den Apfelstrudel./ Mit Sahne. Und nachher möchte ich einen Kaffee. **12** a) Ich esse gern Gummibärchen und trinke gern Orangensaft. b) Ich trinke gern Kaffee und esse gern Kuchen.

Mehr Übungen

1		ein(e)	zwei
	a)	Apfel	**Äpfel**
	b)	**Brötchen**	Brötchen
	c)	Wurst	**Würste**
	d)	Flasche	**Flaschen**
	e)	**Kartoffel**	Kartoffeln
	f)	**Kännchen**	Kännchen
	g)	Glas	**Gläser**
	h)	Party	**Partys / Parties**

2 a)   Als Vorspeise möchte ich eine Gemüsesuppe.
   b)   Als Hauptgericht nehme ich das Schnitzel.
   c)   Zum Trinken möchten wir eine Flasche Mineralwasser bestellen.
   d)   Als Dessert bekommen wir den Obstsalat mit Sahne.
   e)   Nachher trinken wir eine Tasse Kaffee und eine Tasse Tee.
   f)   Jetzt möchten wir bitte bezahlen.

Lektion 9

Was machen die Leute?

2 a) fahren / fliegen; b) schwimmen; c) spielen; d) lesen; e) hören / spielen; f) kochen / essen. **3** a) spricht; b) Kochen; c) Trinkt; d) nimmst; e) liest; f) isst. **4** a) liest; b) kocht / isst; c) schreibt; d) hören; e) lernen (for Herr und Frau Neumann) / lernt (Frau Neumann only); f) fahren / fliegen.

Hobbys und Freizeit

5 a) richtig; b) richtig; c) falsch; Sie liest gern Romane. d) falsch; Sie fotografiert auch gern. e) falsch; Ins Kino geht sie seht gern. f) richtig; g) falsch; Sie gehen ins Kino and essen nachher Pizza.

6

Lesen	✓	Surfen	✗	Fotografieren	✗
Reisen	✗	Schwimmen	✓	Popmusik	✗
Fußball	✗	Kino	✓	Garten	✓
Computer	✗	Tennis	✗	Jazz	✗
Klassische Musik	✗	Fallschirmspringen	✗	Segeln	✗
Sport	✗	Wandern	✓	Joggen	✗
Golf	✗	Fitness	✗	Rockmusik	✗

7 *Some possible answers:*
Ja, ich lese gern Zeitung. / Nein, ich lese nicht gern Zeitung.
Ja, ich höre gern Elvis Presley. / Nein ich höre nicht gern Elvis Presley. / Ja, Elvis Presley höre ich gern. / Nein, Elvis Presley höre ich nicht gern.
Ja, ich esse gern Pizza. / Nein, ich esse nicht gern Pizza. / Ja, Pizza esse ich gern. / Nein, Pizza esse ich nicht gern.
Ja, ich reise gern. / Nein, ich reise nicht gern.
Ja, ich arbeite gern im Garten. / Nicht ich arbeite nicht gern im Garten. / Ja, im Garten arbeite ich gern. Nein, im Garten arbeite ich nicht gern.
Ja, ich trinke gern Bier. / Nein, ich trinke nicht gern Bier. / Ja, Bier trinke ich gern. / Nein, Bier trinke ich nicht gern.
Ja, ich gehe gern ins Kino. / Nein, ich gehe nicht gern ins Kino. / Ja, ins Kino gehe ich gern. / Nein, ins Kino gehe ich nicht gern.
Ja, ich koche gern. / Nein, ich koche nicht gern.

9 a) Er geht viermal pro Woche ins Fitnesszentrum. b) Er geht lieber ins Restaurant. c) Er bleibt zu Hause und sieht gern fern. d) Sie geht normalerweise zweimal im Monat ins Museum. e) Mit ihren Kindern (und mit ihrem Mann) geht sie oft ins Kindertheater. f) Sie geht meistens zweimal die Woche in die Disco. Ins Museum geht sie sehr selten. g) Sie findet Tom Cruise sehr attraktiv.
10 a) Nein, sie gehen nicht ins Kino, sie gehen ins Restaurant. b) Nein, sie geht

nicht ins Café, sie geht ins Konzert. c) Nein, sie geht nicht in die Oper, sie geht ins Café. d) Nein, er geht nicht nie ins Restaurant, er geht nie ins Stadion. e) Nein, er geht nicht ins Museum, er geht in die Kneipe. f) Nein, er geht nicht ins Fitnesszentrum, er geht ins Kino. *There may be other possibilities.*

Mehr Übungen

1 a) Isst; b) ist; c) Sprichst; d) spielt; e) Sprecht; f) fotografiere; g) liest; h) sind.

2 a) Ich trinke gern Rotwein. b) Ich esse gern Pommes frites. c) Wir hören gern klassische Musik. d) Wir spielen gern Schach. e) Ich lese gern *die Süddeutsche Zeitung*. f) Trinkst du gern Kaffee?

Lektion 10

Die Uhrzeit

2 a) nach; b) vor; c) Viertel; d) halb. **3** a) 4.30–3; b) 8.50–2; c) 8.45–4; d) 6.28–1. **5** a) richtig; b) falsch; c) richtig; d) falsch. Es ist siebzehn Uhr fünfzehn. Es ist vierzehn Uhr achtundfünfzig. **7** a) 2.00 b) 14.03 c) 13.00 d) 7.57 e) 15.44 f) 17.03.

Ein typischer Tag

9 a) Das Mädchen **steht** um 7 Uhr **auf**. b) Der Mann **sieht fern**. c) Die Schule **fängt** um **8 Uhr an**. d) Der Mann **kauft** im Supermarkt **ein**.

10 a) falsch; b) richtig; c) falsch; d) richtig. e) Er steht gegen halb sieben auf. f) Feierabend ist gegen vier. g) Er sieht nicht viel fern. h) Meistens um halb 12.

Mehr Übungen

1 a) an; b) fern; c) auf; d) ein; e) an; f) ab. **2** Um halb sieben steht er auf. Um sieben Uhr fährt er zur Arbeit. Um neun Uhr ruft er Frau Gerhard an. Um halb eins geht er zur Bank. Um fünf Uhr kauft er ein. Um sieben Uhr geht er mit Bernd, Helga und Ulrike in die Kneipe. Um zehn Uhr sieht er fern.

Lektion 11

Ausgehen

1 a) richtig; b) falsch; c) falsch; d) richtig. **2** a) Man kann ein Theaterstück für Kinder und Erwachsene (Die Abenteuer von Aladdin) sehen. b) Anschließend kann man spielen, Eis oder Bratwurst essen und Bier trinken. Man kann auch ins Faust-Theater gehen. c) Um halb neun kann man Oldies und Goldies hören. d) Sie können ‚Terminator 6‘ sehen.

4

			a/k B	Ü	R	O	
		b K	I	N	O		
c M	U	S	E	U	M		
		d P	A	R	K		
e M	O	R	G	E	N		
		f R	A	D	I	O	
	g K	I	R	C	H	E	
h B	E	T	T				
	i K	N	E	I	P	E	
	j B	A	N	K			

Verabredungen

5 Sonntag, Montag, Dienstag, Mittwoch, Donnerstag, Freitag, Samstag / Sonnabend.
6 a) falsch; Sie möchte einen Film mit Demi Moore sehen. b) richtig; c) falsch; Am Mittwoch abend muss Petra ihre Schwester abholen. d) richtig; e) richtig; f) falsch; Sie treffen sich um acht. **7** a) Am Montag muss er um 20.00 Uhr Dr. Schmidt treffen. b) Am Dienstag muss er abends zum Geburtstag von Uschi und Bernd (gehen). c) Am Mittwoch muss er bis 22 Uhr arbeiten. d) Am Donnerstag muss er mit den Kollegen essen gehen. e) Am Freitag muss er mit Tante Gisela in die Oper gehen. f) Am Wochenende muss er nach München fahren.
8 1f; 2e; 3h; 4a; 5g; 6d; 7c; 8b. **9** a) ins Kino; b) Im; c) ins Café; d) im Restaurant; e) in die Sprachschule; f) ins Restaurant; g) Im Kino; h) In der Sprachschule. **10** a) 1; b) 3; c) 2; d) 3.

11 *There are other possibilities, too:*
Hallo, Jutta. Mir geht's gut. Und dir?
Ja, gerne. Wann denn?
Tut mir Leid. Dienstagabend kann ich nicht. Da muß ich arbeiten.
Tut mir Leid. Am Freitag muss ich nach Köln fahren. Geht es Samstagabend?
Wann treffen wir uns?
8 Uhr ist gut. Treffen wir uns im Restaurant?
Tschüs, bis Samstagabend.

Mehr Übungen

1 a) Im Theater kann man ein Stück von Shakespeare sehen. b) Er möchte heute Abend in die Kneipe gehen. c) Er kann sehr gut Tango tanzen. d) Was kann man in London machen? e) Ich möchte am Dienstag essen gehen. f) Frau Johnson kann sehr gut Deutsch sprechen. g) Herr Krause muss heute Abend bis 8:00 Uhr arbeiten. h) Frau Dr. Schmidt muss am Montag nach New York fliegen.

2 Am Dienstag möchte sie Klaus treffen, aber sie muss die Mathe-Prüfung machen. Am Mittwoch möchte sie lange schlafen, aber sie muss morgens um 7:30 Uhr ins Fitnessstudio. Am Donnerstag möchte sie in die Kneipe gehen, aber sie muss für Hannelore Babysitting machen. Am Freitag möchte sie tanzen gehen, aber sie muss zur Geburtstagparty von Onkel Hans gehen. Am Wochenende möchte sie Freunde besuchen und essen gehen, aber sie muss im Café ‚Wunder-Bar' arbeiten.

Lektion 12 Test your German

1 a) Mein Name ist.../Ich heisse... – Ich komme aus... b) i) Wie ist Ihr Name? / Wie heissen Sie? ii) Wie ist dein Name? / Wie heisst du? c) Meine Telefonnummer ist... d) i) Was sind Sie von Beruf? ii) Was bist du von Beruf? e) Ich bin ... von Beruf – Ich bin Student / Studentin – Ich bin arbeitslos. f) Ich bin verheiratet / ledig. **2** a) -e; b) -t; c) -en; d) -st; e) -t; f) -en. **3** a) Woher; b) Wie; c) Wo; d) Was; e) Wie; f) Wer **4** eine Schwester; einen Bruder; Mein Bruder; meine Schwester; einen Hund; Meine Hobbies; Deine Petra) **5** a) Welche Hobbys haben Sie? b) (One possible answer) Ich schwimme gern und gehe gern ins Kino, aber ich trinke nicht gern Bier und gehe nicht gern in die Disco. c) Gibt es hier in der Nähe ein Café? d) Ich möchte ein Glas Tee, bitte. e) Und wie viel kostet das? f) Ich möchte bitte bezahlen. / Die Rechnung, bitte. g) Wie spät ist es?/Wie viel Uhr ist es? – Es ist … **6** a) Sie kann sehr gut Mambo tanzen. b) Ich möchte am Donnerstag essen gehen. c) Heute Abend muss ich für ein Examen lernen. Ich muss heute Abend für ein Examen lernen. **7** a) Ich stehe normalerweise um ... Uhr auf) b) Meine Arbeit / Mein Studium fängt um ... Uhr an. c) / Ich sehe abends oft / viel fern / Ich sehe abends nicht oft fern. d) Ich gehe nie / selten / oft / nicht sehr oft / ins Kino. e) In der Kneipe / Im Biergarten. f) (One possible answer) Ja, man kann sehr viel machen. Man kann zum Beispiel sehr gut essen gehen, man kann ins Kino gehen....

Lektion 13

Was kostet eine Fahrkarte nach Berlin?

1 Einfach (*single ticket*); hin und zurück (*return ticket*); Gleis (*platform*).
2 a) (Sie fährt) nach Berlin. b) (Sie kostet) 86,00 DM. c) Nein, der Zug ist direkt. d) (Er fährt) in 10 Minuten. e) (Er fährt) von Gleis 14.
3 Dienstag um 06:00 – a) Der nächste Zug fährt um 6:12. b) Nein, Sie müssen nicht umsteigen. c) Nein, leider gibt es keinen Speisewagen. d) Er kommt um 10:43 in Heidelberg an.
Sonntag um 06:30 – a) Der nächste Zug fährt um 7:24. b) Ja, Sie müssen in Frankfurt umsteigen. c) Ja, es gibt einen Speisewagen. d) Er kommt (auch) um 10:43 in Heidelberg an.

Donnerstag um 09:30 – a) Der nächste Zug fährt um 9:50. b) Ja, Sie müssen in Frankfurt und Mannheim umsteigen. c) Ja, es gibt einen Speisewagen. d) Er kommt um 13:05 in Heidelberg an.

Freitag um 11:45 – a) Der nächste Zug fährt um 11:50. b) Ja, Sie müssen in Mannheim umsteigen. c) Ja, es gibt einen Speisewagen. d) Er kommt um 15:05 in Heidelberg an.

4 Was kostet eine Fahrkarte nach Frankfurt?/Einfach./Ja, gut./Wann fährt der nächste Zug nach Frankfurt? Und von welchem Gleis fährt er?/Muss ich umsteigen?/Vielen Dank. **5** a) Einfach oder hin und zurück? b) In 10 Minuten. c) Gleis 10; d) Das macht 87,- Mark.

Verkehr in der Stadt

7 a) dem; b) der; c) der; d) dem; e) dem

8

Person	Wie fahren sie?	Wie lange brauchen sie?
Person 1	mit dem Fahrrad	20 Minuten
Person 2	mit dem Bus und der U-Bahn	50 Minuten
Person 3	mit dem Auto	eine Stunde
Person 4	geht zu Fuß	10 Minuten

9 a) Sie braucht ungefähr 20 Minuten. b) In der U-Bahn liest er. / Er liest in der U-Bahn. c) Er fährt meistens mit dem Bus zum Bahnhof. d) Er fährt nur eine Stunde. e) Sie ist nicht gut. / Die Verbindung mit Bus und Bahn ist nicht gut. f) Er geht meistens zu Fuß. **10** a) zum; b) zur; c) vom, zum; d); zum.

Mehr Übungen

1 Wie komme ich **zum** Flughafen, Bahnhof, Café Mozart, Fußballstadion? Wie komme ich **zur** Gedächtniskirche, Stadtbäckerei, Bundesstraße? **2** a) dem, zur; b) der, zur; c) dem, zum; d) dem; e) der. **3** Von seinem Haus bis zur Bushaltestelle geht Florian zu Fuß. Dann fährt er mit dem Bus zum Bahnhof. Dann muss er umsteigen. Vom Bahnhof nimmt er die U-Bahn / fährt er mit der U-Bahn zum Stadtzentrum. Dann geht er zu Fuß ins Büro.

4 c) v; e) ii; d) vi; b) i; f) iii; a) iv.

Lektion 14

Über die Vergangenheit sprechen

1 a) iv; b) ii; c) vi; d) v; e) iii; f) i. **2** b) getanzt; c) gemacht; d) gefrühstückt; e) gekostet; f) gekocht; h) bezahlt; i) besucht. **3** b) getanzt; c) gemacht; d) eingekauft; e) bezahlt; f) gekocht; g) telefoniert.

4 Wer sagt was?

		Ulrike (U)	Angela (A)?
a)	Am Morgen wir ich in der Stadt und habe eingekauft.	U	☐
b)	Abends haben ich und Bernd schön gekocht.	☐	A

c) Wir haben viel Spaß gehabt. ☒U ☐
d) Wir haben ein bißchen klassische Musik gehört. ☐ ☒A
e) Ich habe gestern Morgen einen neuen
    Computer gekauft ☐ ☒A
f) Am Nachmittag habe ich Britta und George besucht. ☒U ☐
g) Ich habe den ganzen Tag mit dem Computer gespielt. ☐ ☒A
h) Abends waren wir dann zusammen in der neuen
    ‚Mondschein-Bar' und haben bis 3 Uhr getanzt. ☒U ☐
i) Ich habe auf dem Internet gesurft. ☐ ☒A

5 *One possible version:*
Am Samstagmorgen war Ulrike in der Stadt und hat eingekauft. Danach hat sie am Nachmittag Britta und Georg besucht. Abends waren sie dann zusammen in der neuen ‚Mondschein-Bar' und haben bis 3 Uhr getanzt. Sie haben viel Spaß gehabt.

Angela hat gestern Morgen einen neuen Computer gekauft. Der Computer hat 1800 DM gekostet. Sie hat dann den ganzen Tag mit dem Computer gespielt. Sie hat auf dem Internet gesurft. Abends war sie ein bisschen müde. Sie hat mit Bernd schön gekocht und anschließend noch ein bisschen klassische Musik gehört.

6 *One possible version*:
Am Samstagmorgen war Bettina in der Stadt und hat eingekauft. Danach hat sie Fotos abgeholt. Am Nachmittag hat sie dann ihren Freund Georg im Krankenhaus besucht. Danach hat sie abends Besuch von Pia und ihrem Mann gehabt. Sie hat Nudeln gekocht.

Am Sonntagmorgen hat Bettina einen Ausflug an die Nordsee gemacht. Danach hat sie ab halb vier im Garten gearbeitet. Abends hat sie mit Christina telefoniert und anschließend für das Deutsch-Examen gelernt.

Leute auf dem Flohmarkt

7 a) Sie sagen, er hat so eine fantastische Stimme. b) Er fährt diesen Sommer nach Mexiko. Er reist gern. c) Sie hat ein neues Hemd gekauft. Sie hat 15,- Mark bezahlt. d) Er kann morgens schlecht aufstehen. e) fantastische; f) interessantes; g) tolle; h) alten, mechanischen.

8 *Possible answers*
Mick Jagger hat eine alte / gute / interessante / schlechte / langweilige / interessante Stimme.
Angela hat einen alten / guten / schlechten / neuen / billigen / fantastischen Computer gekauft.
Herr Günther hat ein altes / gutes / interessantes / schlechtes / langweiliges / neues / billiges / fantastisches Buch gekauft.
Man kann alte / gute / interessante / schlechte / langweilige / neue / billige / fantastische Sachen auf dem Flohmarkt finden.

9 a) groß; b) teuer; c) langweilig; d) neu; e) arm; f) schwer; g) altmodisch.

Mehr Übungen

1 a) 4; b) 5; c) 8; d) 1; e) 6; f) 2; g) 3; h) 7.

2 *Possible answers*

Am Nachmittag haben wir einen Spaziergang im Stadtpark gemacht. Wir haben viel fotografiert.

Abends haben wir bis um 3 Uhr im Star-Club getanzt.

Am Sonntag habe ich morgens für das Mathe-Examen gelernt.

Danach habe ich das Mittagessen gekocht.

Am Nachmittag habe ich mit Jürgen im Sport-Center Tennis gespielt.

Abends habe ich eine Sendung über Deutschland im Radio gehört.

Lektion 15

Mehr über die Vergangenheit

1 a) vi; b) v; c) iv; d) vii; e) iii; f) viii; g) ii; h) i. **2** b) hat; c) Haben; d) ist; e) Bist; f) hat; g) habe; f) habe. **3** a) Er ist nach New York geflogen. b) Auf einer Party hat er Kaviar gegessen und Champagner getrunken. c) Er hat Robert de Niro getroffen. d) In Florida ist er im Meer geschwommen. e) Er hat neue italienische Anzüge gekauft. f) Am Freitag ist er ins Kasino gegangen. g) Am Wochenende ist er Ski gelaufen. h) Sein neues Lied heißt: *Ich kann dich nicht vergessen.* **4** a) getrunken; b) treffen; c) gegessen; d) gesprochen; e) gegangen; f) gefahren; g) fliegen; h) bleiben. **5** a) Seit 10 Jahren genau. b) *Um acht Uhr aus dem Bett, das finde ich nicht nett.* c) Insgesamt 10. d) Er komponiert die Musik selber und schreibt auch die Texte. e) Im Winter fährt er gern Ski. Im Sommer surft er, spielt Tennis oder spielt Golf. Er geht auch auf viele Partys und sieht viele Freunde. **7** a) Von 1924 bis 1928 hat er das Kaiser-Wilhelm-Gymnasium in Köln besucht. b) 1937 hat er das Abitur gemacht. c) (Auch im Jahre) 1937 hat er in Bonn die Buchhandlungslehre begonnen. d) 1939 hat er an der Universität Köln Germanistik studiert. e) Von 1939 bis 1945 ist er Soldat im Zweiten Weltkrieg gewesen. f) 1942 hat er Annemarie Zech geheiratet. g) Von 1946–1949 hat er Kurzgeschichten in Zeitungen und Zeitschriften veröffentlicht. h) 1949 ist sein erstes Buch (*Der Zug war pünktlich*) erschienen. i) Von 1949 bis 1985 hat er viele literarische Werke geschrieben. j) 1972 hat er den Nobelpreis für Literatur erhalten. k) 1985 ist er am 16. Juli im Alter von 67 in Hürtgenwald / Eifel gestorben.

Früher und heute

8 a) **richtig**; b) **richtig**; c) **falsch**; d) **richtig**; e) **falsch**; f) **richtig**; g) **falsch**; h) **falsch**; i) **falsch**; j) **richtig**.

9

Früher	Haare	Trinken	Musik	Freizeit
Bernd	lange Haare gehabt	hat viel Cognac getrunken	hat Elvis Presley gehört	hat in einer Band gespielt
Dieter	lange Haare gehabt	hat Rum und Cola getrunken	hat viel Eric Clapton gehört	hat viel Fußball gespielt

Heute	Haare	Trinken	Musik	Freizeit
Bernd	hat immer noch lange Haare	trinkt Mineralwasser, Tee etc.	hört viel Jazz-Musik	reist viel hört Jazz-Konzerte
Dieter	hat keine Haare mehr	trinkt gern französischen Wein	hört klassische Musik	spielt Tennis

a)
lange; b) Mineralwasser; c) Elvis Presley; viel Jazz-Musik; d) reist er viel und geht in Jazz-Konzerte.
Dieter:
Vor 20 Jahren hat Dieter lange Haare gehabt, aber heute hat er keine Haare [mehr]. Früher hat er Rum und Cola getrunken, aber heute trinkt er französischen Wein. Vor 25 Jahren hat er viel Eric Clapton gehört, aber heute hört er klassische Musik. Früher hat er viel Fußball gespielt, heute spielt er Tennis.

Mehr Übungen

1 a) geflogen; b) besucht; c) abgeholt; **2** a) sind; b) haben; c) haben.

Lektion 16

Wo wohnen in Deutschland

1 b) ist ein Zweifamilienhaus. c) ist ein Einfamilienhaus. d) ist eine Wohnung. e) ist ein Studentenwohnheim.

2 Wer?	**Wo wohnen sie?**	**Wie ist es?**
Person 1	in einem Hochhaus	nicht zu teuer
Person 2	in einem Einfamilienhaus	grün und ruhig
Person 3	in einer Wohngemeinschaft	nett und interssant
Person 4	in einer Altbauwohnung	hell und ruhig

3 a) **falsch**. Er zahlt 750,- DM Miete und er ist ganz zufrieden. b) **richtig**; c) **richtig**; d) **falsch**. Sie wohnt seit 50 Jahren in einer Altbauwohnung. e) **richtig**.

4 *These are just some of the possibilities*. Ihre Tochter wohnt in einem Reihenhaus. Petra lebt seit drei Jahren in einer Wohngemeinschaft. Familie Schmidt wohnt in einem Hochhaus. Hans lebt in einem Studentenwohnheim.

Die neue Wohnung

6 a) das Schlafzimmer; b) das Kinderzimmer; c) die Küche; d) das Badezimmer; e) das Wohnzimmer; f) der Balkon; g) der Arbeitsraum.

7 *The conventional answers are as follows. Perhaps you have other ideas!*
Der Tennisschläger kommt in den Keller.
Der Schrank kommt ins Wohnzimmer.
Das Bett kommt ins Schlafzimmer.
Der Videorecorder kommt ins Wohnzimmer.

Der Küchentisch kommt in die Küche.
Die Pflanze kommt ins Wohnzimmer.
Die Waschmaschine kommt in den Keller.
Das Sofa kommt ins Wohnzimmer.
Die Teller kommen in die Küche.
Der Sessel kommt ins Wohnzimmer.
Der Kühlschrank kommt in die Küche.
Der Fernseher kommt ins Wohnzimmer.
Das Bild kommt auch ins Wohnzimmer.
Die CDs kommen auch ins Wohnzimmer.
Das Regal kommt in den Arbeitsraum.
Die Bücher kommen auch in den Arbeitsraum.
Die Topf kommt in die Küche.
Die Gummiente kommt ins Badezimmer.

8 a) fast sechs Monate; b) 4 + Küche und Bad; c) 930 DM, + Nebenkosten; d) in der Nähe vom Stadtpark; e) sie sind sehr gut.

9

Vorteile (+)	Nachteile (–)
Sie haben jetzt mehr Platz. Die Wohnung liegt relativ zentral, in der Nähe vom Stadtpark. Die Wohnung hat auch einen großen Garten. Die Umgebung ist ruhig und sehr grün. Die Miete ist nicht so teuer, 930,- DM. Die Verkehrsverbindung sind sehr gut.	Der Arbeitsraum ist sehr klein.

10 a) außerhalb; b) klein; c) dunkel; d) interessant; e) teuer; f) neu; g) antik; h) laut.

11 a) Wir wohnen in einer sehr großen Wohnung. b) Die Wohnung hat 4 Zimmer (+ Küche und Bad). c) Die Zimmer sind groß und hell. d) Ja, wir haben einen großen Garten. e) Die Miete ist nicht so teuer, 930,- Mark, plus Nebenkosten. f) Die Umgebung ist ruhig und sehr grün. g) Die Verkehrsverbindungen sind sehr gut. h) Ich fahre nur 10 Minuten zur Arbeit. i) Ich fahre mit der U-Bahn. Im Sommer kann ich mit dem Fahrrad fahren.

Wo leben Sie lieber: auf dem Land oder in der Stadt?

14 a) offener; b) interessanter, bunter (als auf dem Land); c) stressiger; d) besser, freundlicher; e) jetzt länger; f) viel entspannter.

16 a) So ein Quatsch! Franz Beckenbauer ist älter als Jürgen Klinsmann. b) So ein Quatsch! In Deutschland ist es kälter als in Südafrika. c) So ein Quatsch! Das Essen im ‚Gourmet-Restaurant' ist besser als in der Mensa. d) So ein Quatsch! Der Volkswagen Polo ist billiger als der Porsche. e) So ein Quatsch! Tokio ist größer als Paris. f) So ein Quatsch! Der Ford Ka ist interessanter als andere Autos.

Mehr Übungen

1 b) größer; c) älter; d) besser; e) teurer; f) höher; g) billiger; h) interessanter.

2 *One possible answer*

Liebe Frau Löschmann,

ich danke Ihnen für Ihren Brief vom 13. Mai. Ich bin gerne bereit, Ihre fragen zu beantworten.

Die Wohnung liegt sehr zentral - nur zwei Minuten bis zur Hauptstraße, aber sie liegt auch sehr ruhig, in der Nähe vom Stadtpark. Die Verkehrsverbindungen sind sehr gut - nur vier Minuten bis zum Hauptbahnhof und zwei Minuten bis zur Bushaltestelle.

Die Wohnung hat drei Schlafzimmer und zwei Badezimmer. Die Küche ist sehr groß, da kann man auch essen. Wir haben zwei Fernseher und einen Videorecorder. Man kann Satellitenprogramme, also auch deutsche Programme bekommen.

Wir haben einen großen, schönen Garten. Dort kann man im Sommer auch essen. Der Stadtpark liegt, wie gesagt, ganz in der Nähe.

Mit freundlichen Grüßen

Ihr Peter Smith

Lektion 17

Haben Sie ein Zimmer frei?

1 a) **falsch**, Er nimmt ein Doppelzimmer. b) **richtig**; c) **falsch**, Er möchte mit seiner Frau auf eine Antiquitätenmesse gehen. d) **falsch**, Er nimmt ein Zimmer mit Bad. e) **falsch**, Das Zimmer kostet 115,- Mark. f) **richtig**.
2 a) iii; b) iv; c) v; d) vi; e) vii; f) ii; g) i. **3** a) Guten Tag. Haben Sie ein Zimmer frei? b) Ein Einzelzimmer, bitte. c) Für drei Nächte. d) Mit Dusche, bitte. e) Um wie viel Uhr gibt es Frühstück? **4** a) falsch; b) richtig; c) richtig; d) falsch; e) falsch; f) richtig.

6 **Hotels/Pension**	**Zimmer**	**Preis für Einzelzimmer**	**Entfernung**	**Pluspunkte**
Offenbach	80	110,- DM	5 Minuten vom Zentrum	sehr zentral, gute Bar
Atlanta	120	190,- M	30 Minuten (eine halbe Stunde) vom Zentrum	Swimming-Pool und Park
Schneider	28	75,- DM	20 Minuten vom Zentrum	familiäre Atmosphäre, ruhig

7 a) größten; b) billiger, am billigsten; c) zentraler, am zentralsten; d) -er, am ruhigsten.

Und wo ist das?

8 a) Das Rathaus ist gegenüber der Touristeninformation und rechts neben dem Rathaus. b) Den Karlsbrunnen findet man hinter der Post und gegenüber der Bibliothek. c) Die Post ist zwischen dem Karlsbrunnen und dem Hotel da Vinci und gegenüber dem Supermarkt. d) Man findet die Touristeninformation gegenüber dem Rathaus. e) Das Kino ‚Fairbanks' ist links neben dem Café Schmidt. f) Die Disco ‚Blue Angel' steht zwischen der Bank und dem Supermarkt und gegenüber dem Hotel ‚da Vinci'. g) Der Imbiss ist rechts neben der Apotheke und vor dem Parkplatz. h) Ich stehe vor dem Imbiss und gegenüber der Kneipe ‚Der fröhliche Trinker'. **9** a) vii; b) iii; c) vi; d) i or v; e) i or v; f) iv g) ii. **10** Gehen Sie geradeaus. Die Bibliothek ist auf der rechten Seite neben dem Museum. Ja, natürlich. Gehen Sie geradeaus und nehmen Sie die erste Straße links. Die Post liegt hinter dem Brunnen. Ja, natürlich. Gehen Sie links, dann rechts. Die Apotheke liegt zwischen dem "Imbiss" und dem Hotel ‚da Vinci'. Gehen Sie geradeaus. Der Supermarkt ist gegenüber dem Museum. Natürlich. gehen Sie links, dann wieder links. Da finden Sie eine Kneipe auf der linke Seite, neben der Bäckerei. Die Kneipe ist sehr gut.

Mehr Übungen

1 a) Das Picasso-Poster haben sie über das Sofa gehängt. b) Den Tennisschläger haben sie unter das Bett gelegt. c) Das Sofa haben sie zwischen das Regal und die Stereoanlage gestellt. d) Das Foto von Oma Lisbeth haben sie an die Wand gehängt. e) Die Pflanze haben sie auf den Boden gestellt. f) Die Gummiente haben sie in den Schrank gelegt. g) Die Waschmaschine haben sie neben den Kühlschrank gestellt.

Lektion 18

Mode

1 Ist Mode wichtig (✓) oder unwichtig (✗) ?

Bettina Haferkamp		✗
Johann Kurz	✓	
Boris Brecht		✗
Ulrike Maziere	✓	

2 a) Sie zeigt, was Leute denken und fühlen. b) Die Leute sollen immer etwas Neues kaufen. c) Schwarze Sachen finde ich am besten. d) Ich ziehe nur an, was ich mag. e) Mode ist ein wichtiger Ausdruck unserer Zeit./ Mode bedeutet viel für mich.

3

pro (+)	contra (-)
Sie zeigt, was Leute denken und fühlen.	Modetrends finde ich langweilig.
Mode bedeutet viel für mich.	
Eine modische Frisur, ein modernes	
Outfit – das ist sehr wichtig für mich.	

4 a) Das war ein langweiliger Film. b) Das ist ein starker Kaffee. c) Das ist ein interessantes Buch. d) Das ist schwieriges Problem. e) Das ist ein neuer Computer. f) Das sind unfreundliche Leute. g) Das ist ein billiges Hotel. h) Das ist eine komplizierte Frage.

5 a) Sie sagt, Verkäuferin ist ein interessanter Beruf. b) Die Arbeit im Haushalt ist anstrengend. c) Ihr Sohn findet Computer-Spiele interessant. d) Sie findet, sie ist kein modischer Typ. e) Die Töchter von Frau Martens finden die Mode wichtig. f) Kunden sind manchmal unfreundlich.

Was tragen die Leute?

6 a) **falsch**, Der Mann trägt einen dunkel**blauen** Anzug und eine **rote** Krawatte. b) **richtig**. c) **richtig**. d) **falsch**, Außerdem hat sie einen dunkel**braunen** Rock, **gelbe** Strümpfe und **braune** Schuhe an. e) **richtig**. f) **falsch**, Der Junge trägt eine **schwarze** Jeans, ein **grünes** T-Shirt, eine **gelbe** Baseball-Mütze und **gelbe** Turnschuhe.

8 a) -en, -em, -en. b) -en, -en. c) -em, -en, -er, -en, -en, -en. d) -em, -en, -er, -en, -en, -en. e) -er, -en. f) -em, -en, -en, -en.

10 a) **falsch**, Jutta und Christian machen **jedes Jahr** eine Party. b) **richtig**. c) **richtig**. d) **falsch**, Die Person, die **am schlechtesten**, **am häßlichsten** aussieht, bekommt einen Preis. e) **falsch**, Die Gäste bringen etwas zum **Trinken** mit.

12

	auf der Arbeit, an der Uni	zu Hause	was sie gern tragen	was sie nicht gern tragen
Mareike Brauer	eine bequeme Hose, eine Bluse, einen Pulli.	eine Hose, oft eine Jeans, T-Shirt, Pullover.	bequeme Sachen. Alles, was bequem ist.	Röcke.
Günther Scholz	einen Anzug, ein weißes Hemd, eine Krawatte.	ein sportliches Hemd oder ein Poloshirt.	sportliche Kleidung, elegante Kleidung.	bunte Kleidung, rote Hemden, Hawaii-Hemden, bunte Hosen, usw.

13 Guten Tag. Ich suche einen neuen Anzug. /Einen grauen Anzug, für eine Party. /Ich suche etwas Modisches. /Ja, gut, aber italienische Anzüge sind sehr teuer. /Ja, das stimmt und das ist auch eine sehr modische Party in New York.

Mehr Übungen

1 a) **Verkäuferin** Ich arbeite in ein**em** groß**en** Kaufhaus in München. Bei der Arbeit trage ich ein**en** schwarz**en** Rock und eine weiße Bluse. **Im** Winter trage ich zum schwarzen Rock auch eine schwarze Jacke. b) **Student** Im Moment arbeite ich bei Burger King und muss eine häßliche Uniform tragen. An der Uni trage ich aber immer eine blaue Levi-Jeans mit einem modischen T-Shirt. Mir gefallen am besten amerikanische oder britische T-Shirts. Alte Sachen vom Flohmarkt gefallen mir manchmal auch.

Lektion 19

Einladungen und Geschenke **1** die Geburtstagsparty, die Hochzeit, die Grill-Party, die Hauseinweihungsfeier. **2** a) **falsch**, Susanne und Michael heiraten **am 8. Mai** in Marbach. b) **richtig**; c) **falsch**, Uschi und Matthias haben ihr ‚Schloss' gefunden.) **falsch**, Susanne und Gerd wollen in ihrem Haus eine **Grill** -Party machen. e) **falsch**, Sie haben auch Essen für Vegetarier.
3 The case needed is the dative. **Ihm** means *(to) him*, **ihr** means *(to) her*, **ihnen** means *(to) them*.
4 a) ihr; b) ihm; c) ihnen; d) ihr; e) ihnen; f) ihm.

5

Wem?	Was bringen sie mit?	Warum?
Vater	Sie bringen ihm eine Baseball-Mütze von den New York Dodgers mit.	Er sieht gern Baseball-Spiele im Fernsehen.
Oma	Sie bringen ihr einen neuen Bademantel mit.	Amerikanische Bademäntel sind sehr gut.
Tante Heidi	Sie bringen ihr Turnschuhe von Nike mit.	Nike-Turnschuhe sind in Amerika viel billiger als in Europa.
Onkel Georg	Sie bringen ihm einen U-Bahn-Plan von New York mit.	Er sammelt U-Bahn-Pläne.

Können Sie mir etwas empfehlen?

7 a) 4; b) 1; c) 8; d) 6; e) 7; f) 5; g) 2 h) 3. **8** a) Er möchte seiner Frau etwas schenken. / Seiner Frau möchte er etwas schenken. b) Beide kosten 99,99 DM. c) Sein Frau hat schon eine. d) Nein, er gefällt ihm nicht. e) Er nimmt den blauen (Schal). **9** a) -e; b) -e; c) -e; d) -en; e) -e; f) -en. **10** a) 4; b) 8; c) 7; d) 1; e) 3; f) 5; g) 6; h) 2. **11** Guten Tag. Können Sie mir helfen?/Ich suche ein Buch über New York. Können Sie mir etwas empfehlen?/Nein. Er gefällt mir nicht./ Das gefällt mir. Wie viel kostet es?/Das Buch nehme ich. Und haben Sie das neue Buch von Umberto Eco?/Danke schön. Wo ist die Kasse, bitte?

Mehr Übungen

1 a) Man kann ihm eine CD von Maria Callas schenken. b) Man kann ihr ein Buch über Indien schenken. c) Man kann ihm Turnschuhe schenken. d) Man kann ihnen eine Flasche Wein schenken. e) Man kann ihr ein Buch über Blumen und Pflanzen schenken. f) Man kann ihm ein Computer-Spiel schenken.
2 b) → 3) Die alte Katze schenkt er seiner Großmutter. c) → 6) Das informative Buch über englische Grammatik schenkt er seinem guten Freund, Jörg. d) → 2) Den alten Computer schenkt er seinem jüngeren Bruder. e) → 1) Das tolle Poster von Brad Pitt schenkt er seiner neuen Freundin. f) → 5) Den schönen Hibiskus schenkt er seiner Mutter.

Lektion 20
Leben Sie eigentlich gesund?

1

gesund	ungesund
■ Salat essen	■ fernsehen und Kartoffelchips essen
■ zweimal in der Woche schwimmen gehen	■ jeden Tag 4 Flaschen Bier trinken
■ ein Glas Rotwein pro Tag trinken	■ 5 Stunden ohne Pause vor dem Computer sitzen
■ Fahrrad fahren	
■ lange spazieren gehen	

2 *Possible answers*
Es ist gesund, wenn man Salat isst.
Ich finde es ungesund, wenn man fernsieht und Kartoffelchips isst.
Es ist gesund, wenn man zweimal in der Woche schwimmen geht.
Ich finde es ungesund, wenn man jeden Tag 4 Flaschen Bier trinkt.
Ich finde es aber gesund, wenn man ein Glas Rotwein pro Tag trinkt.
Es ist ungesund, wenn man 5 Stunden ohne Pause vor dem Computer sitzt.
Es ist gesund, wenn man Rad fährt und auch wenn man lange spazieren geht.

3 *Possible answers*
a) Ja, es ist gut, wenn man manchmal (aber nicht zu oft!) einen Schnaps trinkt.
b) Ja, es ist schlecht, wenn man zu viel Fernsehen sieht.
c) Ja, man ist (eigentlich) ein bisschen altmodisch, wenn man keine Jeans trägt.
d) Nein, es ist nicht ungesund, wenn man jeden Tag fünf Tassen Kaffee trinkt. (Aber es ist auch nicht besonders gesund!)
e) Ja, es ist gesund, wenn man viermal pro Woche ins Fitness-Center geht.
f) Nein, es ist nicht schlecht, wenn man den ganzen Sonntag im Bett bleibt. (Vor allem, wenn man montags bis freitags schwer arbeitet!)

4

a)	Wer joggt abends?	MW
b)	Wer möchte mehr relaxen?	ES-T
c)	Wer hat früher Volleyball gespielt?	MF
d)	Wer lebt sehr gesund?	GT
e)	Wer treibt viel Sport?	
f)	Wer darf nicht mehr Ski fahren?	MF

5

	Was tun sie Moment?	Was dürfen sie nicht tun?	Was sollen sie tun?	Was wollen sie tun?
Gabriela	treibt viel Sport, spielt Fußball, Handball, ein bisschen Tennis; raucht nicht, trinkt sehr wenig Alkohol; isst gesund			will vielleicht einen Fitness-Urlaub machen

Michael	joggt abends	darf nicht mehr rauchen	soll weniger Fett essen; soll mehr Sport treiben	will am Wochenende mehr mit dem Rad fahren
Marianne	geht vier-bis fünfmal in der Woche schwimmen	darf nicht mehr Volleyball spielen: darf auch nicht mehr Ski fahren	soll viel schwimmen gehen	will wieder aktiver leben
Egbert	geht Windsurfen und Tauchen; geht auch Ski fahren		soll nicht mehr so viel Sport machen	will mehr relaxen

6 Gabriela Tomascek — fühlt sich sehr fit.
Michael Warnek — darf nicht mehr rauchen.
soll mehr Sport treiben.
Marianne Feuermann — darf nicht mehr Ski fahren.
Egbert Schmidt-Tizian — soll weniger Sport treiben.
will mehr Freizeit haben.

7 a) Herr Kaspar ist zu dick. Die Ärztin sagt, er **soll** weniger essen. b) Frau Meier liebt Italien. Sie **will** nächstes Jahr nach Neapel fahren. c) Peter ist morgens immer müde. Seine Mutter sagt, er **soll** früher ins Bett gehen. d) Beate Sabowski hat Herzprobleme. Der Arzt sagt, sie **darf** nicht mehr rauchen. e) Kinder unter 16 Jahren **dürfen** den Film nicht sehen. f) Man **soll** nicht zu viel Kaffee trinken. g) Im Sommer fahre ich nach Argentinien. Vorher **will** ich ein wenig Spanisch lernen. **9** a) 8; b) 3; c) 2; d) 1; e) 5; f) 7; g) 4; h) 6.
10 a) **richtig**; b) **falsch**, Die Schmerzen hat sie seit fast 4 Wochen. c) **richtig**; d) **richtig**; e) **falsch**, Sie darf nicht Volleyball spielen. Sie soll lieber zum Schwimmen gehen. f) **falsch**, Sie sagt, es ist sehr wichtig.
11 a) Mit den Kindern geht man zum Kinderarzt . b) Wenn man Probleme mit den Augen hat, geht man zum Augenarzt. c) Wenn man Ohrenschmerzen hat, geht man zum Facharzt für Hals-Nasen-Ohren-Krankheiten. d) Wenn man zum Beispiel eine Grippe oder Fieber hat, geht man zum Arzt für Allgemeinmedizin. **12** Ich habe ziemlich starke Halsschmerzen./Etwa 3 Tage, und es wird immer schlimmer./Ich bin Lehrer(in)./Ja, aber was soll ich tun?/Ja, nächste Woche fliege ich nach Florida./Gut, und vielen Dank.

Mehr Übungen

1 a) Werktags zwischen 7 und 19 Uhr **darf** man bis auf 60 Minuten hier parken. b) In diesem Geschäft **kann** man Kaffee, Tee und Milch kaufen. c) Wie alt sind Sie, wenn ich fragen **darf**? d) Vor dieser Tür **darf** man nicht parken. e) In dieser Straße **darf** man nur langsam fahren. f) In diesem Theater **darf** man nicht rauchen. **2** a) Wenn du Englisch lernen möchtest, musst du in eine Sprachschule gehen. b) Wenn Bodo ein altes Buch über Deutschland finden möchte, muss er auf dem Flohmarkt suchen. c) Wenn ihr nächste Woche nach New York fliegen wollt, müsst ihr bald eure Tickets buchen. d) Wenn Florian am

Wochenende zu Heikes Party gehen möchte, muss er nett zu ihr sein. e) Wenn
Marcus ein Jahr in Madrid arbeiten möchte, muss er ja Spanisch lernen. f) Wenn
Sie kein Geld und keine Kreditkarte haben, müssen Sie mit einem Scheck bezahlen.

Lektion 21

Das Wetter

3

	wo sie waren	Jahreszeit	Temperaturen	Wetter
Bärbel Sprecht	auf Kreta	Frühling	um 28 Grad	Ideal. Kein Regen. Jeden Tag Sonne und ein leichter Wind.
Jutta Weiss	Australien	Dezember (Sommer in Australien)	über 35 Grad	Sonne. Manchmal ein Gewitter.

4 a) In München ist es wärmer. b) 20 Grad Celsius. c) Ja, es gibt Schauer. d)
Nein. In Wien scheint die Sonne und es ist bedeckt. e) In Spanien gibt es
Gewitter. f) In Kairo scheint die Sonne. Die Temperatur beträgt zwischen 30 und
35 Grad.
5 a) 8 bis 0 Grad. b) 23 Grad. c) Wolken und Regen. d) Regen. e) besser.

Wie war Ihr Urlaub?

6 a) Er hat abends gut gegessen und ist manchmal in die Hotel-Bar gegangen.
b) Nein, er konnte auch richtiges deutsches Bier kaufen. (Wie zu Hause.)
c) Sie machen jedes Jahr im Winter einen Skiurlaub. d) Nächstes Jahr wollen sie
vielleicht (mal) in die Schweiz fahren. e) Das Wetter war für sie eine
Katastrophe. (Sie hatten meistens Regen. Außerdem war es sehr kalt.) f) Nein,
nächstes Jahr fliegen sie lieber in den Süden, nach Spanien oder Griechenland.
g) Nein, er sucht noch einen Job. h) Vor zwei Jahren ist er nach Mexiko-City
geflogen.

7 mit dem Flugzeug fliegen; b) auf den Berg steigen; c) zu Fuß gehen; d) mit
dem Auto fahren; e) im Meer schwimmen; f) Ski laufen; g) im Park spazieren gehen.
8 a) Er **ist** zu Fuß nach Hause **gegangen**. b) Petra und Ulrike **sind** jeden Tag vier
Stunden im Meer **geschwommen**. c) Frau Müller **ist** fast jeden Tag Ski **gelaufen /
gefahren**. d) Seppl Dreier ist auf den Mount Everest **gestiegen**. e) Diesmal **bin**
ich mit der Lufthansa nach London **geflogen**. f) Annette **ist** viel mit dem Fahrrad
gefahren. g) Er **ist** im Stadtpark spazieren **gegangen**.
9 ‚Letztes Jahr war ich in Heidelberg im Urlaub. Ich bin nur drei Tage geblieben.
Dort habe ich in einer Jugendherberge gewohnt. Abends bin ich in eine Karaoke-
Kneipe gegangen. In der Kneipe habe ich ein Lied von Elvis Presley gesungen.
Dort hat mich ein Produzent gehört / Dort hat ein Produzent mich gehört. Ihm
hat meine Stimme sehr gut gefallen. Am nächsten Tag bin ich mit ihm nach
Berlin geflogen. In einem Studio habe ich eine neue CD gemacht. Dann habe ich
im Fernsehen und im Radio gesungen. Nächstes Jahr will ich in Las Vegas
singen.‘ **10** a) **falsch**; b) **richtig**; c) **richtig**; d) **falsch**; e) **falsch**; f) **richtig**.
11 Eine einzige Katastrophe./Die ersten drei Tage hatten wir Regen. Wir konnten
also nicht spazieren gehen./Ein Freund und ich sind mit dem Wagen gegen einen

Baum gefahren./Ja, meine Beine haben mir weh getan, aber es war nichts Schlimmes./Nur zwei Tage, aber dann musste ich wieder nach Hause kommen. / Jetzt geht es mir wieder gut.

12 a) richtig b) falsch; 22 Millionen Deutsche finden kurze Urlaube besser. c) richtig e) falsch; Es warten mehr Leute London als nach Amsterdam.

Mehr Übungen

1 *Na, wie geht's? Dieses Jahr sind wir nicht **nach** Indien geflogen oder **in** die Berge gefahren. Nein, wir haben Urlaub **an** der Ostsee gemacht, **auf** der Insel Rügen. Rügen liegt im Norden, in der ehemaligen DDR. Das Wetter war gut, wir sind viel geschwommen. Es gibt sogar Berge, und wir sind **auf** die Berge gestiegen. Außerdem haben wir einen Ausflug **nach** Berlin gemacht. Dort war es natürlich auch sehr interessant. So viel hat sich verändert. Wir sind **ins** Pergamon Museum gegangen und waren auch **im** Museum für Deutsche Geschichte.*

2 a) wollte, musste; b) konnten; c) sollte, konnte; d) durfte; e) Mussten.

Lektion 22

Telefonieren

2

informell	formell
– Hallo, Bernd, bist du es?	– Guten Tag, Herr Preiß. Hier spricht Frau Schmidt.
– Ist Inga da?	– Sprche ich mit Frau Klages?
	– Ich möchte mit Herrn Kohl sprechen.
	– Kann ich bitte mit Frau Gross sprechen?

3

	1	2	3
Sie ist beim Zahnarzt.		X	
Die Leitung ist besetzt.	X		
Er ist auf Geschäftsreise.			X
Soll sie zurückrufen?		X	
Wollen Sie warten?	X		
Wollen Sie eine Nachricht hinterlassen?			X
Er möchte mich morgen zurückrufen.			X
Ich bin zu Hause.		X	
Ich rufe später noch mal an.	X		

a) Sie telefoniert. b) Sie ist beim Zahnarzt und kommt so in einer Stunde wieder nach Hause. c) Er ist auf Geschäftsreise (in Wien) und ist wahrscheinlich morgen wieder im Büro. d) Sie möchte ihm ein (fantastisches) Geschenk geben. **4** a) 3; b) 1; c) 5: d) 6; e) 2; f) 4. **5** a) Ich sage es **ihm**. (*I'll tell him.*) b) Ich richte es **ihm** aus. (*I'll pass the message on to him.*) c) Soll ich **ihnen** eine

Nachricht geben? *(Should I give them a message?)* d) Soll ich **ihr** etwas
ausrichten? *(Should I pass on a message to her?)* e) Sag **ihr** bitte, ich bin um 5
Uhr da. *(Tell her, please, I'll be there at 5 o'clock.)*
6 Guten Tag. **Hier** ist der telefonische Anrufbeantworter von Evelyn und
Michael Schweighofer. Wir sind im Moment **leider** nicht da. Sie können uns
aber gerne nach dem Pfeif-Ton eine **Nachricht** hinterlassen. Bitte sagen Sie uns
Ihren **Namen** und Ihre **Telefonnummer** und wir **rufen** Sie dann so schnell wie
möglich **zurück**.

7

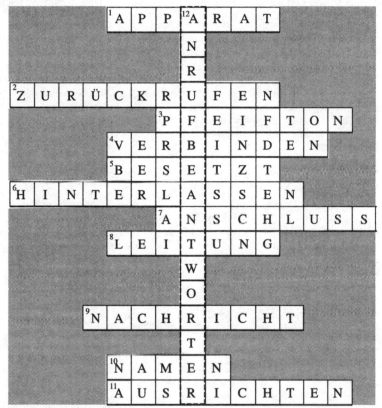

Arbeit im Büro

8 a) **6**; b) **5**; c) **1**; d) **2**; e) **3**; f) **4**. **9** a) Nein, links vorne war das Büro der
Sekretärin, Frau Schüller. b) **richtig**; c) Nein, auf der rechten Seite in der Mitte
war das Zimmer der Texter, Michaela und Günther; d) Und ganz hinter rechts
war der Raum der Chefin, Frau Conrad; e) Ganz hinten links war dann das
Zimmer des Managers, Guido Kafka. **10** a) Ich habe den Namen der Designerin
vergessen. b) Die Telefonnummer der Kundin ist 45 76 98. c) Die Rechnung des

Hotels war astronomisch. d) Die Reparatur des Computers hat drei Wochen
gedauert. e) Mir gefällt die Farbe des neuen Firmenautos nicht. f) Die Anzahl
der Leute ohne Arbeit beträgt über 4 Millionen.

11 a) **richtig**; b) **falsch**; Herr Schneider hatte am Ende der Woche einen Termin
mit ihr; c) **falsch**; Er fährt auf Geschäftsreise in die USA; d) **richtig**; e) **falsch**;
Sie machen einen Termin für Donnerstag um 14.00 Uhr.

12 Ich möchte gern mit Frau Conrad sprechen./Vielen Dank. Hier spricht ....
Ich hatte einen Termin für Anfang der Woche./Es tut mir Leid, aber ich muss den
Termin absagen./Ja. Passt es Ihnen am Ende der Woche?/Ich habe keine Termine
für Freitagmorgen. Das passt mir gut. Auf Wiederhören.

Mehr Übungen

1 a) 1; b) 6; c) 2; d) 3; e) 8; f) 5; g) 7; h) 4.

2 a) Der Computer meiner Kollegin ist fantastisch. b) Das Auto meines Bruders
fährt sehr schnell. c) Die Firma meines alten Schulfreundes war letztes Jahr sehr
erfolgreich. d) Die Kollegen meines Mannes sind alle schrecklich langweilig.
e) Die Managerin der exquisiten Boutique ‚La dame‘ kommt aus Krefeld. f) Das
Büro unseres neuen Designers ist sehr chic. g) Der Laptop meines Sohnes hat
auch einen Internet-Anschluss. h) Die Ehepartner meiner Kollegen sind alle
furchtbar nett.

Lesson 23

Stellenangebote

2 a) *He needs special care*; b) *Working hours by agreement*; c) *You have to have
office experience*; d) *Other applications are pointless*; e) *To start immediately*;
f) *Because of a sudden vacancy*. **3** a) E; b) C; c) B; d) D; e) C; f) A. **4** a) E; b)
A; c) C; d) D; e) B. **5** a) **falsch**, Herr Frankenthal ist verheiratet. b) **richtig**; c)
falsch, Er hat in Offenbach seinen Realschulabschluss gemacht. d) **richtig**; e)
falsch, Seinen ersten Job hatte er bei der Dresdner Bank. f) **richtig**; g) **richtig**.

7 a) wechseln; b) machen; c) bekommen; d) arbeiten; f) sein; g) besuchen.

8 a) 1968. b) Sie ist durch Asien gereist. c) 1988–89. d) An der Universität
Hamburg e) Vier Jahre. f) Seit 1998.

9 Ich bin am **1. Juni 1968** in **Bremen** geboren. Von **1974** bis **1978** ging ich in
die Grundschule in **Bremen**. Danach wechselte ich auf das Heinrich-Heine
Gymnasium. 1987 machte ich mein Abitur. Nach der Schule reiste ich **durch
Asien**. Von **1988** bis **1989** machte ich ein Praktikum bei der *Hamburger Zeitung*.
Anschließend studierte ich Journalistik an der *Universität Hamburg* und **1994**
machte ich meinen Abschluss. Nach dem Studium arbeitete ich von **1994** bis
1998 bei *der Tageszeitung* in Berlin. 1998 zog ich wieder nach Hamburg und
arbeitete beim Nachrichtenmagazin *Der Spiegel*.

Mehr Übungen

1 a) stand; b) trank; c) sagte; d) fuhr; e) war; f) ging; g) wartete; h) dachte; i)
waren; j) sah; k) schlug; l) kam. **2** Das Leben von Heinrich Böll c) Von 1928 bis
1937 besuchte er das Kaiser-Wilhelm-Gymnasium in Köln. d) 1937 machte er
das Abitur. e) 1937 begann er in Bonn eine Buchhandelslehre. f) 1939 studierte

an der Universität Köln Germanistik. g) Von 1939 bis 1945 war er Soldat im Zweiten Weltkrieg. h) 1942 heiratete er Annemarie Zech. i) Von 1946 bis 1949 veröffentlichte er Kurzgeschichten in Zeitungen und Zeitschriften. j) 1949 erschien sein erstes Buch (Der Zug war pünktlich). k) Von 1949 bis 1985 schrieb er viele literarische Werke. l) 1972 erhielt er den Nobelpreis für Literatur. m) 1985 starb er am 16. Juli in Hürtgenwald / Eifel.

Lekton 24

Was wissen Sie über Deutschland, Österreich und die Schweiz?

2 a) Ich meine, dass Frankfurt das Finanzzentrum von Deutschland ist. b) Ich glaube, dass es in Wien viele alte Kaffeehäuser gibt. c) Ich denke, dass München eine sehr schöne Stadt ist. d) Ich glaube, dass die Schweizer viel Humor haben. e) Ich denke, dass die Deutschen viel Bier trinken. f) Ich meine, dass Deutschland ein sehr interessantes Land ist.

3 *Possible answers*
a) Ich glaube, dass Österreich größer als die Schweiz ist. b) Ich bin sicher, dass die Hauptstadt von der Schweiz Bern heißt. c) Ich glaube, dass es vier offizielle Sprachen in der Schweiz gibt. d) Ich glaube, dass ich nur Innsbrück, Salzburg und Wien kenne. e) Ich bin sicher, dass Mozart in Salzburg geboren ist. f) Ich glaube, dass die Bundesrepublik Deutschland mehr als 80 Millionen Einwohner hat. g) Ich bin sicher, dass die Hauptstadt der Bundesrepublik Berlin ist. h) Keine Ahnung! i) Ich glaube , dass das Oktoberfest im September in München stattfindet. j) Ich bin sicher, dass Frankfurt am multikulturellsten ist.

4 Schweiz	Österreich	Deutschland
Arzneimittel	Mozart-Kugeln	Arzneimittel
vier Sprachen	Schloss Schönbrunn	81,5 Milionen Einwohner
7,2 Millionen Einwohner	etwas doppelt so groß wie die Schweiz	Biergärten
	8,0 Millionen Einwohner	Oktoberfest
		viele Leute aus der Türkei
		neue Hauptstadt
		multikulturelle Gesellschaft

5 b) 83,853 km². c) 41,293 km². d) 81,5 Millionen. e) 8,0 Millionen. f) 7,2 Millionen. g) 1990. h) 3.10.1990. i) 29,1%.

Aus der Geschichte

7 1947 wurde ein Hilfsprogramm für Westeuropa vom US-Außenminister Marshall angekündigt. 1949 wurde die Nato von mehreren westlichen Staaten gegründet. 1961 wurde die Erde von Yuri Gagarin zum ersten Mal umkreist. 1968 wurde Martin Luther King ermordet. 1973 wurde der Vietnam-Krieg beendet. 1990 wurde Nelson Mandela nach 27 Jahren aus der Haft entlassen. 1997 wurden die Verträge von Amsterdam von 15 europäischen Staaten unterzeichnet. **8** a) Die neunte Symphonie wurde von Ludwig van Beethoven komponiert. b) Die Fußballweltmeisterschaft 1966 wurde von England gewonnen. c) Die Dampfmaschine wurde von James Watt erfunden. d) Frankenstein wurde von Mary Shelley geschrieben. e) Guernica wurde von

Pablo Picasso gemalt. f) Das Penizillin wurde von Alexander Fleming entdeckt.
g) Waterloo wurde von Abba gesungen. h) Eva Peron wurde von Madonna
gespielt.
9 a) **falsch**; b) **richtig**; c) **richtig**; d) **falsch**; e) **falsch**; f) **richtig**; g) **falsch**.
a) (am 28 August) 1749 in Frankfurt am Main geboren. b) Jura. c) Seine Novelle
‚Die Leiden des jungen Werthers.' d) an den Hof von Weimar. e) nach Italien.
f) Faust. g) an den Teufel. h) in Weimar. i) in fast alle Sprachen übersetzt.
j) nach ihm benannt.
10 Ja, in der Schweiz werden vier Sprachen gesprochen. Ja, die D-Mark wurde
1948 eingeführt. Die Berliner Mauer wurde 1961 gebaut. Deutschland wurde am
3. Oktober 1990 wiedervereinigt. Faust wurde von Johann Wolfgang von Goethe
geschrieben. Natürlich. Es wurde 1808 veröffentlicht. Natürlich. Das Goethe-
Institut wurde nach ihm benannt.

Mehr Übungen

1 Sagen Sie ihm, a) ... dass ich angerufen habe. b) ... dass ich heute Nachmittag
an meinem Schreibtisch bin. c) ... dass er zurückrufen soll. d) ... dass ich heute
Abend mit ihm essen gehen möchte. e) ... dass er seine Freundin mitbringen soll.
f) ... dass wir nachher in die Disco gehen wollen. **2** a) 1948 wurde die neue
Währung, die D-Mark eingeführt. b) 1949 wurden die Bundesrepublik
Deutschland und die Deutsche Demokratische Republik gegründet. c) 1961
wurde am 13. August die Berliner Mauer gebaut. d) 1989 wurden die
innerdeutsche Grenze und die Berliner Mauer geöffnet. e) 1990 wurde die DDR
offiziell in die Bundesrepublik Deutschland integriert. f) 1990 wurde Berlin als
Hauptstadt des wiedervereinigten Deutschlands gewählt.

LISTENING COMPREHENSION TRANSCRIPTS

Lektion 1: Guten Tag; Hallo!

3 Ein Unfall

Polizist	Wie heißen Sie, bitte?
Frau Gruber	Ich heiße Gertrud Gruber.
Polizist	Gruber, Gertrud … Und Sie? Wie ist Ihr Name?
Herr Braun	Mein Name ist Braun, Martin Braun.
Polizist	Braun, Martin … Und Sie? Wie heißen Sie?
Herr Schwarz	Ich heiße Boris Schwarz.
Polizist	Schwarz, Boris …

Lektion 1: Begrüßungen

6 Grüße im Radio und Fernsehen

– Guten Abend, verehrte Zuschauer…
– Radio Bayern. Guten Morgen, liebe Zuhörer…
– Hallo, schön guten Morgen…
– Gute Nacht, liebe Zuhörer…
– Guten Tag. Hier ist die Tagesschau…
– Unser Programm geht jetzt zu Ende. Wir wünschen Ihnen eine gute Nacht.

Lektion 1: Woher kommen Sie? Wo wohnen Sie?

9 Woher kommen Sie?

Wie heißen Sie?
Woher kommen Sie?
Und wo wohnen Sie jetzt?

Lektion 2: Wie geht es Ihnen?

3 Im Büro

Frau Bachmann	Guten Tag, Frau Huber!
Frau Huber	Tag, Frau Bachmann! Und wie geht's Ihnen?
Frau Bachmann	Na ja … Mir geht's heute nicht so gut.
Frau Huber	Das tut mir aber Leid.
Frau Bachmann	Und Ihnen? Wie geht's Ihnen denn?
Frau Huber	Mir geht's wirklich sehr gut… Oh, da kommt Herr Dietz!
Bachmann u. Huber	Tag, Herr Dietz!
Herr Dietz	Tag, Frau Huber! Tag, Frau Bachmann!
Frau Huber	Und wie geht's heute?
Herr Dietz	Ach, es geht.

Lektion 3: Zahlen 1–10

2 Fußballbundesliga

Die weiteren Ergebnisse vom 33. Spieltag:
Hamburg Dortmund: 2 zu 1
Bochum Sankt Pauli: 6 zu 0
Duisburg Mönchengladbach: 4 zu 2
Bielefeld Rostock: 1 zu 3
Schalke Freiburg: 0 zu 2
Karlsruhe 1860 München: 3 zu 0
Bremen Düsseldorf: 1 zu 0

4 Wer ist da?

- Guten Tag! Wie heißen Sie, bitte?
- Baumgart, Waltraud.
- Wie schreibt man das?
- B-A-U-M-G-A-R-T.
- Ja, gut. Sie stehen auf der Liste.
- Guten Tag! Mein Name ist Schanze, Martin Schanze.
- Und wie buchstabiert man Schanze?
- S-C-H-A-N-Z-E.
- Ja, Sie sind auch auf der Liste.
- Hallo! Mein Name ist Hesse, H-E-S-S-E.
- Danke. Ja, hier ist Ihr Name.
- Und ich heiße Schidelowskaja S-C-H-I-D-E...
- Ist schon gut! Sie sind auch dabei, Frau Schidelowskaja!

5 Welche Firmennamen hören Sie?

Und nun der Bericht von der Börse aus Frankfurt. Ein guter Tag für die AEG, plus 9 Punkte. Von der Autoindustrie ist Positives zu vermelden: BMW legte um 3 Prozent zu und auch VW meldet ein leichtes Plus. Dagegen ein schlechter Tag für die Banken: Deutsche Bank minus 5 Prozent und die DG Bank minus 7. Nichts Neues von der Bahn: die DB meldete plus minus 0.

Lektion 3: Zahlen 11–100

8 Die Lottozahlen

Die Lottozahlen: 6 8 14 23 26 46 und die Zusatzzahl: 22.
Die Superzahl: Null .

Die Gewinnzahlen im Spiel 77: 0 3 8 8 6 3 0
Die Gewinnzahlen der Lotterie Super 6: 3 8 3 7 1 8
Diese Angaben sind wie immer ohne Gewähr.

9 Anrufe bei der Auskunft

Welche Namen und Telefonnummern hören Sie?

Kunde	Guten Tag. Ich hätte gern die Telefonnummer von Berta Schulz in Hamburg.
Fem. voice	Schulz? Wie schreibt man das bitte?
Kunde	S-C-H-U-L-Z.
Fem. voice	Vorname Berta?
Kunde	Ja, richtig.
Computerstimme	Die Nummer ist 040 – 30 07 51.
Kunde	Hallo. Ich brauche die Nummer von Günter Marhenke hier in Hamburg.
Fem voice	Marhenke? Wie buchstabiert man das?
Kunde	M-A-R-H-E-N-K-E.
Fem voice	Können Sie das wiederholen?
Kunde	Ja, kein Problem: M-A-R-H-E-N-K-E.
Computerstimme	Die Nummer ist 040 – 73 45 92.

10 Telefonnummern, Faxnummern, usw.

Welche Telefonnummer haben Sie?
Wie ist Ihre Faxnummer?
Wie ist Ihre Hausnummer oder Zimmernummer?

Here is how Jochen replies:

Jochen Meine Telefonnummer ist null – sieben –elf vierundzwanzig – neunundachtzig – null – zwo. Meine Hausnummer ist hundertdreiundneunzig.

Lektion 4: Ich spreche Deutsch

2 Noch zwei Abendkursstudenten

Dialog 1

Gür Hallo! Mein Name ist Gür Yalezan. Ich bin Türke und komme aus Berlin. Ich wohne jetzt in der Nähe von Leipzig, in Taucha. Ich spreche Türkisch, Deutsch und ziemlich gut Englisch. Ich bin ledig und studiere in Leipzig.

Dialog 2

Susi Ich heiße Susi Mcrkl, das buchstabiert man S-U-S-I und M-E-R-K-L, und bin Österreicherin. Ich komme aus Innsbruck, wohne aber jetzt in Rötha, hier in der Nähe von Leipzig. Ich spreche Deutsch und Englisch und ich verstehe ein bisschen Spanisch. Ich bin seit vier Jahren verheiratet und arbeite zur Zeit hier in Leipzig.

Lektion 4: Nationalitäten und Sprachen

6 Ihr Frage

Wie ist Ihr Name?
Woher kommen Sie?
Wo wohnen Sie jetzt?
Sind Sie Amerikaner oder Amerikanerin?
Ist Ihre Muttersprache Englisch?
Verstehen Sie ein bisschen Deutsch?
Sind Sie verheiratet?
Studieren Sie?

Lektion 4: Mehr Übungen

1 Rollenspiel

Interviewer	Wie heißen Sie?
Jürgen	Ich heiße Jürgen Krause.
Interviewer	Sind Sie Deutscher?
Jürgen	Nein, ich bin Österreicher.
Interviewer	Woher kommen Sie?
Jürgen	Ich kommen aus Wien.
Interviewer	Und wo wohnen Sie jetzt?
Jürgen	Ich wohne jetzt in Salzburg.
Interviewer	Was sprechen Sie?
Jürgen	Ich spreche Deutsch und Englisch.
Interviewer	Sind Sie verheiratet?
Jürgen	Nein, ich bin seit drei Jahren verwitwet.
Interviewer	Arbeiten Sie?
Jutta	Ja, ich arbeite in Salzburg.

Lektion 6: Berufe

3 Jochen Krenzler aus Dresden lernt Rainer Tietmeyer aus Coventry kennen

Jochen   Willkommen in Dresden! Mein Name ist Jochen Krenzler. Können Sie vielleicht Deutsch?

Rainer   Guten Tag! Ja, ich spreche Deutsch. Ich heiße Rainer Tietmeyer.

Jochen   Das ist ja großartig! Sind Sie denn Deutscher?

Rainer   Ja, aber meine Frau ist Engländerin, und ich wohne seit 24 Jahren in England.

Jochen   Ach so. Und was sind Sie von Beruf?

Rainer   Ich bin Tischler.

4 Beantworten Sie die Fragen

Interviewer   Sind Sie Deutsche?

Gudrun   Ja, ich bin Deutsche.

Interviewer   Ist Ihr Mann auch Deutscher?

Gudrun   Nein, er ist Ire.

Interviewer   Und wo wohnen Sie?

Gudrun   Ich wohne seit 17 Jahren in Münster.

Interviewer   Sind Sie berufstätig?

Gudrun   Ja, ich bin Sekretärin bei Mannesmann.

Interviewer   Und was ist Ihr Mann von Beruf?

Gudrun   Er ist Taxifahrer.

Lektion 6: Was studierst du?

7 Was studieren sie?

Heike	Hallo! Ich heiße Heike und das ist Martina. Wie heißt ihr?
Paul	Hallo! Ich heiße Paul und komme aus Bremen.
Daniel	Grüßt euch! Ich bin der Daniel und komme aus Hamburg. Und woher kommt ihr?
Heike	Ich komme aus Düsseldorf und Martina kommt aus Köln. Seid ihr Studenten?
Paul	Ja, wir studieren in Bremen. Ich studiere Germanistik.
Daniel	Und ich Anglistik. Ihr seid wohl auch Studentinnen?
Heike	Ja, in Aachen. Ich studiere Informatik und Martina studiert Mathematik.

Lektion 8: Einkaufen

7 Was kostet ...?

– Was kostet eine Flasche Rheinwein?
– 10 Mark 20.

Und jetzt Sie!

– Was kostet ein Roggenbrot?
– 2 Mark 20.
– Was kostet eine Flasche Moselwein?
– 9 Mark 80.
– Und wie teuer ist eine Flasche Olivenöl?
– 10 Mark 75.
– Was kostet eine Dose Tomaten?
– 1 Mark 79.
– Und eine Packung Müsli?
– 3 Mark 25.

- Und was kosten Äpfel?
- 1 Kilo 4 Mark 10.
- Und wie teuer ist der Emmenthaler Käse?
- 1 Kilo 24 Mark 50.
- Und was kostet ein Blumenkohl?
- 3 Mark 85.

Lektion 9: Hobbys und Freizeit

6 Was ist Ihr Hobby?

Interview 1

Reporter   Guten Tag. Wir sind vom Radio und machen eine Umfrage. Was ist Ihr Hobby, bitte?

Touristin   Mein Hobby? Also, mein Hobby ist mein Garten. Und ich wandere gern.

Interview 2

Reporter   Entschuldigen Sie bitte. Haben Sie ein Hobby?

Tourist   Ein Hobby? Ja, ich schwimme gern, ich gehe gern ins Kino und ich lese gern.

Reporter   Lesen Sie gern Krimis?

Tourist   Nein, ich lese nicht gern Krimis. Ich lese gern Romane und Biographien.

Lektion 10: Die Uhrzeit

3 Schreiben Sie die Uhrzeiten

Dialog 1.

Fem voice 1	Mensch, sag'mal Klaus, wie viel Uhr ist es denn jetzt?
Male voice 3	Warte mal, … kurz vor halb sieben.
Fem voice 1	Was, schon so spät. Dann muss ich los.

Dialog 2.

Male voice 3	Sag mal, ist das denn schon neun Uhr?
Fem voice 1	Nee, das ist noch keine neun. Meine Uhr zeigt 10 vor neun.
Male voice 3	Ach so. Na gut, dann habe ich noch 'n bisschen Zeit.

Dialog 3.

Male voice 1	Entschuldige, Birgit. Weißt du, wie spät es ist?
Fem voice 2	Ja, halb fünf.

Dialog 4.

Male voice 2	Entschuldigung, wie viel Uhr ist es bitte?
Male voice 4	Ääh, Viertel vor neun.
Male voice 2	Vielen Dank.
Male voice 4	Gern geschehen.

6 Ist es morgens, mittags, nachmittags oder abends?

a) Es ist ein Uhr mittags. / Es ist vier Uhr machmittags. / Es ist acht Uhr abends. / Es ist elf Uhr abends. / Es ist neun Uhr morgens. / Es ist sechs Uhr morgens.

b) Es ist dreizehn Uhr. / Es ist fünfzehn Uhr zwanzig. / Es ist sieben Uhr fünfundvierzig. / Es ist achtzehn Uhr zwölf. / Es ist dreiundzwanzig Uhr fünfunddreißig. / Es ist vier Uhr siebzehn.

10 Ein Tag im Leben von Herrn Fabione

Renate	Herr Fabione, Sie arbeiten als Automechaniker in einer Autowerkstatt. Wie sieht denn ein typischer Tag bei Ihnen aus?
Harr Fabione	Nun, normalerweise stehe ich früh auf, so gegen halb 7 Uhr. Oft kaufe ich morgens frische Brötchen und frühstücke mit meiner Frau und den Kindern.
Renate	Wann fängt denn Ihre Arbeit an?
Herr Fabione	Um acht Uhr.
Renate	Wie lange arbeiten Sie denn?
Herr Fabione	Bis 16 Uhr.
Renate	Und haben Sie eine Pause?
Herr Fabione	Nun, Mittagspause machen wir um 12 Uhr.
Renate	So, Feierabend ist gegen vier. Was machen Sie denn dann?
Herr Fabione	Tja, ich fahre nach Hause und spiele oft mit den Kindern. Manchmal gehen wir in den Park oder spielen Fußball.
Renate	Und wann essen Sie zu Abend?
Herr Fabione	Meistens um halb sieben. Danach bringen wir dann die Kinder ins Bett.
Renate	Bleiben Sie zu Hause oder gehen Sie oft aus?
Herr Fabione	Oft bleiben wir zu Hause. Wir sehen nicht viel fern, wir lesen viel und meine Frau und ich lernen im Moment auch zusammen Spanisch. Ein- oder zweimal in der Woche kommt meine Schwiegermutter als Babysitterin und passt auf die Kinder auf. Dann gehen meine Frau und ich aus, ins Kino oder ins Restaurant oder wir besuchen Freunde.
Renate	Und wann gehen Sie normalerweise ins Bett?
Herr Fabione	Meistens um halb 12, manchmal erst später.

Lektion 14: Über die Vergangenheit sprechen

4 Sonntagmorgen

Angela Hallo, Ulrike. Na, wie geht's?

Ulrike Ganz gut, ich bin noch ein bisschen müde.

Angela Oh, habe ich dich geweckt?

Ulrike Nein, nein, ich habe gerade gefrühstückt.

Angela Gerade gefrühstückt? Was hast du denn gestern gemacht?

Ulrike Am Morgen war ich in der Stadt und habe eingekauft. Am Nachmittag habe ich Britta und Georg besucht. Abends waren wir dann zusammen in der neuen ‚Mondschein-Bar' und haben bis drei Uhr getanzt. Wir haben viel Spaß gehabt. Und du?

Angela Ich habe gestern Morgen einen neuen Computer gekauft und, na ja, dann den ganzen Tag mit dem Computer gespielt.

Ulrike Hast du auf dem Internet gesurft?

Angela Genau, das war schon interessant.

Ulrike Und wie viel hast du für den Computer bezahlt?

Angela 1800,- Mark. Er hat 200,- Mark weniger gekostet.

Ulrike Und was habt ihr abends gemacht?

Angela Bernd und ich haben gekocht und dann noch ein bißchen klassische Musik gehört. Ganz romantisch; wie früher, weißt du. Was machst du denn heute, Ulrike?

Ulrike Tja, ich weiß noch nicht so genau. Vielleicht können wir ja…

Lektion 15: Mehr über die Vergangenheit

5 Mehr über Peter Wichtig

Moderator Herr Wichtig, vielen Dank, dass Sie zu uns ins Studio kommen konnten, ich weiss, Sie sind sehr busy im Moment.

Peter Wichtig	Ja, das stimmt. Wir bereiten eine neue Tournee vor und wir haben gerade eine neue CD auf dem Markt.
Moderator	Ja, bevor wir Ihren neuen Song spielen, Herr Wichtig, ein paar Fragen zu Ihrer Person. Wie lange machen Sie denn schon Musik?
Peter Wichtig	Seit 10 Jahren genau. Auch meinen ersten Hit habe ich genau vor 10 Jahren geschrieben: *Um acht Uhr aus dem Bett, das finde ich nicht nett.* Wir haben 400.000 CDs verkauft.
Moderator	Und wie viele CDs haben Sie insgesamt gemacht?
Peter Wichtig	Insgesamt 10. Jedes Jahr eine, das ist nicht schlecht, oder?
Moderator	Schreiben Sie alle Lieder selber?
Peter Wichtig	Ja, ich komponiere die Musik und schreibe auch die Texte, klar.
Moderator	Sie sind ein Allround-Mensch, Herr Wichtig, schreiben und komponieren, geben viele Interviews, gehen zweimal im Jahr auf Tournee, haben Sie denn überhaupt Freizeit?
Peter Wichtig	Wenig, wenig.
Moderator	Und wenn, was machen Sie dann?
Peter Wichtig	Im Winter fahre ich gern Ski. Und im Sommer, nun ich surfe, spiele Tennis – ich bin ein guter Freund von Boris – oder spiele Golf. Und dann die vielen Partys, New York, Berlin, Nairobi, Los Angeles, Monte Carlo... Und die vielen Freunde, die ich sehen muß: Robert de Niro, Michelle Pfeiffer, meinen Kollegen Mick Jagger, Claudia Schiffer, Franz Beckenbauer...
Moderator	Äah, Herr Wichtig, ich muss Sie leider unterbrechen, aber wir müssen im Programm weitermachen. Hier ist also der neueste Single von Peter Wichtig: 'Dich kann man vergessen' – Aah, pardon, *Ich kann dich nicht vergessen.* (Puh)

Lektion 15: Früher und heute

9 Horen Sie zu! Klassentreffen

Bernd Hallo, Dieter, na, 25 Jahre ist das her. Kaum zu glauben.

Dieter Tja, 25 Jahre, und du hast immer noch so lange Haare wie früher, Bernd. Fantastisch. Ich dagegen, na, kein Haar mehr, schon seit 5 Jahren und dabei hatte ich früher auch so schöne, lange Haare.

Bernd Na komm, Dieter, charmant wie Yul Brunner. Sag mal, trinkst du denn immer noch so gern Rum und Cola wie früher?

Dieter Cola und Rum, oh, das ist lange her. Nein, ich trinke jetzt sehr gern Wein, französischen Wein.

Aber sag mal Bernd, du trinkst Mineralwasser? Früher hast du doch immer viel Cognac getrunken, das war doch dein Lieblingsgetränk.

Bernd Ja, das stimmt. Aber, na ja, mein Arzt hat gesagt, ich soll mit dem Alkohol aufhören. Und jetzt trinke ich eben mehr Wasser, Tee, Orangensaft, weißt du. Hörst du eigentlich immer noch so gern Blues-Musik, du hast doch damals alle Platten von Eric Clapton gehabt, oder?

Dieter Ja, das ist lange her. Clapton höre ich noch manchmal, aber am meisten höre ich jetzt klassische Musik, vor allem Beethoven. Und du, immer noch der Elvis-Fan?

Bernd Elvis forever, haha. Nein, Rock'n Roll höre ich nicht mehr. Ich höre viel Jazz-Musik.

Dieter Und machst du noch selber Musik? Du hast doch früher in einer Band gespielt?

Bernd	Nein, das ist lange vorbei. Wenn ich Zeit habe, reise ich. Letzten Monat war ich erst für eine Woche in Moskau. Du warst doch früher ein guter Fußballspieler?
Dieter	Tja, das stimmt, aber im Moment spiele ich nur noch Tennis, ich bereite mich auf Wimbledon vor, haha. Guck mal, da drüben ist Gerd.
Bernd	Hallo Gerd, na, wie geht es …

Lektion 16: Die neue Wohnung

11 Und jetzt Sie!

Moderator	Wo wohnen Sie?
Frau Martini	Wir wohnen in einer sehr großen Wohnung.
Moderator	Wie viele Zimmer hat das Haus oder die Wohnung?
Frau Martini	Die Wohnung hat 4 Zimmer (plus Küche und Bad).
Moderator	Wie sind die Zimmer?
Frau Martini	Die Zimmer sind groß und hell.
Moderator	Haben Sie einen Garten?
Frau Martini	Ja, wir haben einen großen Garten.
Moderator	Ist die Miete oder die Hypothek teuer?
Frau Martini	Die Miete ist nicht so teuer, 930,- Mark, plus Nebenkosten.
Moderator	Wie ist die Umgebung?
Frau Martini	Die Umgebung ist ruhig und sehr grün.
Moderator	Haben Sie gute Verkehrsverbindungen?
Frau Martini	Ja, die Verkehrsverbindungen sind sehr gut.
Moderator	Wie lange fahren Sie zur Arbeit oder in die Stadt?
Frau Martini	Ich fahre nur 10 Minuten zur Arbeit.
Moderator	Fahren Sie mit dem Auto, mit dem Bus oder mit der U-Bahn?
Frau Martini	Ich fahre mit der U-Bahn. Im Sommer kann ich mit dem Fahrrad fahren.

Lektion 18: Mode

5 Frau Martens ist Verkäuferin in einem Kaufhaus.

Interviewer	.... Und Sie Frau Martens. Sind Sie berufstätig?
Frau Martens	Ja, ich bin Verkäuferin in der Kaufhalle hier in Hanau. Ich arbeite seit sieben Jahren dort und finde meinen Beruf eigentlich ganz interessant.
Interviewer	Interessant, aber sicher auch anstrengend?
Frau Martens	Ich arbeite nur halbtags, von acht Uhr bis um 12.30 Uhr. Meine Arbeit ist also nicht besonders anstrengend. Doch wenn meine drei Kinder um eins nach Hause kommen – dann wird's anstrengend! Und wenn mein Sohn im Fernsehen ein neues Computer-Spiel sieht – das muss er unbedingt haben! Die eine Tochter möchte neue Schuhe von Bruno Magli, die andere eine neue Jeans-Jacke von Calvin Klein.
Interviewer	Und für Sie? Ist Mode auch für Sie wichtig?
Frau Martens	Ich persönlich finde Mode uninteressant. Ich ziehe nur an, was ich mag.
Interviewer	Und wie sind im Allgemeinen die Kunden?
Frau Martens	Wir haben meistens ganz nette Kunden. Nur selten sind sie unfreundlich. Also, ich versuche dann immer, besonders freundlich zu sein.

Lektion 18: Was tragen die Leute?

12 Was für Kleidung tragen die Leute?

Dialog 1

Richard   Was tragen Sie denn normalerweise für Kleidung auf der Arbeit?

Mareike   Ich arbeite in einem Büro und die Atmosphäre ist sehr relaxed. Normalerweise trage ich eine bequeme Hose, meistens mit einer Bluse, wenn es kälter ist, mit einem Pulli.

Richard   Und zu Hause?

Mareike   Eigentlich dasselbe. Eine Hose, oft auch eine Jeans - auf der Arbeit trage ich kaum Jeans - T-Shirt, Pullover. Ich mag bequeme Sachen. Eigentlich trage ich alles, was bequem ist. Was ich aber nicht mag sind Röcke. Röcke ziehe ich fast überhaupt nicht an.

Dialog 2

Richard   Herr Scholz, was tragen Sie denn normalerweise auf der Arbeit?

Günther   Auf der Arbeit trage ich immer einen Anzug, meistens einen dunkelblauen. Dazu ein weißes Hemd und eine Krawatte.

Richard   Und zu Hause?

Günther   Zu Hause, nun, etwas Bequemeres, ein sportliches Hemd oder ein Poloshirt.

Richard   Gibt es etwas, was Sie nicht gerne anziehen?

Günther   Nun, wie gesagt, ich trage sehr gern sportliche Kleidung in meiner Freizeit, ich spiele auch Golf und Tennis, ich mag elegante Kleidung, was ich nicht mag ist bunte Kleidung, rote Hemden, Hawaii-Hemden, bunte Hosen und solche Sachen.

Lektion 19: Einladungen und Geschenke

5 Was bringen wir der Familie mit?

Saskia	Was für ein Stress, jetzt müssen wir auch noch nach den Geschenken suchen. Wir haben mal wieder bis zum letzten Tag gewartet.
Sys	Na ja, das ist ja nichts Neues. Aber was kaufen wir bloß?
Saskia	Wie wäre's mit einer Platte von Frank Sinatra für Mutti?
Sys	Gute Idee! Mutti war immer ein großer Fan von ihm.
Saskia	Und Vati? Was bringen wir ihm? Das ist doch schwierig, oder?
Sys	Vati sieht gern Baseball-Spiele im Fernsehen. Kaufen wir ihm eine Baseball-Mütze von den New York Yankees.
Saskia	Toll! Vati mit einer Baseball-Mütze – das möchte ich sehen!
Sys	Und Oma hat gesagt, sie möchte einen neuen Bademantel.
Saskia	Gut, dann schenken wir ihr einen Bademantel. Hoffentlich ist er aber nicht zu teuer.
Sys	Oh, Tante Heidi müssen wir Turnschuhe von Nike kaufen. Sie hat mir das Geld dafür gegeben. Nike-Turnschuhe sind in Amerika viel billiger als in Europa.
Saskia	Und Onkel Georg sammelt U-Bahn-Pläne. Ihm können wir einen U-Bahn-Plan von New York mitbringen.
Sys	Ein komisches Geschenk, aber es wird ihm wohl gefallen.
Saskia	Das wär's also. Gehen wir schnell einkaufen. Und vergiss nicht, deine Kreditkarte mitzunehmen!

Lektion 21: Das Wetter

3 Was für Wetter hatten sie im Urlaub?

Bärbel Specht
Wir waren diesen Frühling auf Kreta. Das war fantastisch. Ich war einmal im Sommer dort, oh, das war nicht auszuhalten: über 40 Grad. Aber diesmal: meistens so um 28 Grad. Ideal. Und auch kein Regen. Jeden Tag Sonne und ein leichter Wind. Zum Windsurfen war das wirklich toll. Das kann ich nur jedem empfehlen. Kreta im Frühling: Das ist ein Erlebnis.

Jutta Weiß
Mein Traum war es immer, einmal nach Australien zu fahren und eine alte Schulfreundin von mir dort zu besuchen. Und letzten Dezember hat es endlich geklappt, da hatte ich Zeit und auch genug Geld. In Deutschland war Winter, minus 12 Grad, alle haben hier gefroren, und als ich in Sydney ankam, da war dort Sommer: über 35 Grad. Und Weihnachten haben wir im T-Shirt gefeiert, die machen dort Straßenpartys, unglaublich. Drei Wochen nur Sonne, nur manchmal hat es ein Gewitter gegeben. Aber – ganz ehrlich – mir war das manchmal einfach zu heiß.

5 Der Wetterbericht im Radio

Nun die Wettervorhersage für Sonntag, den 25. Mai. Nachts kühlt es auf 8 bis 0 Grad ab. Tagsüber im Südosten 23, in den übrigen Gebieten 13 bis 20 Grad Celsius. Die weiteren Aussichten: Montag im Norden und Osten Wolken und Regen. Dienstag in ganz Deutschland Schauer. Am Mittwoch ab und zu sonnige Abschnitte, und nur noch im Osten Schauer.

Lektion 22: Telefonieren

3 Telefonanrufe

Dialog 1

Receptionist	Berchtesmeier und Company. Guten Tag. Was kann ich für Sie tun?
Herr Giesecke	Guten Tag. Giesecke von der Firma Krönke, Maschinenbau. Könnte ich bitte mit Frau Dr. Martens sprechen?
Receptionist	Einen Moment bitte, ich verbinde... (Pause) Herr Giescke, es tut mir Leid, aber Frau Dr. Martens telefoniert gerade. Die Leitung ist besetzt. Wollen Sie warten?
Herr Giesecke	Äh, Giesecke, mit e, nicht Giesecke.
Receptionist	Oh. Entschuldigung, Herr Giesecke.
Herr Giesecke	Wie lange kann es denn dauern?
Receptionist	Ja, das ist schwer zu sagen. Soll ich Frau Dr. Martens vielleicht etwas ausrichten? Oder soll sie Sie zurückrufen?
Herr Giesecke	Nein, nein, nein. Das ist nicht nötig. Ich rufe später noch mal an. Auf Wiederhören.
Receptionist	Auf Wiederhören, Herr Giescke... äh (*Pause*). Puh.

Dialog 2

Nadine möchte ihre Freundin, Sandy, sprechen. Hören Sie zu.

Nadine	Hallo, Frau Stoll, hier ist Nadine. Ist die Sandy da?
Frau Stoll	Hallo Nadine. Na, wie geht's dir?
Nadine	Ganz gut, danke.
Frau Stoll	Das ist ja schön, Nadine. Aber leider ist die Sandy im Augenblick nicht da.
Nadine	Oh, das ist schade. Wo ist sie denn?
Frau Stoll	Sie ist gerade beim Zahnarzt.
Nadine	Oh, nein. Wann kommt sie denn wieder?
Frau Stoll	Ich denke, so in einer Stunde. Soll sie dich dann zurückrufen?
Nadine	Ja, das wäre toll. Ich bin zu Hause.
Frau Stoll	Gut, ich sage es ihr. Und grüß deine Familie.
Nadine	Klar, das mache ich.
Frau Stoll	Tschüs Nadine.
Nadine	Tschüs Frau Stoll.

Dialog 3

Corinna	Hallo Peterle, bist du's?
Herr Schulz	Äh, meinen Sie Herrn Fink? Der ist im Moment nicht da, der ist auf Geschäftsreise.
Corinna	Oh, äh, das wusste ich gar nicht.
Herr Schulz	Ja, er musste für drei Tage nach Wien.
Corinna	Wann kommt er denn wieder?
Herr Schulz	Wahrscheinlich morgen. Wollen Sie vielleicht eine Nachricht hinterlassen.
Corinna	Wenn das geht, ja, gerne.
Herr Schulz	Natürlich. Kein Problem.
Corinna	Können Sie ihm sagen, Corinna hat angerufen und er soll mich morgen zurückrufen. Ich habe ein fantastisches Geschenk für ihn.
Herr Schulz	Gut. Das sage ich ihm.
Corinna	Vielen Dank. Auf Wiederhören
Herr Schulz	Auf Wiederhören.

Lektion 24: Was wissen Sie über Deutschland, Österreich und die Schweiz?

9 Radioprogramm.

Johann Wolfgang von Goethe gilt heute über 150 Jahre nach seinem Tod als einer universalen Repräsentanten der europäischen Kultur. Geboren am 28.8. 1749 in Frankfurt am Main, erhielt er als Kind Privatunterricht und ging dann auf die Universität von Leipzig und Straßburg, wo er Jura studierte. Beinflusst wurde er durch einen anderen bekannten Schriftsteller, Johann Gottfried Herder, der ihn dazu bewegte, zu schreiben.

Berühmt wurde Goethe 1774 durch seine Novelle *Die Leiden des jungen Werthers*, die ihn über Nacht in ganz Europa bekannt machte.

1775 ging Goethe an den Hof von Weimar, wo er in den Staatsdienst eintrat und auch politisch tätig wurde. Weiterhin schrieb er Theaterstücke und andere Werke.

1786 reiste er für zwei Jahre nach Italien und wurde stark vom Klassizimus beeinflusst. Zurück in Weimar begann eine sehr produktive Zeit: Er veröffentlichte Bücher über naturwissenschaftliche Themen und schrieb einige seiner bekanntesten Werke. 1808 erschien dann sein wohl bekanntestes Theaterstück *Faust*, in dem ein Wissenschaftler und Philosoph seine Seele an den Teufel verkauft. Bis zu seinem Tod 1832 in Weimar blieb Goethe ein äußerst produktiver Schriftsteller, dessen Werke in fast alle Sprache übersetzt wurden. Das Goethe-Institut, das Kulturinstitut Deutschlands, ist nach ihm benannt.

GLOSSARY

This glossary is intended to help you recall and use the most important words that you have met during the course. It is not intended to be comprehensive.

* indicates this verb or its root form is in the Verb List on page 267. and is irregular.

| indicates that a verb is separable (e.g. an|rufen).

NB: With professions, nationalities etc., the feminine version is usually given in an abbreviated form, e.g. der Mechaniker (-) /die -in. The feminine versions of professions which end in **-in** form their plural with **-nen**, e.g. die Mechanikerin, -die Mechanikerinnen.

der Abend (-e) *evening*
abends *in the evening*
das Abenteuer (-) *adventure*
aber *but, however*
ab|fahren* *to depart*
ab|holen *to pick up, fetch*
das Abitur (-e) *leaving exam at Gymnasium, roughly A-levels*
die Adresse (-n) *address*
alles *everything*
alt *old*
altmodisch *old-fashioned*
der Alptraum (¨e) *nightmare*
die Ananas (-) *pineapple*
der Anfang (¨e) *beginning*
an|fangen* *to begin, start*
an|kommen* *to arrive*
an|rufen* *to telephone, call up*
anschließend *afterwards*
anstrengend *tiring, strenuous*
die Antwort (-en) *answer*
an|ziehen* *to put on*
der Anzug (¨e) *suit*

der Apfel (¨) *apple*
der Apparat (-e) *apparatus, phone*
die Arbeit (-en) *work*
arbeiten *to work*
arbeitslos *unemployed*
arm *poor*
der Arm (-e) *arm*
der Arzt (¨e) /die Ärztin (-nen) *doctor*
auch *also*
Auf Wiedersehen! *Goodbye!*
der Aufenthalt (-e) *stay*
aufregend *exciting*
auf|stehen* *to get up*
das Auge (-n) *eye*
der Augenblick (-e) *moment*
der Ausdruck (¨e) *expression*
der Ausflug (¨e) *excursion, outing*
ausgezeichnet *excellent*
die Auskunft (¨e) *information, directory enquiries*
der Ausländer (-) / die -in *foreigner*
aus|probieren *to try out*
jemandem etwas aus|richten *to pass on a*

message to someone
auslsehen* *to look, appear*
außerhalb *outside*
die Aussicht (-en) *prospect, outlook*
das Auto (-s) *car*
der Automechaniker/ die -in *mechanic*

das Baby (-s) *baby*
die Bäckerei (-en) *bakery*
das Bad (¨er) *bath*
das Badezimmer (-) *bathroom*
die Bahn *rail, railway*
der Bahnhof (¨e) *railway station*
bald *soon*
der Balkon (-s/-e) *balcony*
die Bank (-en) *bank*
der Bankkaufmann (¨er)/ -frau (-en)
   qualified bank clerk
der Bauch (¨e) *stomach, belly*
bauen *to build*
der Baum (¨e) *tree*
beantworten *to answer*
der Becher (-) *beaker, cup; sundae dish*
bedeckt *overcast*
bedeuten *to mean*
beenden *to finish*
das Bein (-e) *leg*
das Beispiel (-e) *example*
bekannt *famous, well known*
bekommen* *to get*
beliebt *popular*
bequem *comfortable*
der Berg (-e) *mountain*
der Beruf (-e) *profession, occupation*
berufstätig *working, employed*
berühmt *famous*
besetzt *busy, engaged*
besonders *especially*
die Besprechung (-en) *discussion,*
   consultation
bestellen *to order*
besuchen *to visit*
betragen* *to amount to*
das Bett (-en) *bed*
die Bewerbung (-en) *application*
bezahlen *to pay*
die Bibliothek (-en) *library*
das Bier (-e) *beer*
der Biergarten (¨) *beer garden*
das Bild (-er) *picture*

billig *cheap*
bis *until, by*
bisschen – ein bisschen *a bit (of)*
bitte *please*
blau *blue*
bleiben* *to stay*
die Blume (-n) *flower*
der Blumenkohl (-e) *cauliflower*
die Bluse (-n) *blouse*
der Bonbon (-s) *sweets*
brauchen *to need*
braun *brown*
bringen* *to bring*
das Brot (-e) *bread*
das Brötchen (-) *bread roll*
die Brücke (-n) *bridge*
der Bruder (¨) *brother*
der Brunnen (-) *well, fountain*
die Brust (¨e) *chest, breast*
das Buch (¨er) *book*
buchen *to book, reserve*
buchstabieren *to spell*
die Bundesrepublik Deutschland *the*
   Federal Republic of Germany
bunt *colourful*
das Büro (-s) *office*
der Bus (-se) *bus*
der Busen (-) *bosom, breast, bust*
die Bushaltestelle (-n) *bus stop*
die Butter *butter*

das Café (-s) *café*
die CD (-s) *CD*
der Chef (-s) / die Chefin *head, boss*
der Computer (-) *computer*

da *there; also: here*
damals *then, at that time*
die Dame (-n) *lady*
danach *after that, afterwards*
daneben *next to*
der Dank – Vielen Dank *thanks –*
   Many thanks
danke – Danke schön *thank you – Thank*
   you very much
dann *then*
dauern *to last*
denken* *to think*
Deutsch *German* (language)
Deutscher / Deutsche *German* (person)

dick *fat*
die Disco / Disko (-s) *disco*
das Dorf (¨er) *village*
dort *there*
die Dose (-n) *can*
dunkel *dark*
durstig *thirsty*
die Dusche (-n) *shower*

die Ecke (-n) *corner*
ehemalig *former*
einlführen *to introduce*
eigentlich *actually*
einfach *single (journey); simple*
das Einfamilienhaus (¨er) *detached family house*
einlkaufen *to shop*
einlladen* *to invite*
die Einladung (-en) *invitation*
einmal *once*
der Eintritt (-e) *entrance, start*
der Einwohner (-) *inhabitant*
das Eis *ice cream*
die Eltern (pl) *parents*
empfehlen* *to recommend*
das Ende (-n) *end*
der Engländer (-) die -in *Englishman, -woman*
der Enkelsohn (¨e) /-tochter (¨) *grandson -daughter*
entdecken *to discover*
entlassen* *to release*
entschuldigen *to excuse*
die Erde *the Earth*
die Erfahrung (-en) *experience*
erhalten* *to receive*
erreichbar *reachable*
erscheinen* *to appear*
erzählen *to tell, narrate*
essen* *to eat*
das Examen (-) *examination*

das Fach (¨er) *subject*
fahren* *to go (in a vehicle), drive*
die Fahrkarte (-n) *ticket*
der Fahrplan (¨e) *timetable (for transport)*
das Fahrrad (¨er) *bicycle*
die Familie (-n) *family*
die Farbe (-n) *colour*
das Fax (-e) *fax*

fehlen *to be missing, lacking*
die Feier (-n) *celebration*
der Feiertag (-e) *public holiday*
feiern *to celebrate*
die Ferien (pl) *holidays*
fernlsehen* *to watch TV*
der Fernseher (-) *TV set*
die Ferse (-n) *heel*
das Fett *fat*
der Film (-e) *film*
finden* *to find, to think*
der Finger (-) *finger*
die Flasche (-n) *bottle*
das Fleisch *meat*
fliegen* *to fly*
fließend *fluent(ly)*
der Flohmarkt (¨e) *flea market*
der Flug (¨e) *flight*
der Flur (-e) *corridor, hall*
fotografieren *to take photos*
die Frage (-n) *question*
fragen *to ask*
der Franzose (-n)/ die Französin *Frenchman/ -woman*
Französisch *French (language)*
die Frau (-en) *woman; Mrs*
frei *free, vacant*
der Freund (-e)/ die Freundin *boyfriend/ girlfriend; friend*
frisch *fresh*
der Friseur /die Friseuse *hairdresser*
die Frisur (-en) *hairstyle*
früh *early*
der Frühling (-e) *spring*
das Frühstück (-e) *breakfast*
fühlen *to feel*
der Führerschein (-e) *driving licence*
der Fuß (¨e) *foot*
der Fußball (¨e) *football*
die Fußgängerzone (-n) *pedestrian precinct*

der Garten (¨) *garden*
der Gast (¨e) *guest*
das Gebäude (-) *building*
geben* *to give*
das Gebiet (-e) *area, region*
der Geburtstag (-e) *birthday*
gefährlich *dangerous*

gefallen (+ dative) *to be pleasing*
gegen *around (of time); against*
das Gegenteil (-e) *opposite*
gehen* *to go*
gelb *yellow*
das Geld (-er) *money*
gemischt *mixed*
das Gemüse *vegetables*
genau *exactly, precisely*
genug *enough*
geradeaus *straight ahead*
gern – Ich trinke gern Tee. *I like drinking tea.*
das Geschäft (-e) *business, shop*
geschäftlich *on business*
das Geschenk (-e) *present*
die Geschichte (-n) *history, story*
geschieden *divorced*
der Geschmack ("er) *taste*
das Gesicht (-er) *face*
gesund *healthy*
die Gesundheit *health*
das Getränk (-e) *drink*
das Gewicht (-e) *weight*
gewinnen* *to win*
das Gewitter (-) *thunder storm*
das Glas ("er) *glass*
glauben *to believe*
gleich *straight away; also: equal, same*
das Gleis (-e) *track*
das Glück *fortune, luck, happiness*
glücklich *happy*
der Grafiker (-)/ die -in *illustrator; graphic designer*
das Gramm *gram*
grau *grey*
die Grenze (-n) *border*
die Grippe (-n) *flu*
groß *large, big*
grün *green*
gründen *to establish, found*
die Grundschule (-n) *primary school*
ins Grüne *into the countryside*
günstig *favourable, reasonable (of price)*
gut *good, fine*
das Gymnasium (...ien) *grammar school*

das Haar (-e) *hair*
haben* *to have*

die Hähnchenbrust (-"e) *chicken breast*
der Hals ("e) *neck, throat*
die Hand ("e) *hand*
der Hang ("e) *slope*
hängen *to hang*
häßlich *ugly*
hassen *to hate*
häufig *frequently*
das Hauptgericht (-e) *main course*
die Hauptstadt ("e) *capital city*
das Haus ("er) *house*
die Hauseinweihungsfeier (-n) *house-warming party*
die Haut ("e) *skin*
heiraten *to marry*
heiß *hot*
heißen* *to be called*
heiter *bright, fine*
hektisch *hectic*
helfen* (+ dative) *to help*
hell *light, bright*
das Hemd (-en) *shirt*
der Herbst (-e) *autumn*
der Herr (-en) *gentleman; Mr*
das Herz (-en) *heart*
heute *today*
hier *here*
hin und zurück *return; there and back*
hinterlassen *to leave (a message)*
das Hobby (-s) *hobby*
das Hochhaus ("er) *tower block*
die Hochzeit (-en) *wedding*
hoffen *to hope*
hoffentlich *hopefully*
der Höhepunkt (-e) *highlight*
holen *to fetch, to get*
hören *to hear*
die Hose (-n) *(a pair of) trousers*
das Hotel (-s) *hotel*
der Hut ("e) *hat*

die Idee (-n) *idea*
der Imbissstand ("e) *hot-dog stand*
immer *always*
die Insel (-n) *island*
interessant *interesting*

die Jacke (-n) *jacket*
das Jahr (-e) *year*
-vor einem Jahr *a year ago*

die Jahreszeit (-en) *season*
jeder / jede/ jedes *every. each*
  - jeden Tag *every day*
jetzt *now*
der Job (-s) *job*
der / das Joghurt *yoghurt*
die Jugendherberge (-n) *youth hostel*
jung *young*
der Junge (-n) *boy*

der Kaffee (-s) *coffee*
kalt *cold*
das Kännchen (-) *pot*
die Kartoffel (-n) *potato*
der Käse *cheese*
die Kasse (-n) *cash desk, checkout*
kaufen *to buy*
das Kaufhaus (¨er) *department store*
kein *no, not a*
der Keller (-) *cellar*
der Kellner (-) / die -in *waiter/waitress*
kennen* *to know, be acquainted with*
die Kenntnis (-se) (often pl.) *knowledge*
das Kilo (-[s]) *kilo*
das Kind (-er) *child*
das Kino (-) *cinema*
die Kirche (-n) *church*
die Kirsche (-n) *cherry*
das Klassentreffen (-) *class reunion*
sich kleiden *to dress (oneself)*
die Kleidung *clothing*
klein *small*
das Klima (-s) *climate*
die Kneipe (-n) *pub*
das Knie (-s) *knee*
der Knoblauch *garlic*
kochen *to cook*
der Kollege (-en) / die Kollegin (-nen)
  colleague
komfortabel *comfortable*
kommen* *to come*
das Königshaus (¨er) *monarchy*
können *to be able to, can*
das Konzert (-e) *concert*
der Kopf (¨e) *head*
der Körper (-) *body*
der Körperteil (-e) *part of the body*
die Kosmetikerin (-nen) *beautician,*
  cosmetician

kosmopolitisch *cosmopolitan*
kosten *cost*
krank *ill, sick*
das Krankenhaus (¨er) *hospital*
die Krankenkasse (-n) *health insurance*
  fund
der Krankenpfleger (-) *male nurse*
die Krankenschwester (-n) *female nurse*
die Krankenversicherung (-en) *health*
  insurance
die Krawatte (-n) *tie*
der Krimi (-s) *crime novel*
die Küche (-n) *kitchen*
der Kuchen (-) *cake*
kühl *cool*
der Kühlschrank (¨e) *refrigerator*
der Kunde (-n) / die Kundin (-nen)
  customer, client
der Kurs (-e) *course*
kurz *short, shortly*
die Küste (-n) *coast*

der Laden (¨) *shop*
die Lampe (-n) *lamp*
das Land (¨er) *country*
  – aufs Land fahren *to go the country*
lang *long*
langweilig *boring*
laufen* *to walk, run*
laut *loud, noisy*
leben *to live*
der Lebenslauf (¨e) *CV*
die Lebensmittel (pl) *food*
lecker *delicious, tasty*
ledig *single, unmarried*
legen *to lay, put*
die Lehre (-n) *apprenticeship*
der Lehrer (-) / die -in *teacher*
leid - Das tut mir leid *I am sorry*
die Leitung (-en) *line*
lernen *to learn*
lesen* *to read*
die Leute (pl) *people*
lieben *to like very much, to love*
lieber – Ich trinke lieber Kaffee. *I prefer*
  drinking coffee.
die Lieblingsfarbe (-n) *favourite colour*
das Lied (-er) *song*
liegen* *to lie (in the sun etc.)*

die Limonade (-n) / die Limo (-s)
  lemonade
links *(on the) left*
die Lippe (-n) *lip*
das Lotto *national lottery*
der Luftballon (-s) *balloon*
Lust haben *to feel like*

machen *to do, to make*
das Mädchen (-) *girl*
der Mais *sweetcorn*
malen *to paint*
man *one*
manchmal *sometimes*
der Mann (¨er) *man*
der Mantel (¨) *coat*
das Märchen (-) *fairy tale*
die Mark (-) *mark*
der Markt (¨e) *market*
das Maß (-e) *measure*
die Mauer (-n) *wall*
der Maurer (-) /die -in *bricklayer*
der Mechaniker (-) /die -in *mechanic*
das Meer (-e) *sea*
meinen *to think, to mean*
die Meinung (-en) *opinion*
meistens *mostly*
die Mensa (...sen) *refectory*
der Mensch (-en) *person, human being*
die Messe (-n) *(trade) fair*
die Miete (-n) *rent*
mieten *to rent*
die Milch *milk*
die Minderheit (-en) *minority*
mindestens *at least*
das Mineralwasser (-) *mineral water*
die Minute (-n) *minute*
mitkommen* *to come (along, as well)*
das Mittagessen (-) *lunch*
mittags *at midday*
die Mitte *middle*
das Möbel (-) *furniture*
möchten - Was möchten Sie? *What would
  you like?*
die Mode (-n) *fashion*
modisch *fashionable*
möglich *possible*
die Möglichkeit (-en) *possibility*
der Moment (-e) *moment*

der Monat (-e) *month*
der Morgen (-) *morning*
morgen *tomorrow*
morgens *in the morning*
das Motorrad (¨er) *motor bike*
müde *tired*
der Mund (¨er) *mouth*
die Musik *music*
der Musiker (-) /die -in *musician*
das Müsli (-s) *muesli*
müssen *to have to, must*
die Mutter (¨) *mother*
die Muttersprache (-n) *mother tongue*
die Mütze (-n) *cap*

der Nachbar (-n) *neighbour*
nachher *afterwards*
nachmittags *in the afternoon*
die Nachricht (-en) *message*
die Nachspeise (-n) *dessert*
die Nacht (¨e) *night*
nachts *at night*
die Nähe - in der Nähe von *near*
der Name (-n) *name*
die Nase (-n) *nose*
natürlich *of course*
der Nebel (-) *fog*
nehmen* *to take*
nett *nice*
neu *new*
nicht *not*
nie *never*
noch *still*
die Nordsee *North Sea*
nötig *necessary*
die Nudel (-n) *pasta*
die Nummer (-n) *number*
nun *now*
nützlich *useful*

das Obst *fruit*
obwohl *although*
oder *or*
offen *open*
öffnen *to open*
oft *often*
das Ohr (-en) *ear*
die Ökologie *ecology*
das Omelett (-e or -s) *omelette*
der Onkel (-s) *uncle*

der Orangensaft (¨e) *orange juice*
der Österreicher (-) / die -in *Austrian*
die Ostsee *the Baltic*

die Packung (-en) *packet*
das Parfüm (-s) *perfume*
der Park (-s) *park*
der Parkplatz (¨e) *parking lot*
die Party (-s) *party*
der Pazifik *the Pacific*
pensioniert *retired*
die Person (-en) *person*
das Pfund (-e) *pound*
der Pilz (-e) *mushroom*
die Pizza (Pizzen) *pizza*
die Platte (-n) *record*
der Platz (¨e) *square, place, seat*
die Polizei *police*
die Pommes frites (pl) *French fries*
die Postkarte (-n) *postcard*
das Praktikum (...ka) *work experience*
der Preis (-e) *price*
prima (inform.) *brilliant, great*
das Problem (-e) *problem*
der Produzent (-en) / -in *producer*
die Prüfung (-en) *examination*
der Pullover (-), Pulli (-s) *pullover*

das Rad (¨er) *wheel, cycle*
Rad fahren *to cycle*
das Radio (-s) *radio*
die Radio-Sendung (-en) *radio broadcast*
raten* (+ *dative*) to advise
das Rathaus (¨er) *town hall*
rauchen *to smoke*
der Raum (¨e) *room, space*
der Realschulabschluss (¨e) *roughly
     equivalent to GCSE in the UK*
rechts *(on the) right*
der Redakteur (-e) / die -in *editor*
reden *to talk*
das Regal (-e) *shelves*
der Regen *rain*
der Regenschirm (-e) *umbrella*
regnen *to rain*
reich *rich*
das Reihenhaus (¨er) *terraced house*
die Reinigung (-en) *dry cleaner's*
der Reis *rice*
die Reise (-n) *journey, trip*

reisen *to travel*
reservieren *to reserve*
die Richtung (-en) *direction*
das Rindfleisch *beef*
der Rock (¨e) *skirt*
der Roman (-e) *novel*
die Romantik *the Romantic Period*
rot *red*
der Rücken (-) *back*
ruhig *quiet*

die Sache (-n) *thing*
der Saft (¨e) *juice*
sagen *to say*
die Sahne *cream*
die Salami (-s) *salami*
der Salat (-e) *salad*
sammeln *to collect*
der Sänger (-) / die -in *singer*
der Satz (¨e) *sentence*
die Schallplatte (-n) *record*
scheinen* *to shine*
schenken *to give* (as a present)
scheußlich *terrible*
der Schinken (-) *ham*
schlafen* *to sleep*
das Schlafzimmer (-) *bedroom*
das Schloss (¨er) *castle*
schlecht *bad*
schlimm *bad*
der Schlüssel (-) *key*
schmecken *to taste*
    – Hat es geschmeckt? *Did it taste good?*
der Schmerz (-en) *pain*
der Schnaps (¨e) *spirit*
der Schnee *snow*
schneiden *to cut; to edit*
schneien *to snow*
schon *already*
schön *beautiful, nice*
der Schrank (¨e) *cupboard*
schrecklich *terrible*
schreiben *to write*
der Schreibtisch (-e) *desk*
schreien* *to yell, scream*
der Schriftsteller (-) die -in *author*
der Schuh (-e) *shoe*
die Schule (-n) *school*
schwarz *black*

schwatzen *to chat*
die Schwester (-n) *sister*
schwimmen* *to swim*
das Segeln *sailing*
sehen* *to see*
die Sehenswürdigkeit (-en) *sight (worth seeing)*
sehr *very*
die Seide *silk*
sein* *to be*
der Sekretär (-e) / die- in *secretary*
der Sekt *German bubbly wine*
selten *seldom, rarely*
der Sessel (-) *armchair*
sicher *sure, certain(ly)*
singen* *to sing*
sitzen* *to sit*
Ski laufen* / fahren* *to ski*
die Socke (-n) *sock*
das Sofa (-s) *sofa*
sogar *even*
der Sohn ("e) *son*
der Soldat (-en) *soldier*
der Sommer (-) *summer*
die Sonne (-n) *sun*
die Sonnenbrille (-n) *(pair of) sunglasses*
sonnig *sunny*
sonst *otherwise*
– Sonst noch etwas? *Anything else?*
sowieso *in any case*
der Spaß *fun*
– Es macht Spaß *It's fun*
spät *late*
– Wie spät ist es? *What's the time?*
spazieren gehen* *to go for a walk*
der Spaziergang ("e) *walk*
– einen Spaziergang machen *to go for a walk*
die Speisekarte (-n) *menu*
das Spiel (-e) *game*
spielen *to play*
der Sport *sport*
die Sprache (-n) *language*
sprechen* *to speak*
das Stadion (Stadien) *stadium*
die Stadt ("e) *town, city*
die Stadtführung (-en) *guided tour (of a town)*

stark *strong*
stehen* *to stand*
stellen *to put, to place*
das Stellenangebot (-e) *job advertisement*
sterben* *to die*
die Stimme (-n) *voice*
das Stipendium (-ien) *grant*
der Strand ("e) *beach*
die Straße (-n) *street*
die Straßenbahn (-en) *tram, street-car*
der Strumpf ("e) *stocking*
die Strumpfhose (-n) *pair of tights*
das Stück (-e/ -) *piece*
der Student (-en) / - in (-nen) *student*
das Studentenwohnheim (-e) *student residence*
studieren *to study*
das Studium (-ien) *study*
die Stunde (-n) *hour*
suchen *to look for, to seek*
der Supermarkt ("e) *supermarket*
die Suppe (-n) *soup*
das Surfen *surfing*
süß *sweet*
die Süßigkeit (-en) *sweet, confectionery*
die Tablette (-n) *tablet*
der Tag (-e) *day*
die Tante (-n) *aunt*
tanzen *to dance*
die Tasse (-n) *cup*
das Tauchen *diving*
das Taxi (-s) *taxi*
der Tee (-s) *tea*
teilen *to share, divide*
das Telefon (-e) *telephone*
telefonieren *to telephone*
die Temperatur (-en) *temperature*
das Tennis *tennis*
der Termin (-e) *date, appointment*
der Terminkalender (-) *appointments diary*
teuer *dear, expensive*
der Teufel (-) *devil*
der Texter (-)/ -in (-nen) *copy-writer*
das Theater (-) *theatre*
das Theaterstück (-e) *play*
das Thema (-men) *topic, theme*
der Tisch (-e) *table*
der Tischler (-) / -in (-nen) *carpenter*

die Tochter (¨) *daughter*
toll *great, terrific*
die Tomate (-n) *tomato*
total *total(ly)*
die Touristeninformation (-en) *tourist information*
die Tournee (-n) *tour*
tragen* *to wear*
trainieren *to train, work out*
der Traum (¨e) *dream*
treffen* *to meet*
der Treffpunkt (-e) *meeting place*
trennbar *separable*
treten* - in den Ruhestand treten *to retire (go into reitrement)*
trinken* *to drink*
der Tropfen (-) *drop*
trotzdem *nevertheless*
Tschüs!/ Tschüss! *bye!*
tun* *to do*
der Türke (-n) / die Türkin *Turk*
der Turnschuh (-e) *trainer*
die Tüte (-n) *bag*
der Typ (-en) *type*
typisch *typical*

die U-Bahn (-en) *underground, subway*
überhaupt nicht *not at all*
übersetzen *to translate*
die Übung (-en) *exercise*
die Uhr (-en) *clock*
  - neun Uhr *nine o'clock*
die Umfrage (-n) *survey*
der Umgang *contact, dealings*
umlsteigen* *to change (a train, bus etc.)*
die Umwelt *environment*
und *and*
ungefähr *approximately, about*
die Universität (-en) *university*
das Unterhemd (-en) *vest*
unterzeichnen *to sign*
der Urlaub (-e) *holiday*

der Vater (¨) *father*
die Verabredung (-en) *arrangement, appointment*
die Verantwortung *responsibility*
das Verb (-en) *verb*
verbinden* *to connect, put through*
die Verbindung (-en) *connection, link*

verboten *forbidden*
verbringen *to spend (time)*
verdienen *to earn*
die Vergangenheit (-en) *past*
verheiratet *married*
verkaufen *to sell*
der Verkäufer (-) / -in *(nen)* shop assistant
der Verkehr *traffic*
die Verkehrsmittel (pl.) *means of transport*
die Verkehrsverbindungen (pl.) *transport (links)*
verlassen* *to leave*
veröffentlichen *to publish*
verschieden *different, various*
verschreiben* *to prescribe*
verstehen* *to understand*
versuchen *to try*
der Vertrag (¨e) *treaty*
verwitwet *widowed*
viel *much, a lot*
vielleicht *perhaps*
das Viertel (-) *quarter*
  -Viertel nach acht *quarter past eight*
vorlbereiten *to prepare*
die Vorlesung (-en) *lecture*
der Vormittag (-e) *morning*
die Vorspeise (-n) *starter*

wach *awake*
wahr *true*
wahrscheinlich *probably*
die Währung (-en) *currency*
wandern *to hike, to ramble*
wann? *when?*
war/waren *was/were (past tense of* **sein***: to be)*
warm *warm*
warten *to wait*
warum? *why?*
was? *what?*
das Wasser *water*
wechseln *to change*
der Wecker (-) *alarm clock*
wehtun *to hurt, ache*
weil *because*
der Wein (-e) *wine*
weiß *white*
weit *far*
die Welt (-en) *world*

der Weltkrieg (-e) *World War*
wenig - nur ein wenig *only a little*
wenn *when, whenever*
der Werdegang ("e) *development, career*
werden* *to become*
das Werk (-e) *work*
das Wetter *weather*
der Wetterbericht (-e) *weather report*
die Wettervorhersage (-n) *weather forecast*
wichtig *important*
wie? *how?*
wie viel? *how much? how many?*
   -Wie viel Uhr ist es? *What time is it?*
wieder *again*
Wiederhören - Auf Wiederhören!
   Goodbye! (on radio or phone)
wiederlkommen* *to come again, come
   back*
Wiedersehen - Auf Wiedersehen!
   Goodbye!
die Wiedervereinigung *reunification*
der Wind (-e) *wind*
windig *windy*
der Winter (-) *winter*
wirklich *really*
die Wirtschaftswissenschaften (pl.)
   economics
wissen* *to know (a fact)*
der Witz (-e) *joke*
wo? *where?*
die Woche (-n) *week*
das Wochenende (-n) *weekend*
der Wodka *vodka*
woher? *where ... from?*
wohnen *to live*
die Wohngemeinschaft (-en) *flat-share*
die Wohnung (-en) *flat*
das Wohnzimmer (-) *living room*
wolkig *cloudy*
die Wurst ("e) *sausage*
das Würstchen (-) *(small) sausage*

die Zahl (-en) number, figures
der Zahn ("e) *tooth*
der Zahnarzt / die Zahnärztin dentist
die Zehe (-n) *toe*
zeigen *to show*
die Zeit (-en) *time*
die Zeitschrift (-en) *journal*

die Zeitung (-en) *newspaper*
zentral *central(ly)*
die Zentralheizung (-en) *central heating*
ziehen* *to move*
ziemlich *quite, fairly*
das Zimmer (-) *room*
der Zucker sugar
der Zug ("e) *train*
die Zunge (-n) *tongue*
zurücklrufen* *to call back*
zusammen *together*
der Zuschlag ("e) *supplement*

INDEX TO GRAMMAR

The numbers after each entry refer to the **Lektionen**.